티베트불교 반야심경 강해

般若心經註解 法海寶藏

맑은소리
맑은나라

༄༅།། ཤེས་རབ་སྙིང་པོའི་རྣམ་བཤད་ཆོས་ཀྱི་རྒྱ་མཚོའི་རིན་ཆེན་
གཏེར་མཛོད་ཅེས་བྱ་བ་བཞུགས་སོ།།

티베트불교 반야심경 강해
般若心經註解 法海寶藏

톨래 켄 린포체 아왕 갸초 지음
롭뾴 도제 텐진, 텐진 닝제 역주

티베트불교 반야심경 강해

인쇄 2025년 04월 01일
발행 2025년 04월 25일

발행인 텐진 닝제, 롭뾘 도제 텐진
발행처 삼맨링(남걀최종링)
주소 부산광역시 금정구 금정로 83, 3층
전화 051-517-4107

펴낸이 김윤희
펴낸곳 맑은소리맑은나라
디자인 김창미
출판등록 2000년 7월 10일 제 02-01-295 호
본사 부산광역시 수영구 좌수영로 125번길 14-3 올리브센터 2층
전화 051-255-0263   **팩스** 051-255-0953
이메일 puremind-ms@hanmail.net

값 28,000원
ISBN 979-11-93385-16-6 (03220)

머리말

『반야심경』은 대승불교권의 불교도들에게 있어서 가장 중요한 경전 중 하나로 여겨지고 있다. 달라이라마 법왕의 법문에서는 세계 각지에서 모인 불자들이 각자 그들의 언어로 『반야심경』을 염송 공양올리는 진풍경을 볼 수 있다. 『반야심경』은 경전이지만 짧은 언어로 공성의 정수를 함축하고 있는 『반야경(般若經)』으로 매일 기도문처럼 염송하기도 한다. 그만큼 『반야심경』은 우리에게 익숙한 경전이지만 그 뜻이 함축적이고 심오하기에 『반야심경』의 진정한 의미를 이해하기란 쉽지 않다.

이 책은 톨래 사원의 수장인 아왕 갸초 린포체께서 중국인 제자들을 위해서 설한 『반야심경』의 해설이다. 『법해보장(法海寶藏)』이라는 이름의 이 법본(法本)은 현밀(顯密)을 광대하게 설한 구결(口訣)이며, 『반야심경』의 주해(註解)는 제5권에 해당한다. 『법해보장』 반야심경 주해는 티베트불교와 한역(漢譯)불교 모두를 관통하는 아왕 린포체의 지혜와 통찰을 보여준다. 전체적인 구성은 한역『반야심경』의 틀에 맞추어 티베트불교의 『반야심경』과 대승체계를 해설하는 방식으로 이루어져 있다. 번역의 차이가 발생하는 부분은 직접 여러 판본을 대조하면서 해설하는데, 제자들에 대한 친절함과 동시에 핵심을 관통하는 예리함도 놓치지 않았다. 전체적인 흐름의 순서는 한역에 맞추었지만, 한역에 없는 부분일 경우는 티베트본을 인용함으로써 해설에 있어서 어느 하나 빠지지 않고 원만함을 갖추었다. 내용에 있어서는 티베트불교 현밀의 체계를 폭넓게 다루고 있다는 점에서 도차제(道次第)의 정전(正典)으로 삼아 배우고 익히기에도 부족함이 없다. 따라서 한역 『반야심경』을 독송하는 한국의 불교도들에게는 익숙한 한역에 맞추어 티베트불교의 정수를 익힐 수 있는 귀한 가르침이 될 것이다.

이 책은 1차 완역을 텐진 닝제(땐진 닝제)가 하였고, 2차 교정, 티베트 원전 번역, 본문의 주석(註釋)을 도제 텐진(도제 땐진)이 하였다. 번역에 있어서는 몇 가지 기준을 두고 번역하였다.

첫 번째, 구어체의 화법을 논전(論典)의 문어체 방식으로 교정하였다. 이 법본은 구술 법문의 녹취록이기에 전체적인 문장 구성이 구어체로 되어있다. 구어체의 특성상 언어 습관에 따라 특정 단어가 반복적으로 등장한다든지, 하나의 용어가 상황에 따라 다른 단어로 번역된다든지, 문장의 형식이 일정하지 않는 점 등이 있다. 이러한 부분을 가능한 논전 문어체의 일관된 형식으로 교정하려 하였고, 상황에 따라 여러 단어로 번역된 한자어도 일관된 용어로 확정하여 번역하였다.

두 번째, 티베트불교의 원전에 맞는 경론 인용과 문장 기술방식을 사용하였다. 이 구결은 중국인 제자들에게 설한 법문이기에 모든 것이 중국어로, 한역으로는 존재하지 않는 티베트 원전도 중국어로 설하였다. 따라서 인용된 모든 경론은 티베트 원전에서 발췌하여 번역을 하였다. 의미를 해설하는 언어 표현방식에 있어서도 어떠한 부분은 티베트불교의 언어 표현방식을 사용하였지만 다른 부분은 중국어 화법을 사용한 부분도 있기에 이것을 가능한 티베트경론의 기술방식으로 통일하고서 그것을 다시 한국어에 맞추어 번역하는 방식으로 문장을 구성하였다.

세 번째, 정확한 이해를 위해 티베트어, 산스끄리뜨어, 한자어 표기를 병행하였다. 티베트어를 이해하는 입장에서는 한글로 번역된 티베트경론을 보게 되면 구체적으로 어떠한 용어를 번역했는지 확실하지 않는 경우가 많은데, 이것은 반대의 경우도 마찬가지이다. 티베트 원전의 번역에 있어서 통일된 기준이 없기 때문에 번역 이전의 티베트 용어를 확인할 수 없으면 의미가 불분명해지는 경우가 발생한다. 따라서 번역된 용어에 티베트어, 산스끄리뜨어, 한자어 표기를 병행함으로써 용어의 의미를 가능한 정확하게 이해하도록 하였다. 주로 티베트어와 한자어 두 가지를 병행표기 하였지만 산스끄리뜨어 표기가 도움이 된다고 판단한 경우는 산스끄리뜨어까지 표기하였다.

네 번째, 문장의 흐름에 있어서 이해를 돕기 위해 용어를 풀어서

쓰거나 다른 발음 표기를 하기도 하였다. 예를 들어 '현량(現量)'의 경우 '직관적 바른 인식(mṅon sum tshad ma, 現量)'이라고 쓰기도 하거나, '량(量)'의 경우 '쁘라마나(tshad ma, pramāṇa, 量)'라고 하여 이해를 돕는 식으로 하였다.

책의 본문의 주석 작업에 있어서 해석이 불분명할 수 있는 부분은 아왕 갸초 린포체께 직접 확인을 받았다. 또한 꾼켄 쟘양 셰바의 논전에 관한 부분은 드레풍(데붕) 고망 게셰 하람빠 롭상 담최 스님의 도움을 받았다.

아무쪼록 이 책이 한국의 불교도들에게 티베트불교 『반야심경』과 대승불교 체계를 깊이 이해하는데 도움이 되었으면 한다. 단어와 문장 의미 하나하나를 깊이 곱씹어가며 문사수(聞思修)를 익히다보면 어느새 마음이 반야의 문턱에 성큼 다가와 있음을 깨닫게 될 것이다.

불기2569년(서기 2025년) 봄.
도제 텐진, 텐진 닝제

톨래 사원의 역사와 아왕 갸초 린포체 약전

톨래(mtho las) 사원은 티베트 암도(a mdo) 지역의 초온(mthso sṅon, 靑海) 성(省) 초호(mthso lho, 海南) 티베트 자치구 망라종(maṅ ra rdzoṅ)에 위치한 겔룩파의 사원이다. (암도 지방어의 발음은 '툴리'라 한다.) 정식 명칭은 톨래곰남걀푼촉최종링(mtho las dgon rnam rgyal phun thsogs chos rdzoṅ gliṅ)이다. 제7대 라모 린포체 겐둔 땐진 노르부(la' mo dge 'dun bstan 'dzin nor bu)께서 서기 1916년에 창건하였다. 린포체께서는 톨래사원을 창건하기 위해 성 관세음보살 육자진언을 6억번 염송하며 기도를 올렸고, 『대길상경(bkra shis chen po'i mdo, 大吉祥經)』을 독송하며 터를 다졌다. 1919년 같은 지역 퉁떼종(thuṅ te rdzoṅ)에 있는 라갸(rwa rgya) 사원의 라마 쟘빠 겔렉(byams pa dge legs)을 초청하여 라갸 사원의 모든 수행과 의식 집전의 체계를 톨래 사원에 안립하였다.

1958년 중국 공산당에 의해 대법전('du khaṅ, 大法殿)을 비롯한 사원의 대부분이 파괴되었다. 이 시기부터 많은 티베트 사원들이 중국 공산당에 의해 파괴되었는데 톨래 사원도 예외는 아니었다.

1981년 사원의 복구와 재건립이 추진되었다. 1983년 마추(rma chu, 黃河)의 수력 발전소 건립 때문에 사원을 현재의 위치로 천거하였다. 그 뒤 사원의 수장인 아왕 갸초 린포체에 의해 톨래사원은 종교적, 행정적 불사(佛事)에 있어서 모두 중창된 사원으로 성장하게 된다.

라마 제 아왕 갸초(ṅag dbaṅ rgya mtsho) 린포체는 1969년 초온성 초호 티베트 자치구 망라종에서 탄생하였고, 6세에 불도 입문, 18세에 정식 승려가 되었다. 라모 용진(la mo yoṅs 'dzin) 린포체, 게꺄(dge kya) 린포체, 예셰 갸초(ye she rgya mthso) 린포체, 로예 탐째 켄빠(lo ye tham cad mkhyen pa) 린포체, 롭상 도제(blo dzaṅ rdo rje) 린포체, 꿈붐 게셰(sku 'bum dge bshes) 린포체 등을 스승으로 모시고 현밀을 원만하게 수습하였다.

라모 용진 린포체는 13대 달라이라마 법왕으로부터 당신의 수석 교사였던 용진 린포체의 환생자로 직접 승인된 뚤꾸(化身)이며, 200여종의 밀승 관정을 비롯하여 암도 지역 겔룩파의 현밀 전승의 완전한 보유자이다. 아왕 린포체는 라모 용진 린포체를 근본스승으로 모시고 20여년간 라모 용진 린포체의 모든 법을 스승의 그릇의 물이 제자의 그릇에 온전히 옮겨가듯 원만하게 받았고, 금강아사리(rdo rje slob dpon, 金剛上師)가 되었다. 아왕 린포체는 초온 불학원과 꿈붐('sku 'bum) 사원에서 경론을 수학하였는데 범인은 헤아릴 수 없는 지혜와 정진력으로 오부대론(五部大論)을 비롯하여 밀교의 2차제를 우수한 성적으로 조기에 이수하였고, 불교 철학박사인 게셰(dge bshes)의 지위를 얻었다.

린포체는 라모 용진 린포체의 상수제자로 라모 린포체의 부촉에 따라서 톨래 사원을 중창하였다. 직접 오부대론을 비롯하여, 삼사도와 밀승 사부 딴뜨라 등을 법설하며 현밀의 모든 차제를 수학하는 셰다(bshad grwa, 辯經院)를 설립하였다. 톨래 사원에는 드레풍 고망(sgo mań) 사원 출신의 게셰들도 변경원의 스승으로 참여하고 있는데 이에 대하여 간략히 설명하자면 다음과 같다. 암도 지역 겔룩파의 핵심 총림은 라브랑(bla brań) 사원인데 톨래 사원 역시 라브랑 사원의 전승과 깊은 관계가 있다. 라브랑 사원은 드레풍 고망 사원과도 관계가 깊은데 라브랑 사원의 창건 조사인 꾼켄 잠양 셰바는 고망 사원에서도 핵심 스승이다. 따라서 두 총림 모두 꾼켄 잠양 셰바의 논전을 기반으로 오부대론을 학습하고 있다. 이에 톨래 사원에서도 드레풍 고망 사원 출신의 게셰들이 셰다의 스승으로 함께하고 있는 것이다. 톨래 사원은 겔룩파의 사원이지만 닝마파, 까규파, 싸꺄파, 조낭파 등 여러 종파의 승려들이 이 곳 셰다에 참여하여 현밀의 광대한 경론을 수습하는 총림으로 자리잡았다. 현재는 게셰 학위자를 배출하여 승단이 자체적으로 후학 승려들을 양성할 수 있는 견고한 토대를 만들었다. 아왕 린포체는 항상 수행의 중요성을 잊지 않고, 매년 두 달간의 집중 폐관수련을 유지하고 있다.

린포체는 티베트불교의 경론과 수행뿐만 아니라 능숙한 중국어와 한역(漢譯) 경론에 대한 폭넓은 이해로 여러 한역불교권 제자들에게 그들의 불교 바탕에 맞추어 수기(隨機) 법문하고, 다양한 논전과 구결을 저술하는 수승함을 보여주고 있다.

린포체의 지도하에 "불교도들은 부처님 교법을 배우고 실천함에 있어서 깊이 사유하고 정진하며, 보리심을 널리 발하고 중생을 진정으로 생각하여야 자신과 타인 모두 원만한 삶을 이룰 수 있다."고 강조하면서 톨래 사원 승단 전체가 정진과 전법에 한 마음이 되도록 이끌고 있다.

일러두기

1. 불교 용어들은 우리말 역어와 함께 티베트어, 산스끄리뜨어, 한자어를 함께 표기하였다. 순서는 '우리말(티베트어, 산스끄리뜨어, 한자어)' 순으로 하였다. 괄호( ) 안의 용어의 표기는 주로 티베트어, 한자어를 사용하였으며, 산스끄리뜨어가 필요하다 생각하는 경우에 산스끄리뜨어도 함께 표기하는 식으로 하였다. 티베트어 표기가 없이 산스끄리뜨어 표기만 있는 경우는 이름, 지명과 같은 고유명사이거나, 진언처럼 산스끄리뜨 발음을 그대로 쓰는 경우이다. 이 때는 같은 발음을 복수의 표기법으로 쓰는 것이 오히려 혼동을 줄 수 있기 때문에 산스끄리뜨어 표기만 사용하였다.

2. 티베트어 표기법은 Wylie Tibetan Transliteration을 표준으로 사용하였지만 가독성을 위해 ng 문자 표기만 ṅ으로 변경하였다. 이는 Bialek Transliteration을 비롯한 많은 티베트어 표기법에서 사용하고 있는 방식이다.

3. Tib.는 티베트어, Skt.는 산스끄리뜨어 표기를 뜻한다.

4. 티베트어 발음의 한글 표기는 철자에 맞게 쓰는 것을 원칙으로 하였지만, 대중적으로 널리 알려진 발음의 티베트어는 본문에 최초 등장시 '대중적으로 널리 알려진 발음(실제 발음)' 식으로 병행 표기하고서 그 이후부터는 '대중적으로 널리 알려진 발음'만 표기하는 식으로 하였다. 예를 들면, '린포체(린뽀체)'로 처음에 병행 표기하고 다음부터는 '린포체'만 표기하는 식이다.

5. 저자와 역자의 이름의 경우에는 이름 표기에 된소리 발음은 잘 쓰지 않는 점을 감안하여, 된소리 발음을 거센소리로 바꾸어 표기하였는데, '도제 땐진'을 '도제 텐진'으로 표기한 것이 그와 같다.

목차

머리말　006
톨래 사원의 역사와 아왕 갸초 린포체 약전　010
일러두기　014

티베트본『반야바라밀다심경(般若波羅蜜多心經)』　020
현장역(玄奘譯)『반야바라밀다심경(般若波羅蜜多心經)』　028

제1장『반야심경』의 총설　032
　　　제1절『반야심경』이 설해진 장소와 시간　033
　　　제2절『반야심경』의 다른 판본　036
　　　제3절 심(心), 경(經)에 내포된 뜻　038
　　　제4절『반야심경』의 내용 개술　041

제2장『반야심경』의 정문(正文)　044
　　　제1절 예비 수행(前行)　046

제3장 인무아(人無我)와 보살 자량도(資糧道)　058
  제1절 인무아(人無我)　065
  제2절 보살 자량도(資糧道)　077

제4장 법무아(法無我)와 보살 가행도(加行道)　112
  제1절 법무아(法無我)　113
  제2절 보살 가행도(加行道)　115
  제3절 보살 가행도의 수지(修持) 법문　119
  제4절 보살 가행도의 공덕　125

제5장 보살 견도(見道)　130
  제1절 번뇌의 억누름(押伏)과 단멸(斷滅)에 대한 구별　132
  제2절 보살 견도(見道)　136

제6장 보살 수도(修道)　156

제7장 유학도(有學道)　172
  제1절 십팔계(十八界)　173
  제2절 십이연기(十二緣起)　175
  제3절 연각도(緣覺道)　180
  제4절 공성을 깨닫는 것(證悟)의 어려움　184
  제5절 사성제(四聖諦)　191
  제6절 부처님의 말씀을 남김없이 섭수한 성문　198

제7절　삼승(三乘)의 네 가지 유학도　200

　　　제8절　대소승의 차이　207

제8장　무학도(無學道)　212

　　　제1절　멸(滅)　213

　　　제2절　아라한과(阿羅漢果)　214

　　　제3절　대승 무학도　216

제9장　삼사도(三士道)　226

제10장　보살(菩薩)　229

　　　제1절　보리살타(菩堤薩埵)　229

　　　제2절　십바라밀다(十波羅蜜多)　230

제11장　내윤회(內輪廻)　250

　　　제1절　번뇌　252

　　　제2절　업　274

　　　제3절　장애　282

　　　제4절　4가지 전도(顚倒)　283

제12장　열반　286

　　　제1절　네 가지 열반　287

　　　제2절　삼세(三世)의 모든 부처님의 과위　289

제3절 원만 과위   294

제13장 산스끄리뜨어(梵語)   296
        제1절 산스끄리뜨어의 공덕   297
        제2절 『반야심경』진언의 정확한 염송법   300

제14장 결찬(結讚)   312

제15장 『반야심경』의 관상수행법   316
        제1절 세 가지의 수승함   317
        제2절 『반야심경』관상수행법   319

제16장 『반야심경』의 밀의(密意)   330

티베트본 『반야바라밀다심경(般若波羅蜜多心經)』

༄༅། །ཤེས་རབ་སྙིང་པོ།
티베트본 『반야바라밀다심경(般若波羅蜜多心經)』

༄༅། །རྒྱ་གར་སྐད་དུ། བྷ་ག་ཝ་ཏི་པྲཛྙཱ་པཱ་ར་མི་ཏཱ་ཧྲི་ད་ཡ། །
산스끄리뜨어로 "바가와띠 쁘라즈냐 빠라미따 흐리다야"

བོད་སྐད་དུ། བཅོམ་ལྡན་འདས་མ་ཤེས་རབ་ཀྱི་ཕ་རོལ་ཏུ་ཕྱིན་པའི་སྙིང་པོ། བམ་པོ་གཅིག་གོ། །
티베트어로 "쫌댄데마 셰랍끼 파롤뚜친빼 닝뽀". 1부(部)
[세존모(世尊母)인 반야바라밀다(般若波羅蜜多)의 정수(精髓)]

འཕགས་པ་དཀོན་མཆོག་གསུམ་ལ་ཕྱག་འཚལ་ལོ། །
성스러운 삼보(三寶)에 예경올립니다.

འདི་སྐད་བདག་གིས་ཐོས་པའི་དུས་གཅིག་ན།
이 말씀을 내가 들었던 한때에,

བཅོམ་ལྡན་འདས་རྒྱལ་པོའི་ཁབ་བྱ་རྒོད་ཕུང་པོའི་རི་ལ་དགེ་སློང་གི་དགེ་འདུན་ཆེན་པོ་དང་། བྱང་ཆུབ་སེམས་དཔའི་དགེ་འདུན་ཆེན་པོ་དང་ཐབས་ཅིག་ཏུ་བཞུགས་ཏེ།
세존께서 왕사성(王舍城) 영취산(靈鷲山)에서 비구 대중과 보살 대중과 함께 머무셨는데,

དེའི་ཚེ་བཅོམ་ལྡན་འདས་ཟབ་མོ་སྣང་བ་ཞེས་བྱ་བའི་ཆོས་ཀྱི་རྣམ་གྲངས་ཀྱི་ཏིང་ངེ་འཛིན་ལ་སྙོམས་པར་ཞུགས་སོ། །

그 때 세존께서 '심오함의 현현(顯現)'이라는 '법수(法數) 삼매'에 들어 계셨다.

ཡང་དེའི་ཚེ་བྱང་ཆུབ་སེམས་དཔའ་སེམས་དཔའ་ཆེན་པོ་འཕགས་པ་སྤྱན་རས་གཟིགས་དབང་ཕྱུག་ཉིད་ཀྱི་པ་རོལ་ཏུ་ཕྱིན་པ་ཟབ་མོའི་སྤྱོད་པ་ཉིད་ལ་རྣམ་པར་བལྟ་ཞིང་ཕུང་པོ་ལྔ་པོ་དེ་དག་ལ་ཡང་རང་བཞིན་གྱིས་སྟོང་པར་རྣམ་པར་བལྟའོ། །

또한 그 때 보살(菩薩) 마하살(摩訶薩) 성(聖) 관자재보살(觀自在菩薩)께서 심오한 반야바라밀의 행(行)을 철저히 관찰하시고, 오온(五蘊)조차도 자성(自性)이 공(空)함을 완벽히 관(觀)하셨다.

དེ་ནས་སངས་རྒྱས་ཀྱི་མཐུས། ཚེ་དང་ལྡན་པ་ཤཱ་རིའི་བུས་བྱང་ཆུབ་སེམས་དཔའ་ཆེན་པོ་འཕགས་པ་སྤྱན་རས་གཟིགས་དབང་ཕྱུག་ལ་འདི་སྐད་ཅེས་སྨྲས་སོ། །

그리고 부처님의 위신력으로 장로(長老) 사리불(舍利弗)은 보살 마하살 성 관자재보살께 이와 같이 여쭈었다.

རིགས་ཀྱི་བུ་གང་ལ་ལ་ཤེས་རབ་ཀྱི་པ་རོལ་ཏུ་ཕྱིན་པ་ཟབ་མོའི་སྤྱོད་པ་སྤྱད་པར་འདོད་པ་དེས་ཇི་ལྟར་བསླབ་པར་བྱ། །

"어떤 선남자(善男子)가 심오한 반야바라밀의 행을 닦기 원하면 그들이 어떻게 배워야 합니까?"

དེ་སྐད་ཅེས་སྨྲས་པ་དང་། བྱང་ཆུབ་སེམས་དཔའ་སེམས་དཔའ་ཆེན་པོ་འཕགས་པ་སྤྱན་རས་གཟིགས་དབང་ཕྱུག་གིས་ཚེ་དང་ལྡན་པ་ཤཱ་རིའི་བུ་ལ་འདི་སྐད་ཅེས་སྨྲས་སོ། །

그렇게 여쭈고, 보살 마하살 성 관자재보살께서 장로 사리불에게 이렇게 말씀하셨다.

ཤཱ་རིའི་བུ་རིགས་ཀྱི་བུའམ། རིགས་ཀྱི་བུ་མོ་གང་ལ་ལ་ཤེས་རབ་ཀྱི་ཕ་རོལ་ཏུ་ཕྱིན་པ་ཟབ་མོའི་སྤྱོད་པ་སྤྱད་པར་འདོད་པ་དེས་འདི་ལྟར་རྣམ་པར་བལྟ་བར་བྱ་སྟེ། །

"사리자(舍利子)여, 어떤 선남자 선여인이 심오한 반야바라밀의 행을 닦기 원하면 그들이 이와 같이 철저히 관찰해야 한다.

ཕུང་པོ་ལྔ་པོ་དེ་དག་ཀྱང་རང་བཞིན་གྱིས་སྟོང་པར་རྣམ་པར་ཡང་དག་པར་རྗེས་སུ་བལྟའོ། །

오온(五蘊)조차도 자성이 공(空)함을 철저하고 정확하게 관찰해야 한다.

གཟུགས་སྟོང་པའོ། སྟོང་པ་ཉིད་གཟུགས་སོ། །གཟུགས་ལས་ཀྱང་སྟོང་པ་ཉིད་གཞན་མ་ཡིན། སྟོང་པ་ཉིད་ལས་ཀྱང་གཟུགས་གཞན་མ་ཡིན་ནོ། །

색이다. 색 이외에조차도 다른 공성이 아니다. 공성 이외에조차 다른 색이 아니다.

དེ་བཞིན་དུ་ཚོར་བ་དང་། འདུ་ཤེས་དང་། འདུ་བྱེད་དང་། རྣམ་པར་ཤེས་པ་རྣམས་སྟོང་པའོ། །

그와 같이 수(受), 상(想), 행(行), 식(識) 모두 공(空)하다.

ཤཱ་རིའི་བུ། དེ་ལྟར་ཆོས་ཐམས་ཅད་སྟོང་པ་ཉིད་དེ། མཚན་ཉིད་མེད་པ། མ་སྐྱེས་པ། མ་འགགས་པ། དྲི་མ་མེད་པ། དྲི་མ་དང་བྲལ་བ་མེད་པ། བྲི་བ་མེད་པ། གང་བ་མེད་པའོ། །

사리자여, 이처럼 모든 법이 공성으로, 성상(性相)이 없다. 생(生)하지도 않고, 멸(滅)하지도 않는다. 더러움(垢)도 없고, 더러움을 여읨(淨)도 없다. 감소함(減)도 없고, 증가함(增)도 없다.

ཤཱ་རིའི་བུ། དེ་ལྟ་བས་ན། སྟོང་པ་ཉིད་ལ་གཟུགས་མེད། ཚོར་བ་མེད། འདུ་ཤེས་མེད། འདུ་བྱེད་རྣམས་མེད། རྣམ་པར་ཤེས་པ་མེད། །

사리자여, 그와 같기 때문에 공성에는 색(色)이 없다. 수(受)도 없고, 상(想)도 없고, 행(行)도 없고, 식(識)도 없다.

མིག་མེད། རྣ་བ་མེད། སྣ་མེད། ལྕེ་མེད། ལུས་མེད། ཡིད་མེད། གཟུགས་མེད། སྒྲ་མེད། དྲི་མེད། རོ་མེད། རེག་བྱ་མེད། ཆོས་མེད་དོ། །

눈(眼)도 없고, 귀(耳)도 없고, 코(鼻)도 없고, 혀(舌)도 없고, 몸(身)도 없고, 의식(意)도 없다.
형상(色)도 없고, 소리(聲)도 없고, 냄새(香)도 없고, 맛(味)도 없고, 촉감(觸)도 없고, 의식의 대상(法)도 없다.

མིག་གི་ཁམས་མེད་པ་ནས་ཡིད་ཀྱི་ཁམས་མེད། ཡིད་ཀྱི་རྣམ་པར་ཤེས་པའི་ཁམས་ཀྱི་བར་དུའང་མེད་དོ། །

안계(眼界)부터 의계(意界)도 없고, 의식계(意識界)까지도 없다.

티베트본『반야바라밀다심경(般若波羅蜜多心經)』· 23

མ་རིག་པ་མེད། མ་རིག་པ་ཟད་པ་མེད་པ་ནས་རྒའི་མེད། རྒའི་ཟད་པའི་བར་དུ་ཡང་མེད་དོ། །

무명(無明)도 없고, 무명의 다함이 없는 것으로부터 늙음(老)과 죽음(死)도 없고, 늙음과 죽음의 다함까지도 없다.

དེ་བཞིན་དུ་སྡུག་བསྔལ་བ་དང་། ཀུན་འབྱུང་བ་དང་། འགོག་པ་དང་། ལམ་མེད། ཡེ་ཤེས་མེད། ཐོབ་པ་མེད། མ་ཐོབ་པ་ཡང་མེད་དོ། །

그와 같이 고(苦), 집(集), 멸(滅), 도(道)도 없다. 지혜도 없고, 얻음도 없고, 얻지 못함도 없다.

ཤཱ་རིའི་བུ། དེ་ལྟ་བས་ན་བྱང་ཆུབ་སེམས་དཔའ་རྣམས་ཐོབ་པ་མེད་པའི་ཕྱིར། ཤེས་རབ་ཀྱི་ཕ་རོལ་ཏུ་ཕྱིན་པ་ལ་བརྟེན་ཅིང་གནས་ཏེ་སེམས་ལ་སྒྲིབ་པ་མེད་པས་སྐྲག་པ་མེད་དེ། ཕྱིན་ཅི་ལོག་ལས་ཤིན་ཏུ་འདས་ནས་མྱ་ངན་ལས་འདས་པའི་མཐར་ཕྱིན་ཏོ། །

사리자여, 그러므로 보살들은 얻음이 없기 때문에, 반야바라밀에 의지하고 머물러서 마음에 장애(礙)가 없고 두려움(恐怖)이 없다. 전도(顛倒)된 생각에서 완전히 벗어나 구경열반(究竟涅槃)에 이르렀다.

དུས་གསུམ་དུ་རྣམ་པར་བཞུགས་པའི་སངས་རྒྱས་ཐམས་ཅད་ཀྱང་ཤེས་རབ་ཀྱི་ཕ་རོལ་ཏུ་ཕྱིན་པ་ལ་བརྟེན་ནས་བླ་ན་མེད་པ་ཡང་དག་པར་རྫོགས་པའི་བྱང་ཆུབ་ཏུ་མངོན་པར་རྫོགས་པར་སངས་རྒྱས་སོ། །

삼세(三世)에 머무시는 모든 부처님 또한 반야바라밀에 의지하여 아뇩다라삼먁삼보리(無上正等正覺)로 원만현각(圓滿現覺)하여 부처의 과위를 이루셨다.

དེ་ལྟ་བས་ན་ཤེས་རབ་ཀྱི་ཕ་རོལ་ཏུ་ཕྱིན་པའི་སྔགས། རིག་པ་ཆེན་པོའི་སྔགས། བླ་ན་མེད་པའི་སྔགས། མི་མཉམ་པ་དང་མཉམ་པའི་སྔགས། སྡུག་བསྔལ་ཐམས་ཅད་རབ་ཏུ་ཞི་བར་བྱེད་པའི་སྔགས། མི་བརྫུན་པས་ན་བདེན་པར་ཤེས་པར་བྱ་སྟེ། ཤེས་རབ་ཀྱི་ཕ་རོལ་ཏུ་ཕྱིན་པའི་སྔགས་སྨྲས་པ།

그러므로 반야바라밀의 진언(眞言)은, 대명(大明)한 진언, 위 없는(無上) 진언, 무등(無等)하고 평등한 진언, 일체의 고통을 완전히 적멸(寂滅)케 하는 진언이니, 거짓된 것이 아니므로 진실로 알아야 한다. 반야바라밀의 진언을 이르노니,

ཏདྱཐཱ། ཨོཾ་ག་ཏེ་ག་ཏེ། པཱ་ར་ག་ཏེ། པཱ་ར་སཾ་ག་ཏེ། བོ་དྷི་སྭཱ་ཧཱ།
떼야타 옴 가떼 가떼 빠라가떼 빠라삼가떼 보디 쓰와하

ཤཱ་རིའི་བུ་བྱང་ཆུབ་སེམས་དཔའ་སེམས་དཔའ་ཆེན་པོ་དེས་ཤེས་རབ་ཀྱི་ཕ་རོལ་ཏུ་ཕྱིན་པ་ཟབ་མོ་ལ་བསླབ་པར་བྱའོ། །
사리자여, 보살 마하살은 그와 같이 심오한 반야바라밀을 배워야 한다."

དེ་ནས་བཅོམ་ལྡན་འདས་ཏིང་ངེ་འཛིན་དེ་ལས་བཞེངས་ཏེ་བྱང་ཆུབ་སེམས་དཔའ་སེམས་དཔའ་ཆེན་པོས་འཕགས་པ་སྤྱན་རས་གཟིགས་དབང་ཕྱུག་ལ་ལེགས་སོ། །ཞེས་བྱ་བ་བྱིན་ནས།

그 때 세존께서 삼매에서 나오셔서 보살 마하살 성 관자재보살에게 "선재(善哉)로다."라고 칭찬하시고,

ལེགས་སོ་ལེགས་སོ། །རིགས་ཀྱི་བུ། དེ་དེ་བཞིན་ནོ། །རིགས་ཀྱི་བུ། དེ་དེ་བཞིན་ཏེ་ཇི་ལྟར་ཁྱོད་ཀྱིས་བསྟན་པ་བཞིན་དུ་ཤེས་རབ་ཀྱི་ཕ་རོལ་ཏུ་ཕྱིན་པ་ཟབ་མོ་ལ་སྤྱད་པར་བྱ་སྟེ། དེ་བཞིན་གཤེགས་པ་རྣམས་ཀྱང་རྗེས་སུ་ཡི་རང་ངོ་། །

"선재로다, 선재로다. 선남자여, 그래 그와 같다. 선남자여, 그래 그와 같다. 그대가 말한 바와 같이 심오한 반야바라밀을 닦아야 한다. 일체의 여래(如來)들 또한 수희(隨喜)하셨도다."

བཅོམ་ལྡན་འདས་ཀྱིས་དེ་སྐད་ཅེས་བཀའ་སྩལ་ནས། ཚེ་དང་ལྡན་པ་ཤཱ་རདྭ་ཏིའི་བུ་དང་། བྱང་ཆུབ་སེམས་དཔའ་སེམས་དཔའ་ཆེན་པོ་འཕགས་པ་སྤྱན་རས་གཟིགས་དབང་ཕྱུག་དང་། ཐམས་ཅད་དང་ལྡན་པའི་འཁོར་དེ་དག་དང་། ལྷ་དང་། མི་དང་། ལྷ་མ་ཡིན་དང་། དྲི་ཟར་བཅས་པའི་འཇིག་རྟེན་ཡི་རངས་ཏེ། བཅོམ་ལྡན་འདས་ཀྱིས་གསུངས་པ་ལ་མངོན་པར་བསྟོད་དོ། །

세존께서 그와 같이 말씀을 내려주시고서, 장로 사리불과 보살 마하살 성 관자재보살, 모든 권속(眷屬)들, 천신(天神), 인간, 아수라(阿修羅), 건달바(乾達婆) 등의 세간 유정(有情)들이 기뻐하여, 세존께서 설하신 것을 크게 찬탄(讚嘆)하였다.

현장역(玄奘譯) 『반야바라밀다심경(般若波羅蜜多心經)』

현장역(玄奘譯) 『반야바라밀다심경(般若波羅蜜多心經)』

觀自在菩薩 行深般般若波羅蜜多時 照見五蘊皆空 度一切苦厄
관자재보살 행심반야바라밀다시 조견오온개공 도일체고액

舍利子 色不異空 空不異色 色卽是空 空卽是色 受想行識 亦復如是
사리자 색불이공 공불이색 색즉시공 공즉시색 수상행식 역부여시

舍利子 是諸法空相 不生不滅 不垢不淨 不增不減
사리자 시제법공상 불생불멸 불구부정 부증불감

是故 空中無色 無受想行識 無眼耳鼻舌身意 無色聲香味觸法
시고 공중무색 무수상행식 무안이비설신의 무색성향미촉법

無眼界 乃至 無意識界 無無明 亦無無明盡 乃至 無老死 亦無老死盡 無苦集滅道 無智 亦無得 以無所得故
무안계 내지 무의식계 무무명 역무무명진 내지 무노사 역무노사진 무고집멸도 무지 역무득 이무소득고

菩提薩唾 依般若波羅蜜多故 心無罣碍 無罣碍故 無有恐怖 遠離
顚倒夢想 究竟涅槃
보리살타 의반야바라밀다고 심무가애 무가애고 무유공포 원리전도
몽상 구경열반

三世諸佛 依般若波羅蜜多故 得阿耨多羅三藐三菩提
삼세제불 의반야바라밀다고 득아뇩다라삼먁삼보리

故知 般若波羅蜜多 是大神呪 是大明呪 是無上呪 是無等等呪
能除一切苦 眞實不虛
고지 반야바라밀다 시대신주 시대명주 시무상주 시무등등주 능제일
체고 진실불허

故說 般若波羅蜜多呪 卽說呪曰
고설 반야바라밀다주 즉설주왈

揭諦揭諦 波羅揭諦 波羅僧揭諦 菩提 娑婆訶
아제아제 바라아제 바라승아제 모지 사바하

༄༅། །ཤེས་རབ་སྙིང་པོའི་རྣམ་བཤད་
ཆོས་ཀྱི་རྒྱ་མཚོའི་རིན་ཆེན་གཏེར་མཛོད་ཞེས་བྱ་བ་བཞུགས་སོ། །

반야심경의 주해
바다와 같은 부처님 가르침의 보물 창고

제1장
『반야심경』의 총설

제1절 반야심경이 설해진 장소와 시간

에마호! 지금부터 『반야심경』에 대해서 해설하도록 하겠다.

석가모니 부처님께서는 중생을 제도(濟度)하고 교화(敎化)하기 위해 팔만사천 법문을 설하였고 후세에 많은 경전을 남겼는데 그 중에서 가장 중요하게 여기는 것은 『반야경(般若經)』이다.

반야경 내에서 제일 권위가 있는 것은 『대품반야경(sher phin 'bum pa, 大品般若經)[1]』으로 총 600권으로 구성되어 있으며, 이 600권 내용의 핵심을 총섭한 것이 『반야심경』이다. 그러므로 『반야심경』에는 불법의 모든 내용이 함축되어 있어서 팔만사천 법문의 정수라 일컫는다.

세존께서 『대품반야경』을 설한 장소는 인도의 영취산(bya rgod phuṅ po'i ri, 靈鷲山)이며, 『반야심경』 또한 영취산에서 설하셨다. 취(鷲)는 독수리이며 일종의 매이다.

왜 영취산이라고 하는가. 이에 대하여 몇 가지 서로 다른 견해가 있는데, 그 중 하나는 부처님께서 『반야경』과 『반야심경』을 설할 때 많은 보살들이 신령스런 독수리(bya rgod, 靈鷲)로 변화하여 경을 청문(聽聞)하러 왔으므로 이 산을 영취산으로 부르게 되었다는 주장이다.

또 다른 주장은 이 산의 모양이 마치 한 마리 독수리와 같아서 영취산으로 부른다는 것이다. 그 외에도 여러 다른 주장이 있다.

부처님께서 『반야경』, 『반야심경』을 설한 장소인 영취산과 더불어

---

[1] 『십만반야송(十萬般若頌)』이라고도 한다.

성도(成道)한 금강좌(rdo rje gdan, 金剛座)2는 동일한 가지력(加持力)이 있다는 것을 우리는 알아야 한다.

 석존께서는 35세가 되던 해 음력 4월 15³일에 부처를 이루었고, 성도한지 9년이 지난 음력 3월 15일에 『반야심경』을 설하였다. 부처님께서 다른 경전을 설할 때는 아난 존자께서 보좌(寶坐)를 공경으로 올리고(敬獻) 부처님께서 보위에 앉아 경을 설하셨다. 그러나 『반야경』만은 석존께서 직접 보좌를 올려 놓고 법문을 여셨다. 이에 아난 존자는 부처님께 여쭈었다. "어찌하여 세존께서 친히 보좌를 올리시나이까?" 이에 부처님께서 답하시기를 "삼세의 모든 부처님께서는 『반야경』에 의지하여 성불하셨고, 아라한은 『반야경』에 의지하여 번뇌를 끊었으며, 보살은 『반야경』에 의지하여 보살의 지위4에 올랐다."라고 하였다.

 수행자가 업을 소멸하고, 자량(資糧)을 쌓으며, 번뇌장(煩惱障)과 소지장(所知障)을 끊는 것도 모두 『반야경』에 의지한다. 이와 같이 『반야경』에는 매우 수승한 공덕이 있으므로 경을 설하려 할 때 석존께서 직접 보좌를 바침으로써 경의를 표한 것이다.

 부처님께서도 『반야경』을 이와 같이 공경하니 우리 범부(凡夫)5는

---

2 부처님께서 성도를 이룬 보드가야의 보리수 나무를 뜻한다.
3 이 성도일(成道日)은 티베트력을 기준으로 한 것이다. 따라서 여기서 말하는 음력(陰曆)은 한중일(韓中日)이 사용하는 음력이 아니라 티베트에서 사용하는 티베트식 음력을 뜻한다.
4 출세간 유정인 성자(聖者) 보살의 지위로 초지(初地)에서 10지(十地) 보살까지의 지위를 말한다.
5 공성을 직접적으로 깨닫지(現證空性) 못하여 심상속(心相續)에 세속제만 존재하는 중생을 뜻한다.

더욱 그와 같이 공경해야 한다. 나는 지금 법좌(法坐) 위에 앉아서 경을 설하고 있지만, 나 자신을 존경해서가 아니라 마음속으로 항상 반야경을 공경하고 있는 것이다.

제2절 『반야심경』의 다른 판본

현존하는 『반야심경』 한역(漢譯)은 7개의 판본이 있고, 가장 빠른 번역본은 서기 490년 구마라습(鳩摩羅什)[6] 대사께서 산스끄리뜨어를 한문으로 번역한 것이다. 이 후로 내려가서는 당대(唐代) 현장(玄奘三藏) 법사의 『반야심경』, 그리고 법월(法月) 법사, 반야(般若) 법사, 지혜륜(智慧輪) 법사, 법성(法成) 법사, 시호(施護) 법사의 번역본이 있다. 더 이전에는 이 7개의 판본에 그치지 않고 11개의 판본이 있었지만 4개의 판본은 유실되었고 그 중 당대 개국(唐代 開國) 삼대사(三大師) 중 한 분인 불공(不空) 법사가 번역한 『반야심경』이 있다.

불법이 전승되어 오는 과정 중 많은 고난을 겪었으며 특히 중국은 삼무일종법난(三武一宗法難)[7]을 겪었고, 티베트는 전홍기(sna dar, 前弘期)에 랑다르마(glan dar ma)[8]의 폐불(廢佛)을 겪었다. 불교 경전은 이러한 고난을 겪은 후에는 많은 교법(敎法)과 증법(證法)의 전적(典籍)을 실전(失傳)하였다.

법월 법사가 번역한 『반야심경』에서는 석존께서 『반야심경』을 설

---

[6] 쿠마라지바(kumārajīva)의 음역(音譯)이다. 구마라습 대사는 카슈미르 출신의 인도 승려이며 생전에 300권에 달하는 불경을 번역하였다. 구역(舊譯)의 구마라습, 신역(新譯)의 현장(玄奘)으로 대표되는 대 역경사이다.
[7] 중국 중세에 일어났던 네 차례의 폐불(廢佛)을 일컫는 말이다.
[8] 랑다르마(AD 809~842)왕은 티베트의 토착 신앙인 뵌교(bon po)를 신봉하여 불교를 탄압하였다. 중국과 티베트의 폐불은 그들의 토속 내지 자생 신앙과 외래 종교인 불교와의 갈등관계 속에서 발생했다는 공통점이 있다.

할 때 청법한 대중의 숫자는 대비구 대중이 수백 수천이 되었고, 대보살 대중이 7,700명 청법하였다고 한다.

현장 법사의 『반야심경』에는 이러한 기록은 없지만 우리들은 이 7권의 판본을 잘 읽어보고 살펴봐야 한다.

『반야심경』은 어디에서 설해졌는지 당시 들었던 중생은 어떤 중생이 있는지, 대보살은 얼마나 있는지, 대비구는 얼마나 있는지, 이러한 것을 알고 『반야심경』에 대해 이해하면 큰 도움이 되며, 부처님께서 무엇을 말씀하였는지 『반야심경』의 이해에 더 깊이 다가갈 수 있다.

제3절 심(心), 경(經)에 내포된 뜻

각기 다른 『반야심경』 판본의 명칭은 동일하지 않다. 여기에서 해설하고자 하는 것은 현장 법사 역본의 『반야심경』이다.

현장 법사는 서기 602년 하남성(河南省) 낙양(洛陽)에서 탄생하였다. 서기 664년에 원적(圓寂)하였으며 속명은 진의(陣禕)라고 불렸다. 13세에 출가하였고, 그 후에 인도로 가서 총 17년에 걸쳐 경전을 구하였다. 현장 법사는 인도에서 중국으로 돌아올 때 불사리(佛舍利) 150과, 7존 불상, 657부의 경전을 가지고 돌아왔다. 여기에는 현장 법사와 그 제자들이 번역한 75부의 경론이 있으며 이 중에는 『대품반야경』과 『반야심경』도 포함되어 있다. 여기서 해설하고자 하는 『반야심경』 즉, 현장 법사 역본의 정식 이름은 『반야바라밀다심경(般若波羅蜜多心經)』이다.

'반야바라밀다(般若波羅蜜多)'는 산스끄리뜨어 '쁘라즈냐빠라미따(prajñāpāramitā)'를 음역한 것이다. '반야(prajñā, 般若)'의 의미는 대지혜(大智慧), 공성을 깨닫는 지혜를 뜻한다. '바라밀다(pāramitā, 波羅蜜多)'의 의미는 '피안(pha rol, 彼岸)에 도달하다.'를 뜻한다.

'반야바라밀다'의 뜻을 설명하자면 우리들이 끊임없이 윤회하고 고통받는 '차안(tshur rol, 此岸)'으로부터 해탈과 성불의 '피안'에 이르러야 함을 의미한다.[9]

진정으로 『반야심경』을 이해하고, 수지(受持)하여 수행하면 공성을 깨달을 수 있으며, 공성의 지혜에 의해 윤회에서 해탈할 수 있다. 만약 보리심을 결합하여 보살도의 여섯 바라밀의 모든 선업을 닦아 행하면(六度萬行) 부처를 이룰 수 있다.

심(心)은 육단심(肉團心)10, 망심(忘心), 진심(眞心)을 포함하고 있다. 우리들의 심장은 바로 육단심이요, 번뇌를 생기게 하는 마음은 '망심'이며, 도를 닦는 마음은 '진심'이다.

『반야심경』의 '심(心)'은 두 가지 의미를 갖고 있다. 하나는 '진심(眞心)'을 가리키는데 즉, '공성을 깨닫는 마음'이고, 다른 하나는 '핵심'을 가리키는데 즉, 『반야심경』이 『대품반야경』의 '핵심'이요, '마음의 요체(心要)' 임을 뜻한다.

경(經)은 네 가지 뜻이 있는데, 관(貫), 섭(攝), 상(常), 법(法)이다.

1. 관(貫): 관통한다는 의미이며, 부처님께서 설한 경전은 전부 관통한다. 도(道)에 있어서 한 가지 이치로 모든 것을 꿰뚫는다. 예를 들면 도차제 중 하사도, 중사도, 상사도, 이들 삼사도(三士道)는 하나로 함께 연결되어 있는 성불의 길(道)이다.

2. 섭(攝): 중생을 불문에 인도한다는 뜻이다. 부처님께서 설한 팔

---

9 차안(此岸)은 직역하면, '이쪽 언덕'이고, 피안(彼岸)은 '저쪽 언덕'이다. 마치 바다를 경계를 두고 이쪽에 솟아오른 언덕과 저쪽에 솟아 오른 언덕을 표현한 비유로, 차안은 우리가 머무는 고통의 윤회계이며, 피안은 고통의 윤회를 벗어난 깨달음의 세계이다. 차안과 피안의 경계가 되는 바다는 업과 번뇌이며, 이것은 깨달음의 세계인 피안에 도달하기 위해서는 업과 번뇌의 바다를 건너야 함을 의미한다.

10 심장(snyiṅ, hṛdaya)을 뜻한다. 밀교에서는 그 형태가 팔변(八辯)의 육엽(六葉)으로부터 이루어진다고 하여 육단심(六團心)이라 하기도 한다. 물리적인 신체 기관의 심장을 가리키는 것은 아니다.

만사천 법문은 중생들 각자의 번뇌에 대치할 수 있고, 그들을 해탈로 인도한다.

3. 상(常): 영원불멸하다는 의미이다. 불법은 변하지 않는 진리이다. 석존께서 설한 법은 2500년 전은 두 말할 것도 없고, 현재까지도 그 가르침이 시대를 통하고 있으며, 수천 년이 지나도 시대에 통하지 않는 문제가 발생하지 않으므로 궁극의 진리이다. 통치자나 학자가 주장하는 학설은 그렇지 않다. 그들의 주장은 시대의 변천에 따라서 변화가 발생할 수 있으므로 구경의 도의 이치가 아닌 것이다.

4. 법(法): 법칙을 일컫는다. 불법은 시방 중생이 공동으로 따르는 법이다. 번뇌를 끊을 수 있는 유일한 길이고, 고통에서 벗어날 수 있는 방편이며, 고통을 멀리하고 낙을 얻는 정법이다. 보살은 『반야경』에 의지하여 부처의 과위를 얻고, 아라한도 『반야경』에 의지하여 아라한과를 얻으며 성문승(聲聞乘), 연각승(緣覺乘), 보살승(菩薩乘) 삼승(三乘) 모두 『반야경』에서 설한 가르침에 의지하여 비로소 능히 그 목적을 성취할 수 있다.

제4절 『반야심경』의 내용 개술

『반야심경』에 내포된 내용과 뜻은 대단히 광범위하다. 티베트불교의 오부대론(bka' pod lṅa, 五部大論)¹¹으로『반야심경』을 설명한다면 첫 번째『석량론(tshad ma rnam 'grel, Pramāṇavārttika, 釋量論)』에서 말하는 것은 『반야심경』의 '논리(rigs pa)'이고, 두 번째『현관장엄론(mṅon rtohs rgyan, Abhisamayālaṃkārā, 現觀莊嚴論)』에서 말하는 것은『반야심경』의 '도차제' 이며, 세 번째『입중론(dbu ma 'jug pa, Madhyamakāvatāra, 入中論)』에서 말하는 것은『반야심경』의 '현의(現意)의 공성'이고, 네 번째『구사론(mṅon pa mdzod, Abhidharmakośa, 阿毘達磨俱舍論)』에서 말하는 것은『반야심경』안의 '수 많은 여러 가지 논리'¹² 즉, 번뇌가 얼마나 다양한 양상으로 존재하는지를 포함하여 도차제에 관한 것과 삼십칠조도품(byaṅ phyogs so bdun, 三十七助道品) 등, 다섯 번째『계율론('dul ba, Vinaya, 戒律論)』은『반야심경』의 '수행'에 대해서이다.

『반야심경』에서 설하는 내용은 모두 '인무아(人無我)'와 '법무아(法無我)'에 관해서이며, 거기에 십팔계(十八界), 팔리희론(spros bral brgyd, 八離戲論), 사성제(四聖諦), 십이연기(十二緣起), 삼승과위(三乘果位) 등이다. 현밀(顯密)이 결합된 법문이므로 내용에 있어서 드러난 뜻(現意), 숨은 뜻(隱意), 비밀스러운 뜻(密意)으로 나뉜다.

---

11 오대경(五大經)이라고도 한다.
12 여기서 말하는 논리는 석량론의 인명(因明) 논리가 아니라 다양한 법의 구조와 분류를 열거한 아비다르마의 논리를 말한다.

첫 번째, 『반야심경』의 '드러난 뜻'은 문자 상에서 가리키는 뜻으로 공성에 대하여 설하였다. 불교 각 학파의 견해는 다르기 때문에 그 해설이 동일하지는 않다. 티베트불교의 겔룩파는 중관학파의 관점13에서 공성을 해석하였고, 중국불교는 대부분 유식학파의 관점에 의지한다.14 현교(顯敎)와 밀교(密敎)의 해설에 있어서도 두 학파 간의 차이점이 존재한다. 『반야심경』의 내용은 다르지 않지만 해석에 있어서 왜 동일하지 않은가. 이것은 논사들의 이해의 정도가 서로 다르기 때문이다. 논사의 이해가 상대적으로 얕을수록 그 해설 또한 얕지만, 논사의 이해가 깊을수록 그 해설 역시 깊다.

두 번째, 『반야심경』의 숨은 뜻을 설명한 것은 도차제로 즉, 오도(五道)이다. 자량도(資糧道), 가행도(加行道), 견도(見道), 수도(修道), 무학도(無學道)이며, 이 오도는 대승 오도와 2종의 소승 오도15로 나뉘므로 총 15도(道)가 된다. 만약 이 도차제 전부를 펼쳐서 설명하려면 삼사도를 광대하고 깊게 설명하는 것을 마쳐야한다. 그래서 『반야심경』은 팔만사천 법문을 응축한 것이라 하는 것이다. 두 번째, 『반야심경』의 '숨은 뜻'에 대해서 티베트의 여러 논사들께서 대체로 원만하게 설명하였고, 겔룩파 조사들은 이에 대해 좀 더 깊게 설명하였다.

---

13 티베트불교는 겔룩파뿐만 아니라 다른 종파(닝마, 까규, 사꺄 등)들도 중관학파의 관점을 요의(了義)로 삼는다.
14 이 관점은 한역경전을 소의로 삼는 한중일 삼국의 불교에 대체로 해당된다.
15 소승 오도는 '성문승의 오도'와 '연각승의 오도' 두 가지로 다시 나뉜다.

세 번째, 『반야심경』의 '비밀스러운 뜻(密意)'에서 설명하는 것은 밀교의 두 가지 차제(二種次第)[16]이고, 사부(四部) 딴뜨라(rgyud sde bzi)[17]의 스승이 필요하며, 스승은 이에 대해 정확하게 해설할 수 있어야 한다. 해설에 있어서는 광(廣), 중(中), 략(略)의 방식에 의거해 설한다. 먼저 간단하게 『반야심경』 전체를 광의(廣義)로 해설한 이후에 보다 세밀하고 깊게 들어가 해설한다. 혹은 드러난 뜻을 먼저 설명한 후에 숨겨진 뜻, 마지막에 비밀스러운 뜻으로 설명한다. 해설의 방식을 먼저 채택한 후에 배우면 비교적 쉽게 이해에 도달할 수 있다.

---

16 무상요가 딴뜨라 수행의 2가지 차제로, 생기차제(bskyed rim, 生起次第)와 원만차제(rdzogs rim, 圓滿次第)이다.
17 밀교 경전의 4단계 분류로, 소작(所作) 딴뜨라(bya rgyud, kriyā-tantra), 행(行) 딴뜨라(spyod rgyud, caryā-tantra), 요가(瑜伽) 딴뜨라(rnal 'byor gyi rgyud, yoga-tantra), 무상요가(無上瑜伽) 딴뜨라(rnal 'byor bla med kyi rgyud, anuttra-yoga-tantra)이다.

제2장
『반야심경』의 정문(正文)

『반야심경』은 석존께서 직접 설한 것이 아니다. 부처님께서 "심오함의 현현(zab mo'i snaṅ ba)[18]이라는 법수삼매(chos kyi rnam graṅs tiṅ ṅe 'dzin, 法數三昧)"에 들어있을 때, 부처님의 가지력을 관자재보살(觀自在菩薩)과 사리자가 입게 된다. 사리자께서는 부처님의 가지력을 입은 힘으로 관자재보살을 직관할 수 있게 되는데 이 때 관자재보살께 "오온은 공하지 않습니까? 모든 법이 공하지 않은가요?" 라고 질문 드리면 관자재보살께서 그에 관하여 답을 주시는 일종의 문답 형식으로 전개된다. 이렇게 경문이 시작된다.

---

18 주 미팜 린포체('ju mi pham 'jam dbyaṅs rnam rgyal rgya mthso)의 족첸(rdzogs pa chen po, 大圓滿) 해설서 『랑중예셰의 의의인 심오함의 현현(raṅ byuṅ ye shes kyi don zab mo'i snaṅ ba)』이라는 제목에서 알 수 있듯, 금강승의 관점에서는 이것을 '랑중예셰(raṅ byuṅ ye shes, 自然智)'로 이해하는 견해도 있다. '랑중예셰' 에 대해 싸첸 꾼가닝뽀(sa chen kun dga' snyiṅ po)는 『람데슝쎄아쎙마계빠(lam 'bras gzhuṅ bshad a seṅ ma rgyas pa, 道果詮解)』에서 다음과 같이 정의하였다. "외적 조건에 의해 일으키는 것이 아니라 내면에서 맥관의 종자자(種子字)로 풍(風)과 심(心)이 섭수되는 힘에 의해서 체험이 자연 발생적으로 일어나기 때문에 랑중예셰(自然智)라 명명한다.(phyi yul rkyen gyis ma bskyed par naṅ du rtsa yig la rluṅ sems 'dus pa'i stobs kyis nyams raṅ byuṅ du skyes pas raṅ byuṅ gi ye she zhe bya' o/)"

제1절 예비 수행(前行)

1. 관자재보살

"관자재보살(觀自在菩薩)"

"관(gzigs, 觀)"은 '보다', '관찰한다'는 뜻으로 관자재보살은 관세음보살이다.

"보살(byaṅ sems, 菩薩)"은 산스끄리뜨어를 음역한 것으로 전칭은 보리살타(byaṅ chub sems dpa'a, bodhisattva, 菩堤薩埵)이다.

"보리(byaṅ chub, bodhi, 菩堤)"는 깨달음과 단멸(證斷)'로 번역되는데, 깨달음(證)은 '공성을 깨닫는 것'이고, 단멸(斷)은 '번뇌를 단멸하는 것'을 의미한다.

"살타(sems dpa'a, sattva, 薩埵)"는 '용맹하다'는 의미이며, 중생을 구제하는 데 있어서 용맹한 이가 바로 보살임을 의미한다.

어찌하여 모든 이들이 보살을 숭앙(崇仰)하며 공경하는가. 보살은 중생을 구제함에 있어서 매우 용감하고, 중생을 위해 자신을 헌신하기 때문이다. 그가 하는 모든 행위는 오직 중생을 위한다. 그의 행위에 조금도 이기적인 것은 없기에 우리 모두 보살을 숭앙한다.

여기 관자재의 '관(觀)'에 관한 이야기가 있다. 관세음보살[19]께서

---

[19] 현장 법사는 관자재보살(觀自在菩薩)로, 구마라습 대사는 관세음보살(觀世音菩薩)로 번역하였다.

성불하기 전에 아미타불을 스승으로 모시고 아미타불 앞에서 보리심을 일으켰고 특별한 서원을 발하였다. "중생을 남김없이 제도하면 나는 부처가 될 것이고, 중생을 남김없이 제도하지 못하면 나는 부처가 되지 않겠나이다. 만약 보리심이 퇴굴하면 저의 머리는 열 조각으로 갈라지고 몸은 천 조각으로 갈라질 것입니다."라고 맹서(盟誓)하였다. 서원을 올린 후 관세음보살은 먼저 아귀 중생을 구제하였다. 매일 수많은 아귀도 중생을 구제하였다. 그렇게 몇 천 년이 지난 후 한번은 관세음보살이 아귀도 중생을 구제하는 것이 완전히 끝났다고 생각하고서 수미산 정상에 올라서서 보니 아귀도 중생이 아직도 이전처럼 많은 것을 보았다. 관세음보살은 크게 낙담하여 한 순간에 보리심이 퇴굴하였다. 그러자 머리는 열 조각으로 몸은 천 조각으로 갈라졌다. 이 때 아미타불께서 관세음보살 앞에 바로 오셔서 관세음보살에게 말씀하기를 "그대는 더욱 용맹스럽게 보리심을 일으켜야 한다. 중생을 제도할 수 있도록 내가 그대에게 가지(加持)를 내리겠다." 라고 하자 열 조각으로 쪼개어졌던 관세음보살의 머리를 아미타불께서 가지력으로 관세음보살의 머리를 열 개로 만드시고 가장 위에 아미타불의 머리를 올려서 모두 11개의 머리가 되었다. 몸은 천 개의 조각으로 갈라졌지만 하나 하나의 조각 위에 아미타불께서 가지력으로 손을 주시고 모든 손 가운데 눈을 만드셨다. 이것이 십일면 천수천안관세음보살(spyan ras gzigs phyag stoṅ spyan stoṅ, 十一面千手千眼觀世音菩薩)의 유래이다.

이 '관(觀)'이라는 글자는 관자재보살께서 천 개의 지혜의 눈(spyan)으로 밤낮으로 육도 중생을 관찰하고, 중생이 어떠한 번뇌를 가지고 있는지 보며, 어떠한 고통을 가지고 있는지, 어떻게 업과 번뇌를 끊고 고통을 없애는 기연(機緣)에 닿을 수 있는지 보고서, 일단 기연이 닿으면 관세음보살께서 바로 즉시 중생에게 가지를 내려주신다.

"자재(自在, dbaṅ phyug)"는 신구의(身口意)의 자재함을 가리킨다.

첫 번째, 몸의 자재함(sku yi dbaṅ phyug, 身自在). 몸을 마음이 짓는대로 화현(化現)할 수 있다. 『보현행원품(bzaṅ spyod smon lam, 普賢行願品)』에서 "대지(大地)를 미진(微塵)으로 할 만큼 몸을 무수히 나투어[20]"라고 하여, 부처님 몸(佛身)의 자재 공덕으로 부사의(不思議)하게 화현한다. 하나의 몸이 찰미진(刹微塵)[21] 수량의 몸으로 화현할 수 있다. 32상(相) 80종호(種好)의 장엄상(莊嚴相)으로 화현할 수 있으며 일반 중생으로도 자재 변화하여 나타날 수 있으나 우리들 범부 중생으로서는 불가능하다.

두 번째, 말의 자재함(gsuṅ gi dbaṅ phyug, 語自在). 말씀의 자재로써 『보현행원품』에서 "천신(天神), 용왕(龍王), 야차(夜叉), 구반다(鳩槃茶), 인간의 언어들과 존재하는 일체 중생의 음성만큼 그 모든 언어로 내가 법을 설하리라."[22]라고 설한 이것은 부처님 말씀의 자재 공덕이다. 부처님께서는 모든 중생의 언어에 능통하여 중생에게 걸림없이 법음을 설할 수 있고, 중생들이 듣게 된다면 모두 자신의 언어와 필요한 법문으로 이해할 수 있다. 부처님은 또한 동시에 한 가지 음성으로

---

20 Tib: zhiṅ gi rdul snyed lus rab btud pa wis/
漢: 一身復現 刹塵身
21 무수한 국토를 미진(微塵)으로 할 만큼의 무수한 수량
22 Tib: lha yi skad daṅ klus daṅ gnod sbyin skad/ grul bum dag daṅ mi yi skad rnams daṅ/ 'gro ba kun gyi sgra rnams ji tsam par/ thams cad skad du bdag gis chos bstan to//
漢: 天龍夜叉鳩槃茶 乃至人與非人等 所有一切眾生語 悉以諸音而說法

중생이 각자 가진 문제의 해답을 주실 수 있다. 중생의 근기가 깊고 얕고, 지혜가 높고 낮음을 막론하고 금강승(金剛乘)에서 설명하는 '어자재'는 '금강어(ṅag rdo rje, 金剛語)'로 풀이된다.'로 풀이된다.

세 번째, 뜻의 자재함(thugs kyi dbaṅ phyug, 意自在). 마음의 자재함으로, 마음을 어디에 두는 지를 자재하게 정할 수 있다. 만약 마음이 오직 보리심 위에 놓여 있다면 중생에 대해 대자대비를 발할 수 있다. 이것이 마음의 자재이다. 우리들 범부의 마음은 자재하지 못하여 자신도 모르게 번뇌와 고통스러운 일로 마음이 향하곤 한다. 게다가 일부러 생각하는 것도 아니라서 마음은 쉽게 조복할 수 없다.

관자재보살은 이 세 가지 자재 공덕을 갖추었다. 그 외에도 다른 자재한 공덕이 있다. 신변(神變)이 자재하므로 편만하게 두루 자재하여 나툴 수 있고(rdzu 'prul gyi dbaṅ phyug, 神變自在), 세간의 우주와 출세간(出世間)의 정토(淨土)를 자유로이 왕래하며(kun tu 'gro ba' i dbaṅ phyug, 遍行自在), 불사업이 자재하여 자신의 원력을 이룰 수 있고('phrin las kyi dbaṅ phyug, 佛事業自在), 뜻 하는 바대로 자재할 수 있다(ci 'adod kyi dbaṅ phyug, 隨意自在). 이것이 심원(心願)의 여의(如意)이고, 공덕의 자재함(yon tan gyi dbaṅ phyug, 功德自在)이다. 이는 부처와 보살의 여덟가지 자재함의 공덕(dba phyug brgyad, 八自在功德)을 말한다.

2. 여섯 가지 바라밀다(六度)에 대하여 간략히 설명함

"행심반야바라밀다시(行深般若波羅蜜多時)"

"행(spyod pa, 行)"은 보살의 다양한 행위(萬行)을 가리킨다. 만행은 불교 수행자가 지키고 행하여 할 여러 가지 행위를 이르는 것으로, 육바라밀을 포함한 보살의 불사업(佛事業)을 뜻한다. 보시, 지계, 인욕, 정진, 선정, 지혜바라밀다의 내용이 보살의 만행이다.

"심(zab mo, 深)", 여섯 가지 바라밀은 깊고 심오하다. 관자재보살께서 깊고 심오한 반야바라밀다에 들어가 공성을 관(觀)하고 수습할 때 사리자에게 공성을 설하였다. 불보살은 능히 공성을 깨치고 범부의 눈에 맞추어 그것을 설한다. 부사의하고 그 이치를 명언으로 드러내기 어려우며 쉽게 깨달을 수 없어 '심(深)'이라 한다.

"반야(shes rab, 般若)"는 '지혜'를 의미한다. 지혜는 '공성 지혜'와 '세간 지혜'로 나뉜다. 반야의 지혜는 '공성을 깨닫는 지혜'를 가리킨다.

"바라밀다(pha rol tu phin pa, pāramitā, 波羅蜜多)"는 '피안으로 건너간다, 피안에 이른다(到彼岸)'라는 뜻이다. 이 한 마디의 의미를 설명한다면 공성지혜에 의지하여 생사 윤회의 세계인 차안에서 벗어나 해탈의 피안에 도달한다는 것을 '반야바라밀다'라고 한다.

그래서 "행심반야바라밀다시"는 관자재보살께서 대보살의 지혜와 위력으로 깊고 심오한 반야바라밀다에 들어가서 행할 시에 오온이 모두 비어있음을 관하였고, 제법(諸法)이 모두 공성이었음을 뜻한다.

3. 무자성(無自性)의 오온(五蘊)

"조견오온개공(照見五蘊皆空)"

"조견(rnam par blta ba, 照見)"은 '직관적 바른 인식(mṅon sum tshad ma, pratyakṣa-pramāṇa, 現量)'으로 깨닫는다는 의미이다.

"오온개공(五蘊皆空)", 오온(phuṅ po lṅa, 五蘊)은 색(色), 수(受), 상(想), 행(行), 식(識)으로 '오온개공'은 이 다섯 가지의 집합(五蘊)이 모두 비어 있다는 뜻이다. 범부의 이해로는 '공'은 없다는 의미로 받아들이는데 그렇다면 '오온개공'은 과연 오온이 모두 없다는 뜻인가. 그렇지 않다. 이것을 설명하자면 오온의 자성(自性)이 공하다는 뜻이고, 오온에 자성이 없다는 뜻이지, 오온의 존재 자체가 부재(不在)함을 말하려는 것이 아니다.

여기에서 공성의 인식에 도움이 되는 몇 가지 방식이 있는데 '이전부터 존재하지 않는 공함', '변화의 공함', '자상의 공함', '행상의 공함', '자성의 공함' 등이다.

'이전부터 존재하지 않는 공함'은 예를 들면 한 잔의 우유일 때 이전에 존재하지 않았던 발효유(酸乳)를 두고서 이전부터 존재하지 않는 공함이라 할 수 있다.

'변화함의 공함'은 사물이 변화하여 형성된 공함을 일컫는데, 예를 들면 발효유로 되어 있을 때 우유의 의미는 없어져 버려서 우유의 의미에서 본다면 변화함의 공함이라 할 수 있다.

'자상(自相)의 공함'은 사물 자신의 정의된 특성(raṅ gi mtshan nyid, 自相)이 존재하지 않는 공함을 말하는데, 예를 들면 하나의 보병(寶甁)에서 불룩한 부분[23]이 없으면 보병의 자상이 공하게 된다.

'행상의 공함'은 서로의 행상(rnam pa, 行相)²⁴이 존재하지 않는 것을 말하는데, 예를 들면 소에는 양의 행상이 존재하지 않는 것과 같다.

'자성의 공함'은 상일자재(rtag gcig raṅ dbaṅ can, 常一自在)함이 공함을 뜻한다. 이것은 마치 거울 속에 비친 사람의 영상과 같은데, 그는 비록 실제 사람은 아니므로 실제 그 자체는 없지만 실제의 모습으로 현현(顯現)할 수는 있는 것과 같다.

'자성(raṅ bzhin)'이라고 하는 것은 '상일자재'와 '독립자취실유(raṅ rkya thub pa'i rdzas yod, 獨立自取實有)'를 말한다. 색온(色蘊)을 예로 들면 눈에 보이는 것은 모두 색온에 속한다. 우리들이 보는 색온의 '색'에 자성이 존재하는지 살펴보자. 예를 들어 눈에 보이는 찻잔이 있는데 이 찻잔에 자성이 있는가 없는가. 만약 자성이 있다면 그것은 틀림없이 '상일자재'하고 '독립자취실유'로 존재할 것이다.

'상(rtag pa, 常)'은 '유상(有常)', '영원함'을 의미하며, 만약 이 찻잔이 '유상'하다면 결코 낡지 않으며 손상되지 않는다. 그러나 이것이 불가능하다는 것을 우리 모두는 알고 있으므로, 찻잔은 '유상'한 것이 아니다.

'일(gcig, 一)'은 다른 요소가 없이 '하나', '단일'의 의미이다. 이 찻잔이 '단일'한 것인지 한 번 살펴보면, 찻잔은 지수화풍(地水火風) 사대원소로 구성되어 있다. 만약 '지(地)'의 요소가 없다면 견고함이 결

---

23 불교 논리학에서 보병의 정의(性相)는 '배가 불룩하고 바닥이 평평하며 물을 담을 수 있는 작용을 하는 것'으로 규정하고 있다. 따라서 보병에 '배가 불룩하다.'라는 특성이 존재하지 않으면 그 보병은 자신의 정의를 충족하지 않기 때문에 더 이상 보병이라 불릴 수 없다. 이로써 보병의 자상이 공하게 되는 것이다.
24 행상의 정의는 '법의 개별 또는 구별'로 법이 분류되거나 구별되는 모든 특상(特相)을 의미한다.

여되어 찻잔이 단단해지지 않는다. '풍(風)'의 요소가 없으면 찻잔을 들 수 없다. 상대적으로 가벼워야 찻잔을 들 수 있는데 이것은 '풍'의 요소가 가진 속성이다. 그러므로 찻잔은 '단일(一)'한 것이 아니다.[25]

'자재(raṅ dbaṅ, 自在)'는 다른 요소에 의지하지 않고 '스스로 존재하다.'는 의미이다. 찻잔은 또한 '자재'한 것이 아니다. 다른 구성 요소에 의탁해야만 한다. 예를 들면 이 찻잔이 '자재'하다면 마땅히 그 어떤 다른 요소에도 의지할 필요가 없다. 그러나 실제로 찻잔은 많은 것에 의지해야 존재할 수 있다는 것을 우리는 알고 있기 때문에 찻잔은 '자재'한 것이 아니다.

결국 '상일자재'한 것은 존재하지 않는다. 일체의 사물과 법이 저것은 이것에 의지하고 이것은 저것에 의지하는 상호 의존적 관계로 존재할 뿐이다. 찻잔은 '상일자재'하지 않으므로 자성이 없으며, 색온은 자성이 없고, 색온뿐만 아니라 오온은 자성이 없으므로 '무자성(raṅ bzhin med pa, 無自性)'이기 때문에 '공'인 것이다. 그러므로 오온은 모두 '공'이다.

'공성'을 이해하기는 쉽지 않다. 공성을 설명할 때 법을 설하는 스승도 그것을 표현하기도 어렵고, 제자 역시 그것을 이해하기 어렵다. 밀라레빠 존자께서는 공성을 완전하게 깨달으셨다. 그럼에도 공성을 설할 때 그것을 표현하기가 매우 어려웠다. 다른 사람들은 공성

---

25 찻잔에는 '지'와 '풍'의 요소뿐만 아니라, 처음 잔을 빚는 과정에서 점토에 물을 섞어서 먼저 반죽을 만들어야 '수(水)'의 요소도 들어가며, 이후 빚은 토기를 가마에서 고온으로 구워야 하기 때문에 '화(火)'의 요소도 들어간다.

에 관한 그의 해설을 듣고 모든 것이 없는 것처럼 들렸다. 명백히 존재하는 것들인데도, 그는 그것이 없다고 했기 때문에 사람들은 스승께서 무엇을 설하는지 이해하지 못하였다.

구루 빠드마쌈바와(gu ru rin po che, guru-padmasambhāva, 連花生大師)께서도 '공성'을 완전히 깨달으셨다. 대사께서 공성에 대하여 설명할 때 청법한 제자들 모두 모든 사물은 존재하지 않는 것처럼 느꼈다. 부처도, 법도, 승가도 존재하지 않는다고 설하실 때, 대중들은 "아무것도 존재하지 않는데, 어찌하여 우리가 무엇을 더 공부해야 합니까?"라고 의문을 가졌다.

용수 보살께서 공성에 관하여 법문을 설하셨을 때 '중관'과 '유식' 이외의 견해를 가진 논사들은 용수보살의 중관이취육론(dbu ma rigs tshogs drug, 中觀理聚六論)[26]을 보고는 용수보살을 사견자(邪見者)라고 여겼다. 그들은 용수보살에게 "그대는 불법승 모두 존재하지 않는다고 주장하므로 그대는 사견을 지닌 외도일 뿐 부처님의 제자가 아니다."라고 힐난하였다.

---

26 『중론(dbu ma rtsa ba'i shes rab, 中論)』, 『회쟁론(rsod bzlog, 廻諍論)』, 『칠십공성론(stoṅ nyid bdun cu pa, 七十空性論)』, 『육십정리론(rigs pa drug cu pa, 六十正理論)』, 『세연마론(zhib mo rnam 'thag, 細研磨論)』, 『보만론(tin chen phreṅ ba, 寶蔓論)』

4. 『반야심경』의 공덕

"도일체고액(度一切苦厄)"

이것은 『반야심경』의 공덕에 관한 것이다. 티베트본 『반야심경』에는 이 경문 구절이 없고, 현존하는 한역 7개 판본의 『반야심경』 중 일부에도 이 구절은 존재하지 않는다.

이 구절의 유래에는 몇 가지 서로 다른 설명이 있다. 그 중 한 가지는 현장 법사께서 인도로 구법을 떠나기 전에 관세음보살의 화신을 보았다는 것이다. 관세음보살은 병약한 노인으로 화현하여 『반야심경』을 현장 법사에게 전해주었다. 현장 법사는 인도에서 구법 후 당(唐)으로 돌아오는 중간에 여러 마장과 난관에 부딪혔을 때 『반야심경』을 독송함으로써 이 고난을 극복하였다. 그래서 현장 법사가 『반야심경』을 번역할 때 '도일체고액'이라는 구절을 특별히 추가하였다는 것이 한 가지 설이다.

그러나 나는 그러한 연유로 이 구절이 들어간 것은 아닐 것이라 생각한다. 구마라습 대사가 번역한 『반야심경』에도 "도일체고액"이 있으며, 구마라습 대사가 『반야심경』을 번역한 시기가 서기 409년이고 현장 법사의 번역 시기는 서기 649년이다. 구마라습 대사가 200년 일찍 번역했으므로 몇몇 승려들이 언급하는 것처럼 현장 법사가 추가로 그 구절을 넣은 것은 아닐 것이라 생각된다.

석존께서 설법할 때 주로 사용한 언어는 산스끄리뜨어였다. 이후 인도에서 경전을 기록한 텍스트는 주로 두 가지 언어를 사용하였는데 산스끄리뜨어와 빨리어이다. 그 중 몇몇 판본의 『반야심경』에서 "도일체고액"이 있을 가능성이 있다. 『대품반야경』에도 이 구절이 있으며, 『대품반야경』에서 설하기를 어떠한 고통이나 번뇌, 혹은 마장이 있을 때 『대품반야경』을 염송함으로써 그것을 극복할 수 있다고도 한다. 『대품반야경』에는 이러한 공덕을 갖고 있으므로 『반야심경』 역시 마찬가지로 이와 동일한 공덕이 있는 것이다. 그렇다면 『반야심경』을 염송하면 정말로 장애와 난관을 극복할 수 있는가. 그렇다. 난관을 마주할 때 즉시 『반야심경』을 염송하면 난관을 극복할 수 있고 마라를 만날 때 즉시 『반야심경』을 염송하면 마라 또한 물리칠 수 있다.

뿐만 아니라 티베트본 『반야심경』의 후속부에는 용수 보살께서 지은 '배마의궤(bdud bzlog, 排摩儀軌)'한 부가 있다. 티베트 스승들께서는 설법을 시작할 때나 어려움을 마주할 때 이 의궤를 사용한다. 티베트불교는 『반야심경』과 금강승을 결합하여 사마를 물리치는 다양한 의궤에 『반야심경』을 사용한다.

"도일체고액"의 '도(度)'는 어떤 판본에선 '도(渡)'로 번역되어 있기도 하다. '도(渡)'의 삼수변(氵)은 탐진치(貪嗔痴) 세 가지의 고해(苦海)를 나타낸다. 『반야심경』에서 말하는 '공성'을 깨달으면 탐진치의 고해를 건너고, 탐진치 삼독을 단멸시킨다.

"일체고액"의 '고(苦)'는 고통을 의미하고, '액(厄)'은 어려움과 번뇌를 말한다. 다른 판본의 『반야심경』 일부는 '일체고액'이라 쓰여 있고, 어떤 것은 '일체고뇌(一切苦惱)'라고 쓰여있다.

『반야심경』을 수지하고 닦으면 모든 고통, 어려움과 번뇌에서 벗어날 수 있다. 이것이 『반야심경』의 수승함이다.

5. 사리자(舍利子)

"사리자(舍利子)"

"사리자" 혹은 '사리불(sha' ri' i bu, Śāriputra, 舍利弗)'이라고 하며 구마라습 대사께서 번역한 『반야심경』에서는 "사리불"이라 되어 있고 그 외 다른 경전에서도 대부분 '사리불'이라 명시되어 있다. 사리자는 부처님의 10대 제자 중 한 분이다.

석존에게는 두 분의 큰 제자가 계셨는데 지혜제일의 '사리자[27]'와 신통제일의 '목건련(Maudgalyāyana, 目犍連)[28]'이다.

『반야심경』과 부처님께서 설한 다른 경전도 마찬가지로 전행(前行), 정행(正行), 결찬(結讚)으로 되어있다. [29]

'전행'은 사리자께서 관자재보살에게 질문하는 부분이고, 이 부분은 다른 판본에는 존재하지만 현장 법사 역본에는 '전행'과 '결찬' 없이 오직 '정행'만 있을 뿐이다. 여기서 '전행' 결속 후 '정행'으로 진입하여 사리자가 묻는 질문에 관자재보살이 답하며 사리자의 이름을 부른다.

"사리자여!…" 여기서부터 『반야심경』이 본격적으로 시작된다.

---

27 마가다(magadha)국의 브라만 출신으로, 목건련과 함께 산자야(sañjaya)의 수제자였으나 부처님의 제자인 아설시(阿說示, aśvajit)로부터 부처님의 가르침을 전해 듣고, 그의 250명의 제자들과 함께 부처님께 귀의하였다.
28 마가다국의 브라만 출신으로 원래 사리불과 더불어 산자야(sañjaya)의 수제자였으나 석존의 제자가 되었다.
29 한역불교에서는 삼분과경(三分科經)이라 하여, 서분(序分), 정종분(正宗分), 유통분(流通分)으로 부른다.

제3장
인무아(人無我)와 보살 자량도(資糧道)

"색불이공 공불이색 색즉시공 공즉시색 수상행식 역부여시(色不異空 空不異色 色卽是空 空卽是色 受想行識 亦復如是)"

앞서 설명하였듯이 『반야심경』의 '드러난 뜻'은 '공성'인데, 공성에 대하여 불교 내 각 학파의 인식은 동일하지 않다.

대승의 교법은 불타의 연기성(緣起性), 공(空), 정견(正見)에 대하여 그 인식이 기본적으로 유식학파(sems tsam pa, Cittamātra, 唯識學派)와 중관학파(dbu ma pa, Mādhyamika, 中觀學派)로 나뉜다. 이 두 학파의 종의(grub mtha', 宗義)는 견해뿐만 아니라 해설에 있어서도 서로 다르다.

공성에 대하여 유식학파에서는 모든 법(諸法)은 공(空)하며 오직 내면의 마음에서 비롯된 변화로 여긴다. "무색성향미촉법 무안계 내지 무의식계(無色聲香味觸法 無眼界 乃至 無意識界)"에서 보면 유식학파는 여기에서 제법이 객관적 대상인 외경(外境)으로 존재하는 것이 아니라 오직 내면의 마음으로만 존재한다고 이해한다. 이것이 유식학파가 이해하는 공성이다. 예를 들어 한 잔의 물을 두고서 유식학파의 견해로 볼 때 이 한 잔의 물이 외경으로 존재한다고 승인한다면 그것은 항상 물이어야 하며, 어떠한 중생이 보더라도 반드시 물이어야 한다. 그러나 이 물은 외경으로 존재하지 않기 때문에 인간은 이것을 물이라고 보지만, 천신은 감로로 보고, 아귀는 피고름으로 본다. 그것은 단지 내면의 마음으로 존재할 뿐이기 때문이다. 따라서 제법이 외경상으로 존재하지 않기 때문에 더 이상 외경에 집착할 필요가 없다. 만물의 존재는 오직 자신의 마음과 관계가 있을 뿐이다.

또 다른 예로 한 사람도 외경상으로 존재하지 않기 때문에 어떤 사람은 그를 좋은 사람으로 보고, 어떤 사람은 그를 나쁜 사람으로 보기도 하는 것이다. 만약 그가 외경상에 존재한다면 악한 사람은 반드시 악한 사람이어야 하고 아무도 그를 선한 사람으로 보는 이는 없을 것이다. 선한 사람은 반드시 선한 사람이어야 하므로 아무도 그를 악한 사람으로 보는 이는 없을 것이다.

유식학파는 주로 제법이 외경상으로 존재함이 옳고 그른지에 대해 설명하는데, 현장 법사는 중국 유식종(唯識宗)[30]의 창시자로서 중국 불교에서는 공성의 이해를 대부분 유식학파의 관점을 따른다.

중관학파는 이러한 유식학파의 관점에 동의하지 않으며, 외경은 존재한다고 여긴다.[31] 앞서 마찬가지로 물 한 잔의 예를 들어보자. 중관학파에서는 이 물 한 잔은 실제로 존재하지만, 중생의 마음은 각기 다른 업력과 복덕으로 인하여 인식이 달라지기 때문에 결국 외경이 다르게 보이는 것이다. 이 물 한 잔에서도 천신의 복덕은 매우 커서 감로로 보이지만, 아귀는 업장이 두터워 피고름으로 보이고, 인간의 복덕은 보통 정도이기에 물로 보인다. 이것이 중관학파가 외경의 모든 사물을 바라보는 관점이다. 겔룩파가 바른 견해로써 견지하는 것은 중관귀류논증학파(dbu ma thal 'gyur ba, Prāsaṅgika-mādhyamika, 中觀歸謬論證學派)의 관점이다. 그러므로, 우리는 주로 중관귀류학파의 관점에 따라 『반야심경』의 '드러난 뜻'의 '공성'을 설명할 것이다.

---

30 인도불교에서는 유식학파와 중관학파는 학파의 개념이지 종파의 개념은 아니었지만, 중국불교에서는 각기 주장하는 소의경전(所依經典)과 교상판석(敎相判釋), 개산조(開山祖)에 따라서 삼론종(三論宗-중관학)과 법상종(法相宗-유식학) 등 종파의 형태로 구분되었다.
31 다만 유식학의 일부 관점을 수용한 '유가행중관자립학파(瑜伽行中觀自立學派)'의 경우는 외경의 존재를 부정한다. 여기서는 유가행중관학파의 관점이 아니라 중관귀류논증학파(中觀歸謬論證學派)의 관점을 중심으로 설명하였다.

"색불이공 공불이색 색즉시공 공즉시색(色不異空 空不異色 色卽是空 空卽是色)"

색은 색법(色法)을 가리킨다. 우리들이 볼 수 있는 것, 접촉할 수 있는 모든 사물이 색에 속한다.[32] 이 경문은 색법과 공성의 상관관계를 말하고 있다.

유식학파는 제법이 외경상으로 존재하지 않고 오직 마음으로만 존재한다고 여긴다. 그래서 "색불이공(色不異空)"이 구절을 설명하면 색법은 인식 주체('dzin pa, 能取)와 인식 대상(gzuṅ ba, 所取), 외경공(phi don stoṅ, 外境空)의 자증분(raṅ rig, 自證分)[33]이다. 즉, 색법은 능취(見分)인 안식(眼識)이 소취(相分)인 대상을 취하기 위해 자각적인 증지 작용(自證分)이 전변(轉變)하여 나타난 경계상(境界相)일 뿐 본질적으로는 존재하지 않으므로 불이공(gzuṅ 'dzin gnyis stoṅ, 不異空)인 것이다.[34]

---

[32] 색(色)을 지칭할 때 세 가지 의미가 있는데, 첫 번째는 사물(dṅos po, 事物)에 있어서 식(shes pa, 識)과 불상응행법(ldan min adu byed, 不相應行法)을 제외한 색법으로 색온(gzugs kyi phuṅ po, 色蘊)이 이에 해당한다. 두 번째는, 안식(mig shes, 眼識)의 대상으로서의 색처(gzugs kyi skye mched, 色處)이다. 세 번째는, 색처의 한 분류인 색깔(kha dog, 色)로, 색처는 색깔과(色)과 형태(dbyibs, 形) 두 가지로 나뉜다. 여기에서 언급되는 색법은 첫 번째인 색온을 가리킨다.

[33] 파란색은 소취(所取)이며, 파란색을 취하는 안식(眼識)은 능취(能取)이고, 파란색을 취하는 안식을 스스로 지각하는 것은 자증분(自證分)이다.
'색불이공'은 색법인 '파란색'이 '파란색을 취하는 안식의 자증분'이라고 설명하였다. 이에 대한 설명은 뒷 문장으로 이어진다.

[34] 색법은 자증분으로부터 능취인 안식(眼識)이 색법인 파란색을 취하기 위해 대상으로서 소취인 파란색으로 식이 전변한 것이기 때문에 색법의 본질은 자증분이며, 이러한 색법은 실제로 존재하지 않으므로 외경공이기에 불이공인 것이다.

"공불이색(空不異色)"은 자증분이 전변하여 색법이 나타나는데 이는 제법이 외경상으로 존재하지 않더라도 이러한 자각적인 증지작용이 가능하도록 대상의 측면(相分)35으로 변현(變現)한 것이 색법인 것이다.

"색즉시공(色卽是空)"은 현현한 색은 자증분이며, 우리가 생각하는 색법은 자각적인 증지작용을 위해 의식이 자신의 외경으로 변현한 결과이다.

"공즉시색(空卽是色)"은 자증분 외에는 변현한 색이 없으며 즉, 자각적인 증지작용에 의해 변현한 색법 외에는 또 다른 색법이 존재하지 않는다.

중관귀류학파의 해석은 다음과 같다. "색불이공(色不異空)"은 색법의 현현함을 말한다. 색법은 공성, 즉, 무자성이고 연기이기 때문에 걸림없이 나타날 수 있는 것이다.

"공불이색(空不異色)"은 공성 또한 자성이 없으므로 색법으로 현현할 수 있다.

"색즉시공(色卽是空)"은 범부들이 색법이라고 여기는 것은 증익상(sgro 'dogs, 增益想)36에 의해 나온 것인데 이는 진실로 존재하지 않는 것

---

35 상분(相分)은 '대상의 측면'으로 '주관의 측면인' 견분(見分)의 인식 대상이 되고, 상분을 인식한 견분은 자증분의 인식대상이 된다. 인도불교는 이렇게 삼분(三分)으로 구분하지만, 중국의 법상종(法相宗) 계통의 유식학에서는 자증분을 자각하는 증자증분(證自證分)을 더하여 사분(四分)을 주장하였다. 증자증분은 인도불교에서는 일반적으로 승인하지 않는 개념이고, 자증분을 자각하게 되면 그것은 더 이상 현량식(mṅon sum, 現量識)인 자증분이 아니라 재결식(bcad shes, 再決識)이 되어버린다. 현량식과 재결식의 관계에 대해서 중관귀류학파는 또 다른 해석을 하지만 여기서는 유식학파의 관점으로만 이해한다.

이다.

"공즉시색(空卽是色)"은 자성이 있는 색법은 존재하지 않는다. 무자성의 색법 외에는 그 어떤 다른 색법도 존재하지 않는다.

"색불이공(色不異空)"의 '공'은 자성공(raṅ bzin gyis stoṅ pa, 自性空)을 가리킨다. 『반야심경』에서 말하는 "색은 공이다(色卽是空). 색은 공과 다르지 않다(色不異空)." 그러므로 색법으로 현현하지만 무자성이므로 윤회의 영구적 측면(yod mtha', 有邊)[37]을 단멸시키는 것은 중생에게 있어서 탐착의 번뇌를 없애기 위함이다.

또한 "공은 색이다(空卽是色). 공은 색과 다르지 않다(空不異色)."는 무변(med mtha', 無邊)[38]을 끊는 것으로 중생에게 있어서 공의 왜곡된 탐착을 제거하기 위함이다.

즉, "색즉시공(色卽是空)"은 '있다(有)고 집착'하는 상변(rtag mtha', 常邊)[39]을 끊는 것이고, "공즉시색(空卽是色)"은 '없다(無)고 집착'하는 단변(chad mtha', 斷邊)[40]을 끊는 것이다.

"수상행식 역부여시(受想行識 亦復如是)"는 색법(色蘊)을 제외한 나머지 4온(受想行識) 역시 제법에 대하여 색법과 같은 이치로 공의 관계를 치

---

36 존재하지 않는 것을 존재한다고 과장하여 집취하는 변계분별(遍計分別).
37 진실로써 존재하는 것과 명언으로는 없다는 것 모두 존재한다고 집착하는 극단적 견해.
38 진실로써 존재하지 않는 것과 명언으로 존재하는 것 모두 없다고 집착하는 극단적 견해.
39 진실로써 존재한다고 집착하는 극단적 견해.
40 명언으로 조차 없다고 집착하는 극단적 견해.

환할 수 있다는 것이다. 그러므로 이 구절은 "수불이공 공불이수 수즉시공 공즉시수 상불이공 공불이상 상즉시공 공즉시상(受不異空 空不異受 受卽是空 空卽是受 想不異空 空不異想 想卽是空 空卽是想)……" 이렇게 생각할 수 있다.

이 단락의 '드러난 뜻'은 '인무아'이며 인무아는 보살 자량도의 '지혜자량'이다. '숨은 뜻'은 보살 자량도의 '복덕자량(福德資糧)'이다.

제1절 인무아(人無我)

　우리가 불교를 배움에 있어서 여러 가지 목적이 있지만 가장 근본적인 목적은 해탈 혹은 성불 이 두 가지이다. 그러기 위해서는 번뇌장(煩惱障)과 소지장(所知障)을 제거해야 하고, 이 두 장애(二障)를 완전히 단멸시키기 위해서 공성을 깨달아야 한다.
　공성은 두 가지로 구성되는데, 첫 번째는 '인무아(gaṅ zag gi bdag med, 人無我)' 즉, 보특가라(gaṅ zag, pudgala, 有情)에 대한 아집(人我執)을 버리고 무자성을 깨닫는 '인무아'이며, 두 번째는 보특가라를 제외한 모든 법에 대한 아집(法我執)을 버리고 무자성을 깨닫는 '법무아(chos kyi bdag med, 法無我)'이다.

　우리는 항상 자신을 '나'라고 말하는데, 예를 들어 "내가 이것을 어떻게……"라고 말할 때 '나'가 실재한다고 생각하는데 '나'가 없다고 한다면 믿지 않을 것이다. 그렇다면 '나'는 어떻게 안립(安立)하는가. 그것은 자신의 오온 즉, 색수상행식에 의해 안립한다.

1. 범부(凡夫)가 여기는 '나'

어떤 사람들은 색온(色蘊) 즉, 신체를 '나'라고 여긴다. 만약 '인무아'라고 하면 어떤 이는 "'내'가 없다"라고 이해하여 "'내'가 반드시 있지 '내'가 없다는 것이 어떻게 가능한가?"라고 반문할 것이다.

만약 누군가가 반문한 이에게 "당신의 '나'는 어디에 있는가?"라고 되물으면 그는 "나의 몸이 '나'다."라고 대답할 수도 있다. 몸을 '나'로 여기는 것은 색온을 '나'로 이해하고, 색온으로 안립하는 '나'를 말한다.

어떤 사람들은 수온(受蘊)을 '나'로 여긴다. 수(受)는 다양한 고락의 느낌[41]을 감수하는 것이다. 왜 수온을 '나'로 여기는가 하면, 만약 당신이 두통을 겪고 있다면 "'나'가 아프다."라고 말할 것이고, 이 통증을 느끼는 감수 주체를 '나'라고 여기기 때문이다. 즐거울 때에도 "'나'는 즐겁다."라고 하기 때문에 고락의 느낌을 받는 감수주체를 '나'라고 여긴다.

또한 어떤 사람들은 상온(想蘊)을 '나'라고 여긴다. 상온은 다양한 표상(表想)작용을 하는 마음[42]을 말한다.

어떤 사람들은 의식(識蘊)을 '나'라고 여기기도 한다.

색, 수, 상, 식 이 네 가지 온을 제외한 모든 법[43]은 행온(行蘊)에 속한

---

41 수의 감각은 크게 3가지로 분류하는데, 괴로움(sdug bsnal, 苦受), 즐거움(bde ba, 樂受), 괴로움도 즐거움도 아닌 것(btan snyoms, 捨受)이다.
42 대상의 공통적이지 않은 행상(yul gyi thun mon ma yin pa'i mthsan ma, 不共相)을 판별하는 마음이다. 예를 들면 하얀 벽에 시계가 걸려있는 모습을 볼 때, 하얀 벽과 구별되는 시계만의 형상(不共相)을 판별하는 것이다.

다. 예를 들어 허공44, 색이 아닌 것, 수도 아닌 것, 상도 아닌 것, 식도 아닌 것, 이것이 '행(行蘊)'이다. 해탈도 행이고, 열반도 행45이므로 어떤 사람은 그 행온(行蘊)을 '나'라고 여긴다.

　이상은 모두 범부들이 생각하는 '나', 아집의 '나' 즉, 우리가 멸제해야 할 '나'이다.

43　여기서 모든 법은 사물을 비롯한 유위법에 한정한다.
44　여기서 허공은 '무위(無爲)의 허공(dus ma byas kyi nam mkha)'이 아니라, 사물의 존재와 작용이 가능하도록 여백을 부여하는 '빈 공간(bar stoṅ)'을 의미한다.
45　이 부분은 월칭(lza ba grags pa, Candrakīrti, 月稱) 보살의 『오온론(phuṅ po lna'i rab tu byed pa, Pañca-skandha-prakaraṇa, 五蘊論)』을 인용한 것으로 그 내용은 다음과 같다.
　"행온은 두 가지 종류가 있는데, 심왕(心王)과 상응하는 것과, 심왕과 상응하지 않는 것이다. … 거기에서 심왕과 상응하는 것은 사(思)와, 촉(觸)과… 해탈과, … ('du byed kyi phuṅ po ni rnam pa gnyis te/ sems daṅ mtshuṅs par ldan pa daṅ/ sems daṅ mi ldan pa' o// … de la sems daṅ mtshuṅs par ldan pa ni sems pa daṅ/ reg pa daṅ/ … rnam par grol ba daṅ/ …)"
　또한 이에 관하여 아왕 린포체는 해설하기를 세간도(世間道)인 자량도와 가행도의 수행자는 번뇌를 끊지 못하여 공성을 깨닫는 지혜를 일으키는 동기가 번뇌에 물들어 있으므로, 그들이 일체법의 공성을 깨닫길 원하여 수행하더라도 공성소의(stoṅ gzhi, 空性所依)인 일체법은 오직 유루오온 안에서만 존재한다고 하였다.
　이것은 현재 보살 자량도에 관한 장으로서 그에 상응하여 이 내용을 이해하면 된다.

2. 아집으로 인한 질병

왜 아집(bdag 'dzin, 我執)을 부수어야 하는가. 우리의 번뇌는 모두 아집에 의하여 생겨났으며, 이 모든 것이 '나'라는 한 글자에서 비롯되었기 때문이다. 예를 들어, 누군가가 나를 험담하고 욕하면 '내'가 어떻게 화를 안내고 견딜 수 있겠는가. 이것은 '나'로 인하여 비롯된 것이다.

또 다른 예로 사업을 하다가 파산했는데 '내'가 어찌 속이 타지 않고 근심하지 않을 수 있겠는가. 이렇게 번민하는 것 또한 '나'로 인하여 비롯된 것이다.

만약 다른 이가 '나'보다 강하고, '나'보다 지위가 높으며, '나'보다 좋아하는 사람이 많은 것을 본다면 '내'가 어찌 '질투(嫉)'하지 않을 수 있겠는가. 질투를 일으키는 원인 또한 '나'로 인하여 비롯된 것이다.

만약 다른 이가 자신보다 강하고, 자신보다 지위가 높으며, 자신보다 좋아하는 사람이 많은 것을 본다면 '내'가 어찌 '질투(嫉)'하지 않을 수 있겠는가. 질투를 일으키는 원인 또한 '나'로 인하여 비롯된 것이다.

지금 '내'가 부족함 없이 모든 것을 갖추고 있으면 다른 이들은 '나'와 비교할 수 없다 생각하여 상대를 낮추고 자신을 높이는 '아만(ṅa rgyal, 慢)'이 생겨나는데, '아만' 역시 '나'로 인하여 비롯된 것이다.

탐('dod chags, 貪), 진(zhe sdaṅ, 瞋), 치(gti mug, 痴), 만(ṅa rgyal, 慢), 질(phrag dog, 嫉) 등 모든 번뇌의 원인은 오직 '나'라는 한 글자에서 비롯된다. 번뇌가 생겨나면 더 많은 업과 장애가 야기되어 한 두가지 생겨나는 것으로 멈추지 않고 더욱 증장함으로써 결국 고통이 끊이지 않는다.
그리하여 이제 우리는 왜 '나'를 깨뜨리고 '아집을' 제거해야만 하는지 이해하였고, 우리가 집착하는 '나'를 깨뜨려서 이러한 '나'가 제거되면 '나'로 인하여 발생하는 근심 등의 모든 번뇌는 사라진다. 이 때 다른 이가 '나'를 때린다 하여도 분노가 일어나지 않는다. 왜냐하면 이미 '내'가 없다는 것을 깨달았기 때문에, 때릴 수 있는 '나'도 없고, 화도 일어나지 않으며, 탐욕도 일어나지 않는다. 질투도 일어나지 않으므로 어떠한 번뇌도 발생하지 않는다. 번뇌를 일으키는 뿌리가 이미 제거되었기 때문이다.

3. 아집의 '나'를 찾다.

우리가 지금 집착하고 생각하는 '나'는 깨뜨려 없애야 할 '나'이며, 그것은 존재하지 않는다. 그리고 '나'는 존재하는데, 우리가 깨뜨려 없애야 할 '나'와는 차이가 있다. 만일 '내'가 없다면 우리는 어떻게 해탈할 수 있는가, 어떻게 성불하는가. '나'는 존재하며, 능히 파괴할 수도 없으며 파괴되지도 않는다. 우리가 파괴해야 할 것은 존재하지 않는 아집의 '나'이다. 그것을 깨뜨리지 않으면 고통의 끝은 다함이 없을 뿐이다.

이제 우리가 생각하는 '나'는 어떠한 것인지 알아보자. '나'는 과연 존재하는가, 존재하지 않는가.

만약 '내'가 있다고 생각한다면 어떻게 '내'가 있는 것인가. 몸(色)으로 있는가, 아니면 의식(識)인가, 생각(想)인가, 아니면 감수(受)인가.

아니면 다른 어떤 사물(行)을 말하는가.

'나'는 머리부터 발끝까지인가. 아니다. 고락의 감수(感受)인가. 아니다. 생각이 아닌가. 아니다. 의식이 아닌가. 아니다. 행온이 아닌가. 역시 아니다. 그렇다면 '나'는 어디에 있는가. 과연 존재하는가, 존재하지 않는가. 만약 어떤 이가 존재하지 않는다고 답하면 바로 단변에 빠질 것이다.

또 다른 이는 몸과 마음의 결합을 '나'라고 말한다. 어떤 이는 오온의 화합을 '나'라고 말한다. 만일 심신의 결합을 '나'라고 한다면 '나'는 하나인가, 하나가 아닌가. 몸과 마음이라고 하면 두 개의 서로 다른 성질의 사물(dṅos po)인데 만약 이 둘이 하나라면 하나가 되어야 한다. 그러나 우리는 그것이 불가능한 것임을 알고 있다. 만일 서로 다르다면 '나'는 둘이 되어야 하는데 그것은 말이 되지 않는다. 오온의 화합 또한 이와 같아서 모두 이치에 맞지 않는다.

먼저 우리는 '나'라고 여기는 그 '나'를 찾아야 한다. 이미 '나'는 신체상으로도 존재하지 않고 마음으로도 존재하지 않으며, 오온으로도 존재하지 않는다. 그렇다면 '나'는 어디에 존재하는가. 우리가 흔히 생각하는 '나'는 이와 같다. 만약 누군가가 뺨을 때린다면 우리는 '내'가 아프다고 말할 것이고 이 때 우리는 자신의 뺨이 '나'라고 생각한다. 두통이 있을 때에도 '내' 머리가 아프다고 하는 것 역시 자신의 머리를 '나'라고 여긴다.

그렇다면 뺨이 '나'가 아닌가. 아니다. 머리 역시 '나'가 아닌가. 역시 아니다. 뺨과 머리는 '나의 것(bdag gi ba, 我所有)'이다. '나'와 '나의 것'에는 차이가 있다. 내가 소유한 사물은 '내'가 아니고, 이것은 변계분별(kun btags, 遍計分別)의 '나'일 뿐이다.

많은 사람이 있을 때 만일 내가 "도제46, 그대가 나의 물건을 훔쳤는가?"라고 물을 때, 도제 자신이 물건을 훔치지 않았다면 그는 이렇게 대답할 것이다. "저는 물건을 훔치지 않았습니다. 스승님은 어째서 저를 억울하게 만드시는건가요?" 이 때 도제는 몸 속에 매우 강렬한 기운47 같은 것이 있음을 느끼고, 이것이 몸 아래에서 곧장 머리 위로 솟구치는데 이러한 느낌은 바로 증익상(sgro 'dogs, 增益想)에서 나온 '나'이다. 이러한 '나'는 진실로 존재하지 않는다.

만약 이러한 '나'를 깨뜨리면 마음은 자연스럽게 진정되는데, 이 때 고요히 관찰하면 바로 이 허구로 지어진 희론(spros pa, 戲論)의 '나'를 능히 알아볼 수 있다.

까규파의 한 스승이 있었는데 그는 출가하기 이전에 아버지가 살해를 당했고, 출가하고서 성취가 매우 높은 팍모두빠(phag mo gru pa)48 존자의 전승에 들어가 귀의하였다.

그는 스승께 귀의하고 나서 줄곧 수행에 전념하였으나 아버지를 죽인 원수에 대한 원한을 내려놓지 못했다. 자신도 이것이 고통스럽게 번민이 되어 스승께 말씀드렸더니 스승께서는 "나에게 방법이 있다."고 말씀하셨다. 며칠 후 스승은 아버지를 살해했던 원수를 집으로 초대하여 함께 차를 드시고 계셨다. 스승은 사람을 보내어 그 제자를 불렀다. 그는 아버지를 살해한 원수를 보자마자 바로 달려들어

---

46 여기서 티베트어 '도제(rdo rje)'는 고유명사인 이름으로 쓰였다.
47 화가 날 때 불덩이같이 강렬한 기운이 치밀어 오르는 것을 의미한다.
48 팍모두빠 도제 걀뽀(phag mo gru pa rdo rje rgyal po, AD 1110~1170). 감뽀빠의 3대 제자 중 한 명이며, 까규의 4대(大)8소(小) 전승 중 4대에 속하는 팍두까규(phag gru bka rgyud)의 개산조(開山祖)이다. 8소 전승은 모두 팍두까규에서 파생된 전승으로 8소 전승 중 대표적인 종파는 둑빠까규('brug pa bka rgyud)와 디쿵까규('bri guṅ bka rgyud) 등이 있다.

그를 때리려 하였다. 이때 스승께서는 "보아라! 그대의 '자아'가 얼마나 사납고 거친지! 그대의 '자아'가 지금 어디에 있는지 보아라!" 하며 이 같은 일갈로 일깨워주시니 그는 곧바로 깨달음을 얻었고, 바로 그때 변계분별 속의 '나'를 포착하고서 그 실체가 공성임을 깨달았다.

4. 의식은 '나'가 아니다.

변계분별 속에 존재하는 '나'를 찾는 것은 어렵다. 우리는 때때로 고통과 행복을 느끼는 주체를 '나'로 여기기도 하고, 때로는 생각하는 주체를 '나'로 여기기도 하며, 안식, 이식, 비식, 설식, 신식, 의식을 '나'로 여기기도 한다. 특히 '의식'을 그렇게 여기는데, 우리가 육도에서 끊임없이 윤회하며 환생을 거듭하는 주체가 바로 의식이라고 생각할 때, 이러한 의식을 '나'로 여기는 경우가 많다.

우리만 의식을 '나'라고 여기는 것이 아니라, 인도불교 4대 학파 중 설일체유부(bye brag smra ba, vaibhāṣika, 說一切有部), 경량부(mdo sde pa, sautrāntika, 經量部), 중관자립학파(dbu ma raṅ rgyd pa, svatantrika-mādhyamika, 中觀自立學派) 등 또한 의식을 '나'라고 여긴다. 그들은 의식조차 '나'가 아니라면 '나'는 어디에 있다는 것인가 하는 생각에서 의식이 아니면 '나'를 찾을 수 없다고 말한다.[49]

이 때 중관귀류학파는 반박하며 다음과 같이 설명한다. 만약 '의식'이 '나'라면 한 사람의 전생, 금생, 내생의 의식 중에 어느 것이 '나'란 말인가. 오늘의 의식도 아침, 점심, 저녁으로 나뉘고 매 분마다 방금 전과 현재, 미래로 나눌 수 있다. 만약 삼세(三世)에 이 세 가지 의식이 모두 다르다면 '나'는 다른 세 가지가 되고, 만약 '나'는 하나라고 고집한다면 세 가지 의식은 하나가 된다. 이 두 가지 경우 모두 말이 되지 않는다. 그러므로 '의식'은 '나'가 아니다.

5. 중관귀류논증학파가 생각하는 '나'

겔룩파는 귀류논증 중관학의 관점을 따르고 있다. 그렇다면 중관 귀류학파는 '나'를 어떻게 생각하는가? 귀류학파는 '나'는 '오온에 의지하여 이루어져 있고 명언(名言)만으로 존재하는 보특가라(gaṅ zag, pudgala, 補特伽羅)50'라고 생각한다.

'명언51만으로 존재(tha snyad tsam du yod pa)' 한다는 것은 무슨 뜻인가. 예를 들면, 나는 어렸을 적에 조부께서 '소남 도제'라는 이름을 지어주셨다. 18세 이전에는 모든 이들이 나를 '소남 도제'라고 생각했

---

49 다만 범부가 인식하는 '나'와 4대학파에서 언급하는 '나'는 그 의미가 전혀 다르다. 범부가 인식하는 '나'는 '진실로 성립하는 자아'이고, 4대학파에서 말하는 '나'는 '가립 기반을 탐색하여 획득된 존재성(btags don btsal nas rnyed pa yod pa)'이다. 따라서 중관귀류학파를 제외한 나머지 모든 불교학파는 '가립 기반을 탐색하여 획득된 존재성'을 인정한다.
50 보특가라는 산스끄리뜨어 pudgala의 음역으로 '의식'을 지닌 개체 즉, 유정(有情)을 뜻한다. 범부 중생뿐만 아니라 이장(二障)을 여읜 부처도 모두 보특가라에 포함되므로, '마음을 지닌 생명'을 가장 넓은 범주로 묶는 표현이다.
51 명목(名目)과 언구(言句)로, 개념을 말로 나타내는 언어의 최소단위를 이른다. 또한 세속제의 상대적이고 불완전한 요소를 이르는 표현이기도 하다.

고, 나는 '소남 도제'라는 이름으로 존재했다.

　내가 18세에 출가한 후에 라모 용진 린포체(린뽀체)⁵²께서 '아왕 갸초'라고 법명을 지어주셨고, 따라서 더 이상 나는 '소남 도제'가 아니기 때문에, 18세 이후부터 '소남 도제'라는 이름으로 존재하지 않는다.

　또 한 가지 예를 들면, '찻잔'이 하나 있으면 중국어로는 그것을 '차베이(Chn:chábēi, 茶杯)'라고 부르고, 그 '찻잔'은 '차베이'라는 이름 위에 존재한다. 티베트인들은 '찻잔'을 보고서 '쟈포르(ja phor)'라 명명하므로 그들에게 있어서 그것은 '쟈포르'지 '차베이'가 아니다. 영어로 그것을 'Cup'이라 부르면 '찻잔'은 이제 'Cup'이 된다. 그래서 동일한 존재가 다른 명언으로 존재하는 것이다.

　또 예를 들면 어떤 사람의 현재 직급이 면장(面長)인데 그 직위를 잃어버릴 때 더 이상 면장이 아니게 된다. 면장의 직급을 얻어야 면장이라 불릴 수 있는 것이다. 면장에서 군수(郡守)로 직급이 승진되면 이후로는 군수로 불리게 된다. 그러나 군수의 명칭이 바뀌어버리면 다시 더 이상 군수가 아니게 된다. 그런데 이러한 호칭이 아무리 바뀌어도 사람은 늘 그 사람이다. 그래서 이 사람은 항상 명언상으로 존재하였고, 모든 사물 역시 명언으로 존재할 뿐이다.

　'모든 사물은 오직 명언만으로 존재한다'는 것, 이것이 중관귀류논증학파 최승(最勝)의 해석이다. 이 뜻을 이해하면 공성의 절반을 이해한 것이나 다름없다.

52　라모 용진 롭상 케둡 갸초(la mo yoṅs 'dzin blo bzaṅ mkhas grub rgya mtsho, AD 1908~2004). 8세 때 13대 달라이라마로부터 13대 달라이라마의 수석교사였던 용진 푸르쪽 잠빠 갸초의 환생자로 승인되었다.

6. 공성의 명언공상(名言共相)과 의공상(義共相)

수행자는 범부의 단계에서 부처님의 가르침에 의지하여 끊임없이 문사수(聞思修)를 닦아야 한다. 배우는 힘(聞力)과 사유하는 힘(思力)에 의지해야 공성의 '명언공상(sgra spyi, 名言共相)[53]'과 '의공상(don spyi, 義共相)[54]'으로 능히 공성을 이해할 수 있다.

공성의 '명언공상'이란 무엇인가. 예를 들면, 라싸(하싸)(lha sa)에 가 본적이 없는 사람이 다른 사람에게서 라싸는 어떤 곳인지에 대해 듣고 그 사람이 설명한 것을 마음으로 생각하는 상황 이것을 명언공상

---

[53] 쫑카빠 대사는 『데둔라죽빼고돈녜르이끼문쎌(sde bdun pa 'jua pa'i sgo don gnyer yid kyi mun sel, 因明七論除意暗莊嚴疏)』에서 "추상분별(抽象分別)에서 이름으로 현현하는 그 모든 것 중, 사물이 아닌 법으로 소연하는 것(rtog pa la miṅ du snaṅ ba gaṅ zhig dṅos po ma yin pa'i chos su dmigs pa)"으로 명언공상을 정의하였다. 예를 들면 '보병을 취(能取)하는 추상분별(bum 'dzin rtog pa)'에서 '보병이 아닌 것으로부터 상반(相反)으로 현현하는 것(bum pa ma yin pa las log par snaṅ ba)'이 이와 같다.
이것은 '이름의 부분과 유사한 것(miṅ gi cha 'dra)'이 마음에서 현현하는 것으로, 예를 들면 '보병을 취(能取)하는 추상분별(bum 'dzin rtog pa)'에서 '보병이라는 이름과 유사한 것(bum pa'i miṅ gi cha 'dra)'이 마음에서 현현하는 것이다.

[54] 쫑카빠 대사는 위와 동일한 논전에서 "추상분별에서 그 법의 뜻으로 현현하는 모든 것 중, 사물이 아닌 법으로 소연하는 것(rtog pa la chos de'i don du snaṅ ba gaṅ zhig dṅos po ma yin pa'i chos su dmigs pa)"으로 의공상을 정의하였다. 꾼켄 고람빠 쏘남셍게(kun mkhyen go lams pa bsod nams seṅ ge)는 『릭떼르셀제(rigs gter gsal byed, 正理寶藏能明)』에서 "현현과 추상분별이 하나로 착란을 일으킨 증익(增益)(snaṅ brtags gcig tu 'khrul pa'i sgro btags)"으로 정의하였다. 예를 들어 '보병을 취(能取)하는 추상분별'에서 '외경(外境)의 보병으로 존재한다고 취하는 증익(增益)(phyi rol bum par sgro btags pa'i sgro btgas)'이 이와 같다.

이라고 한다.

  스승에게서 공성의 설명을 듣고 마음으로 조금 이해를 하여 '공성은 이러한 것이다.' 하는 정도를 공성을 '명언공상'으로 이해했다고 한다.[55]

  라싸를 가본 사람은 다녀온 뒤에 라싸를 떠올리면 라싸의 상황을 마음 속으로 생각해낸다. 이렇게 이해한 것이 '의공상'이라고 한다.[56]

  문력(聞力)으로 공성을 이해하면 공성의 명언공상이고, 사력(思力)으로 공성을 이해하면 공성의 의공상이다. 의공상으로 공성을 깨닫는 것은 공성을 추론적 바른 인식인 비량(rjes dpag thsad ma, anumāna-pramāṇa, 比量)으로 깨닫는 것이 전제된다.[57]

  보살은 하품(下品) 자량도에서 공성을 직접적으로 깨달을[58] 수 없지만, 명언공상을 통해 공성을 이해할 수는 있다.

---

[55] 공성이라는 단어와 공성이 가리키는 설명과 의미를 일치시킬 수 있을 때 '명언공상의 방식으로 공성을 깨달았다'고 한다.
[56] 공성이 가리키는 설명에 대한 의미를 공성을 실제 체험하듯 완전히 요해(了解)한 것을 '의공상의 방식으로 공성을 깨달았다'고 한다.
[57] 비량(比量)은 쁘라마나(pramāṇa, 量)의 하나로, '자신의 의지처가 되는 정인(正因)에 의지하여 자신의 소량(所量)인 은폐분(lkog gyur, 隱蔽分)을 새로이 기만하지 않는 분별식'이다. 이것은 공성에 대한 이해를 바른 근거와 논리로 이해할 수 없으면, 공성을 깨닫는 것은 불가능하다는 것을 역설한다.
[58] 깨달음(證悟)엔 2가지가 있는데, 하나는 공성을 의공상의 방식으로 깨닫는 '비증(比證)'과, 다른 하나는 공성을 직접적으로 깨닫는 '현증(現證)'이다. 여기서 언급한 증오는 '현증(現證)'을 의미한다.

제2절 보살 자량도(資糧道)

"색불이공 공불이색 색즉시공 공즉시색 수상행식 여부여시"

이 단락의 경문에 숨은 뜻은 보살 자량도이다. 불교는 크게 대승과 소승으로 나뉜다. 현재 태국, 스리랑카 등의 남방지역은 소승불교, 중국과 티베트는 대승불교이다. 대승과 소승은 서로 다른 점이 많은데, 여기서 언급하는 것은 대승불교의 자량도이다.

왜 자량도라고 일컫는가. 우리는 불법을 배우고 익혀 해탈해야 하고 성불해야 한다. 그러기 위해서는 광대한 자량을 쌓아야 하는데, 이 기간에 기본적인 자량이 완성되므로 자량도라 불린다.

불교 4대 학파 안의 설일체유부와 경량부는 자량도에서 성불하기 위해 쌓아야 할 자량은 삼대아승지겁(bskal pa graṅ med gsum, 三大阿僧祇劫)의 자량이 필요하다고 주장한다.[59]

중관학파에서는 삼대아승지겁동안 쌓은 자량 중 자량도, 가행도, 견도에서는 첫 번째 대아승지겁동안 쌓은 자량이고, 보살의 초지(初地)에서 7지(七地)까지는 두 번째 대아승지겁의 자량이며, 8지(八地)부터 10지(十地)까지는 세 번째 대아승지겁 동안 쌓은 자량이라고 여긴다.

---

[59] 유부와 경량부에서는 성문승의 아라한을 증득하기 위해서는 최소 3생 이상의 윤회를 거쳐 아라한과를 증득하고, 연각승의 아라한을 증득하기 위해서는 최소 100겁의 윤회를 거쳐서 연각 아라한과를 증득하며, 보살승은 3대 아승지겁을 거쳐 보살 무학도를 증득한다고 주장한다.

비록 각 학파의 견해는 다르지만 우리는 자량도에서부터 시작하여 해탈과 성불을 하기 위해서는 매우 큰 자량을 쌓아야 한다는 것을 알아야 한다.

보살 자량도는 하품, 중품, 상품 자량도로 나뉘며 각 품의 지위에 따라서 학처(學處)와 수습(修習), 증각(證覺)과 단멸(斷滅), 공덕 등에 있어서 차이가 있다.

수행의 법문(法門)에서 하품 자량도는 사념주(四念住)를 주요한 학처로 닦으며, 중품 자량도에서는 사정단(四正斷), 상품 자량도에서는 사신족(四神足)을 닦는다. 이 현관(mṅon rtogs, 現觀)에서는 거친 고통을 없애고, 비교적 거칠고 조잡한 번뇌를 잠재울 수 있다.

보리심을 발하기 시작하면 보살 자량도에 들어간 것이다. 만약 보리심이 없으면 설령 번뇌를 끊었다 할지라도 보살은 아니며, 아직 보살 자량도에 이르지 못한 것이다. 예컨대 성문·연각승의 아라한은 비록 번뇌를 끊고 높은 지혜와 신통을 갖고 있음에도 불구하고 보살 자량도에는 이르지 못하였으며, 보살이라 일컬을 수도 없다. 왜냐하면 그들에겐 보리심이 없기 때문이다.

---

60 여기서 '은혜를 기억한다'는 것은 '은혜를 생각하고, 은혜에 감사한 마음을 잊지 않는 것'을 의미한다.

1. 보리심

보리심은 육도 중생이 고통을 여의고 안락을 얻게(離苦得樂) 하기 위해 스스로 부처를 이루겠다는 마음이다. 보리심을 발하는 순간부터 수행자는 진정한 대승의 문으로 들어서게 된다.

그렇다면 어떻게 보리심을 발할 것인가. 발보리심 수행에는 크게 두 가지가 있는데, 인과칠지결(因果七支訣)과 자타평등교환법(自他平等交換法)이다. 우리는 먼저 인과칠지결의 발보리심(發菩堤心)에 대해 설명할 것이다.

1) 인과칠지결(rgyu 'bras man ṅag bdun, 因果七支訣)의 발보리심

인과칠지결의 발보리심은 7단계를 통하여 보리심을 발하게 되므로 7지(七支)라 부른다. 첫 번째 단계(一支)를 제외하고는 각 단계와 그 앞의 단계는 서로 인과관계이므로 인과칠지결의 발보리심이라고 한다.

(1) 일지(一支): 첫 번째 단계는, 육도 중생이 모두 자신의 어머니임을 아는 것(mar she pa)이다. 어떻게 어머니임을 알고 인정해야 하는가. 우리는 윤회하는 가운데 셀 수 없이 많은 환생을 했고, 환생할 때마다 한 분의 어머니가 있었다. 그러므로 육도 중생은 모두 우리가 환생했을 때의 어머니가 되었다. 그리고 한 두 생에 그치지 않고 수백만 생을 셀 수 없이 거듭 환생하며 어머니가 되었다. 보살도의 가장 기본은 육도 중생이 나의 어머니임을 아는 것이며 이것이 보리심의 근본이 된다.

(2) 이지(二支): 두 번째 단계는, 어머니의 은혜를 기억하는 것(drin dran, 念恩)[60]이다. 우리는 이미 현생의 어머니에게서 큰 은혜를 입었듯,

육도중생에게도 이와 같은 큰 은혜가 있다.

(3) 삼지(三支): 세 번째 단계는, 어머니의 은혜에 보은(drin gzo, 報恩)하는 것이다. 어머니의 은혜를 기억하고서 어머니의 은덕에 어떻게 보답할 것인지 생각해야 한다. 어머니의 은혜에 보은하는 가장 좋은 방법은 어머니인 중생을 불문으로 인도하여 불법을 닦게 하는 것이다. 그렇게 되면 적어도 다음 생에 악도에는 떨어지지 않을 것이다.

(4) 사지(四支): 네 번째 단계는, 자애(byams pa, 慈愛)의 마음을 발하는 것이다. 우리는 늘 "일체 중생이 행복과 행복의 원인 갖게 하소서." 하며 염송한다. 이것이 바로 자애의 마음을 발하는 것이다. 모든 유정에 대해서 어머니가 자식에 대한 마음과 같은 그런 자애를 내야 한다. 일체 중생이 영원히 행복과 행복의 원인을 갖게 되길 기원해야 한다.

(5) 오지(五支): 다섯 번째 단계는, 비민(snyiṅ rje, 悲愍)[61]의 마음을 발하는 것이다. "일체 중생이 고통과 고통의 원인에서 멀어지게 하소서." 이것이 비민의 마음을 발하는 것이다. 육도중생은 모두 큰 고통을 갖고 있고, 이러한 고통의 원인은 번뇌와 업이다. 마음으로 모든 중생이 고통과 고통의 원인에서 벗어나기를 기원하는 것, 이것이 바로 비민의 마음을 발하는 것이다.

(6) 육지(六支): 여섯 번째 단계는, 증상의요(lhag bsam rnam dag sems bskyed, 增上意樂)[62]를 발하는 것이다. "나는 육도 중생의 자녀로서 어머니

---

61 흔히 자비(慈悲)라고 쓰이는 경우가 많지만 본래 자비(慈悲)는 자애(慈愛)와 비민(悲愍)이 결합된 말이다.

인 중생이 고통을 여의고 안락을 얻도록 책임지고 인도해야 한다."는 생각과 함께 견고한 책임감을 내어야 한다. 그리고서 다시 다음과 같이 생각한다. "내가 어머니인 일체 중생이 고통을 여의고 안락을 얻도록 도와줄 수 있는 능력이 과연 있는가? 없다." 친모의 안락을 도와줄 능력조차 없는데, 도움이 필요한 육도 중생인 어머니를 도와줄 능력이 자신에게 없음은 더 언급할 필요가 없다.

(7) 칠지(七支): 일곱 번째 단계는, 보리심을 발하는 것(byaṅ chub sems bskyed, 發菩堤心)이다. 그 누가 육도 중생을 이고득락 시킬 원만한 능력이 있겠는가. 아라한인가, 보살인가. 그 능력을 갖춘 분은 오직 여래뿐이다. 그래서 우리는 발심을 일으켜야 한다. 육도 중생의 이고득락을 위해 부처를 이루겠다고 서원해야한다. 부처를 이루면 곧바로 어머니인 중생을 제도함으로써 중생이 이고득락을 누리도록 할 것이다. 이것이 인과칠지결의 발보리심이다.

2) 자타평등교환법(bdag gzhan mnyam brje, 自他平等交換法)의 발보리심

자타교환법으로 보리심을 발할 때 '교환' 이라고 하는 것은 자신과 타인을 교환한다는 의미가 아니다. 자기 자신만을 사랑하고 아끼는 이기심을 타인을 사랑하고 존중하는 이타심으로 전환하는 것을 뜻한다. 이러한 이타심으로 자신의 이기심을 전환시키고서 증상의요

---

62 증상의요는 중생이 고통을 여의도록 적극적으로 구제하길 원하는 대비심(大悲心)으로 중생의 고통의 짐을 대신 짊어지고자 하는 책임감 있는 수승한 발심을 의미한다.

를 일으킨다. 이 때 발하는 보리심, 이것이 자타평등교환법의 발보리심이다. 이에 대해 적천(zhi ba lha, Śāntideva, 寂天) 보살의 『입보리행론(byaṅ chub sems pa'i spyod pa la 'jug pa, Bodhisattva-caryā-vatāra, 入菩堤行論)63』에서는 다음과 같이 설하였다.

> 만약 자신과 타인을
> 속히 구호(救護)하고자 한다면
> 자타(自他)를 교환하여
> 비밀의 최승법(最勝法)을 행해야 하리라.64

인과칠지결의 발보리심에 비해 자타평등교환법의 발보리심을 닦는 것이 더 신속하게 보리심을 증득할 수 있고, 보다 용맹하며, 더 많은 수승한 공덕이 있다.

자타평등교환법의 보리심을 일으키려면 먼저 이기심의 위해(危害)함을 알아야 한다. 이에 대해 『입보리행론』에서는 다음과 같이 설하였다.

> 세상에 존재하는 행복만큼
> 모든 것은 타인의 행복을 바라는 것에서 생기며,
> 세상에 존재하는 고통만큼

---

63 직역하면 『입보살행론(入菩堤行論)』이 보다 정확한 명칭이지만, 실제로는 『입보리행론』으로 널리 알려져 있기에 이 명칭을 쓰기로 한다.
64 Tib: gaṅ zhig bdag daṅ gzhan rnams ni/ myur du bskyab par 'dod pa des/ bdag daṅ gzhan du brje bya ba/ gsaṅ ba'i dam pa spyad par bya// (8.120)

모든 것은 나만의 행복을 바라는 것에서 생기네.⁶⁵

중생들이 전쟁으로 인하여 받는 고통, 천신과 용왕과 악귀 등이 행하는 장애와 침해, 심지어 지옥, 아귀, 축생의 삼악도에 떨어지는 등의 모든 과보의 근원은 자신의 이익만을 위해 살생 등의 악업을 짓는 것에서 비롯되었기 때문이다.

일상 생활 속에서 우리의 몸은 각종 질병에 시달리고, 여러 가지 심리적인 갈등과 번뇌가 생기며, 하는 일이 뜻대로 풀리지 않고, 다른 이에게 소외(排除)되고, 심지어 송사를 겪거나 법을 위반하는 등 모든 고통 역시 이기심에서 비롯된다.

어찌하여 수많은 유정들이 자연스럽게 일체의 부처님과 보살들을 받들고 숭앙하는가. 그것은 제불보살께서 중생을 자애로 아끼고 공경하기 때문이다. 한 경전에 이런 구절이 있다. "어떠한 업을 지으면, 그와 같은 결과를 낳게 된다."⁶⁶ 타인을 공경하면 타인의 경애를 받게 된다. 이것은 인과관계이다. 또한 이렇게도 설명할 수 있다.

중생을 얼마나 사랑하고 공경할 수 있는 만큼 그들로부터 사랑과 공경을 받을 수 있다. 만약 전세계 모든 사람들을 사랑할 수 있다면 그들도 우리를 사랑할 것이고, 육도중생을 사랑할 수 있다면 육도중생 또한 우리를 사랑할 것이다.

귀신, 마라, 원수와 가까운 인연, 빚쟁이들까지도 사랑할 수 있다

---

65 Tib: 'jig rten bde ba ji snyed pa/ de kun gzhan bde 'dod las byuṅ/ 'jig rten sdug bsṅal ji snyed pa/ de kun raṅ bde 'dod las byuṅ// (8.129)

66 Tib: ci 'dra ba yi las byas pa/ 'bras bu de 'dra 'byuṅ bar 'gyur// 『월등삼매경(zla ba sgron ma'i mdo, Candrapradīpa-sūtra, 月燈三昧經)』

면 그들 또한 우리에게 쉽게 해를 가하지 않을 것이다. 사람을 해치는 귀신, 마라들이 보살을 만났을 때는 보살을 해치지 않고 오히려 공양을 올리는 이유는 간단하다. 그들 또한 중생의 일원으로서 보살은 그들을 향해 자비심을 갖고 자애로써 대한다. 보살이 그들을 해치지 않는다는 것을 그들 스스로도 느끼기 때문이다.

아띠샤 존자께서 처음 티베트에 오셨을 때 많은 사람들이 아띠샤 존자를 영접하러 나갔다. 그들은 아띠샤 존자를 뵙자 존자께서 계속 합장하고 계시는 모습을 보고서 겸손하게 고개를 조아려 정례를 올렸다. 그리고는 모두가 "아, 대사께서 우리를 존중해주신다."라고 말하였다. 아띠샤 존자는 모든 사람을 존귀하게 대하셨기 때문에 존자께서 티베트에 도착한 후 많은 사람들이 그를 좋아하였다.

자타평등교환법의 발보리심을 닦을 때에는 먼저 인과칠지결의 앞의 다섯 부분을 선행으로 닦아야 한다. 그런 다음 관상하는 방식으로 자타교환법의 발보리심을 닦는다. 다양한 이타심을 관상하여 자신만을 위하는 이기심을 바꾸어 나간다. 그리고서 증상의요를 발하여 보리심을 얻게 된다.

관상할 때는 다양한 방면으로 상호 교환(gtoṅ len)을 수습해야 한다.

- 자신의 행복과 타인의 고통을 교환하기
- 자신의 건강과 타인의 질병과 통증을 교환하기
- 자신의 능력과 타인의 무력함을 교환하기
- 자신의 지혜와 타인의 무명(無明)을 교환하기
- 자신의 자량과 타인의 업의 장애를 교환하기
- 자신의 공덕과 타인의 과실을 교환하기
- 자신의 대락(大樂)과 타인의 번뇌를 교환하기

이에 관하여 구체적인 관상법으로,

좌선 시 관상상에서 위에서 설명한 행복, 지혜, 자량 등이 무수한 백색 광명이 되어 자신의 오른쪽 콧구멍에서 나와 육도 중생의 왼쪽 콧구멍으로 들어가서 육도 중생이 매우 큰 기쁨과 자량을 얻게 되는 것을 관상한다.

그런 다음 위에서 설명한 바와 같이 육도 중생의 번뇌와 업은 모두 검은 기운이 되어 육도 중생의 오른쪽 콧구멍에서 흘러나와 자신의 왼쪽 콧구멍으로 빨아들여 그것이 자신의 아집과 부딪혀 그 아집을 깨뜨려 없애 버린다고(破除) 관상한다.

이것이 자타평등교환법의 보리심 관상 수행법이다.

자주 이렇게 제대로 관상하면 자신이 타인의 업장, 질병, 고통을 받아들이게 되는 것을 느끼게 될 것이다. 이것들을 받아들인 후 간혹 병이 날 수 있지만, 보리심의 힘에 의해 결국 이 질병은 극복된다.

이전에 티베트에서는 암(癌) 등의 중병을 앓는 사람은 매우 적었다. 왜냐하면 상당히 높은 성취를 이룬 스승들께서 자주 자타교환법으로 보리심을 닦으면서 중생의 병통(病痛)과 교환하였기 때문에 많은 사람들이 암과 같은 큰 질병을 피할 수 있었다.

티베트에서 한 때 일종의 종양병이 유행한 적이 있었는데 이는 목에 종양이 자라는 질병으로 특히 초온(mtsho sñon, 靑海)의 티까종(khri ka rdzoñ, 貴德縣)에서 널리 퍼져있었다. 후에 티까종에서 '따시'라는 대성취자가 출현하였다. 그 스승은 항상 자타교환법의 발보리심으로 중생의 종양을 빨아들였는데, 결국 나중에는 자신의 목에 큰 종양이 생겨났다. 그 이후로 그곳에는 이런 병이 더 이상 나타나지 않았다. 스승은 몇 년을 수행한 후에 그 질병도 서서히 나아졌다. 이것이 자타교환 보리심 수습의 힘이다.

까담파의 스승의 게쎼 쌰라와(dge bshes sha ra ba)의 제자인 게셰 체카와(dge bshes 'chad kha ba)는 티베트에서 사람들이 '한센병의 법왕'이라 칭하였다. 이전에는 한센병의 치료 방법이 없어서 한센병 환자가 오게 되면 그 병을 치료하기 위해 환자에게 자타교환법을 행하였고, 자신의 몸에 두창(痘瘡) 같은 것이 나면 역으로 환자는 나아지게 되었다. 그리고서 게셰 체카와께서는 한센병 환자들에게 삼사도와 자타평등교환법의 보리심 수행을 가르쳤다.

모두가 이 스승께서 법의 성취로 한센병을 치료하였다고 생각하였지만 사실 스승께서 그들에게 전해준 것은 삼사도의 가르침이고, 특히 삼사도 안의 자타교환법의 보리심 수행을 전한 것이다.

한센병 환자들은 치료 후 병이 나은 후에도 계속해서 자타교환법의 보리심을 닦았고, 결국 그들 중 대다수가 성취를 이루었다.

3) 22가지 발보리심(sems bskyed nyer gnyis)

미륵(byams pa mgon po, Maitreya, 彌勒)보살의 『현관장엄론(現觀莊嚴論)』에서는[67] 비유로써 발보리심을 22차제로 나누었다.

(1) 대지(sa, 大地)와 같은 보리심: 하품 자량도 보살의 보리심.
(2) 황금(gser)과 같은 보리심: 중품 자량도 보살의 보리심.
(3) 초승달(zla ba tshes pa)과 같은 보리심: 상품 자량도 보살의 보리심.
(4) 불(me)과 같은 보리심: 가행도 보살의 보리심.
(5) 보장(gter chen)과 같은 보리심: 초지 환희지(歡喜地)의 보리심.
(6) 보배의 원천(rin chen byuṅ gnas)과 같은 보리심: 2지 이구지(離垢地)의

---

[67] 『현관장엄론』 제1품 일체종지(一切種智)의 20, 21 게송에 해당된다.

보리심.

(7) 대해(rgya mtsho, 大海)와 같은 보리심: 3지 발광지(發光地)의 보리심.

(8) 금강(rdo rje)과 같은 보리심: 4지 염혜지(焰慧地)의 보리심.

(9) 산왕(ri'i rgyal po, 山王)과 같은 보리심: 5지 난승지(難勝地)의 보리심.

(10) 묘약(sman, 妙藥)과 같은 보리심: 6지 현전지(現前地)의 보리심.

(11) 선지식(dge ba'i bshes gnyen)과 같은 보리심: 7지 원행지(遠行地)의 보리심.

(12) 여의보(yid bzhin nor bu, 如意寶)와 같은 보리심: 8지 부동지(不動地)의 보리심.

(13) 태양(nyi ma)과 같은 보리심: 9지 선혜지(善慧地)의 보리심.

(14) 법음(chos kyi sgra dbyaṅs snyan pa, 法音)와 같은 보리심: 10지 법운지(法雲地)의 보리심.

(15) 제왕(rgyal po chen po)과 같은 보리심: 삼정지(dag pa sa gsum, 三淨地)의 보리심.[68]

(16) 보고(baṅ mdzod, 寶庫)와 같은 보리심: 두 자량(二資糧)을 갖춘 삼정지의 보리심.

(17) 큰 길(lam po che)과 같은 보리심: 37조도품을 갖춘 삼정지의 보리심.

(18) 탈 것(bzhon pa)과 같은 보리심: 대비(大悲)와 위빠사나(觀)를 갖춘 삼정지의 보리심.

(19) 샘물(chu bo)과 같은 보리심: 다라니(陀羅尼)와 변재(辯才)를 갖춘 삼

---

68 8지, 9지, 10지

정지의 보리심.

(20) 묘음(sgra snyan, 妙音)과 같은 보리심: 10지 최후상속무간도(rgyun mtha'i bar chad med lam, 最後相續無間道)[69]의 보리심.

(21) 대하(chu bo'i rgyun, 大河)과 같은 보리심: 구경일승도(mthar thug theg pa gcig, 究竟一乘道)[70]를 갖춘 무학도(無學道)[71]의 보리심.

구름(sprin)과 같은 보리심: 법신을 갖춘 무학도의 보리심.

(22) 보리심을 얻으면 보살이 되고, 자량도에 들어가는 복덕자량을 얻게 된다. 보리심을 최초로 얻게 되면 하품 자량도에 들어가게 되는데, 하품 자량도의 보살은 먼저 '대지와 같은 보리심'을 얻는다. 마치 땅 위에 산이 있고 강물이 흐르며 시간과 계절에 따라 다양한 풍경으로 변하듯 '대지와 같은 보리심'은 변화의 여지가 있어 때로는 퇴굴하기도 한다.

중품 자량도 보살의 보리심은 '황금과 같은 보리심'이라 하며, 여기서부터는 부처를 이룰 때까지 보리심은 영원히 물러서지 않는다(不退轉). 어찌하여 '황금과 같은 보리심'이라 하는가. 황금은 태우고 갈더라도 그 본성은 변하지 않기 때문에 '황금과 같은 보리심'이며, 이 차원의 보리심은 변화하지 않음을 비유한 것이다.

---

69 보살도의 최후 구경으로 최후상속무간도의 제1찰나는 10지 보살이지만 제2찰나는 부처가 된다.
70 대하(大河)는 거대한 한 물줄기로 자연스럽게 흐르듯, 애써 노력하지 않고도 중생 교화를 위해 자연스럽게 한 길로 끊임없이 이타행을 하는 부처의 길을 의미한다.
71 대승의 무학도는 부처의 지위이다.
72 탐하는 것을 좋아하는 것. '탐애(貪愛)'와 같은 의미이다.

'황금과 같은 보리심'에 이르게 되면 중품 자량도의 보살의 원력은 더욱 커지고, 복덕자량 또한 크게 쌓을 수 있다. 선정에 이르는 힘이 깊어지기 때문에 무슨 불사를 행하든 그 힘(事力量) 또한 크게 나툴 수 있다.

상품 자량도 보살의 보리심은 '초승달과 같은 보리심'이다. 22가지 보리심 중 19번째 보리심까지는 보살의 보리심이고 나머지 세 가지는 부처의 보리심이다. 수행이 점점 깊어짐에 따라서 보살은 19단계의 보리심을 원만히 이루고 구경엔 부처의 과위에 도달하게 된다.

2. 사념주(dran pa nyer gzhag bzhi, 四念住)

사념주는 신념주(身), 수념주(受), 심념주(心), 법념주(法) 이 네 가지이다.

'염(dran pa, 念)'이라고 하는 것은 '무아(無我)임을 아는 지혜'를 말하고, '주(nyer gzhag, 住)'는 일종의 '선정(禪定)'이다. 무아를 아는 것뿐만 아니라 무아의 선정 속에 머물 수 있으니 염주(念住)에 이른 것이다.

1) 신념주(lus kyi dran pa nyer gzhag, 身念住)

신념주는 우리 몸의 부정(不淨)함을 관하는 것이다.

신념주는 색(色蘊)에 대한 탐착, 즉 몸에 대한 탐연(sred pa, 貪戀)[72]에 대해 능히 대치할 수 있다. 우리 범부가 탐심이 있다는 것은 말할 필요도 없거니와 하품 자량도의 보살 또한 탐심이 있다. 이러한 탐심은 일종의 번뇌에 해당한다.

만약 우리가 자신이 잘생기거나 아름답다는 것을 보게 되거나, 또는 다른 사람이 예쁘게 생긴 것을 보고서 탐연이 생긴다면 그 즉시 대치해야 한다. 대치하지 않으면 탐욕으로 인하여 더 많은 번뇌가 생기고, 심지어 사후에는 삼악도에 떨어지게 된다.

경전에 한 고사가 있는데 오래 전 인도에 아름다운 한 여자아이가 있었다. 그 아이는 자신이 이렇게 예쁘게 생겼는지 알지 못했다. 왜냐하면 그 시대엔 거울을 찾기 어려웠기 때문이다. 한 번은 그 아이가 우연히 거울을 얻게 되었는데, 거울을 통해 자신의 모습을 본 순간 자신의 모습이 어찌나 아름다운지 "어머나!" 하며 자신의 외모에 대하여 탐심이 일어났다. 그리고는 줄곧 내내 거울만 들여다 보았는데 타고 있던 배가 큰 바다를 지날 때 전복되어 그녀는 죽고 말았다. 죽고 나서 그 아이는 거울을 몸에 두른 모습의 한 마리의 뱀으로 태어났다.73 그녀는 자신의 몸에 탐연이 이 정도였다.

만약 자신의 몸에 탐심이 많이 일어나면 자신의 몸에서 수많은 고름과 종기 등이 나오는 것을 관상하여 자신의 몸을 추하고 불쾌하게 보는 부정관(不淨觀, mi sdug pa sgom pa)을 행한다.

밀교적인 관상법은 다음과 같다.

먼저 자신의 이마 위에 범자(梵字) '아(ཨ)'를 새기고, 그 '아(ཨ)'자에서 많은 고름이 생겨나와 천천히 전신이 다 썩어간다. 최후에는 살과 피고름이 모두 썩어 오직 뼈만 남는다.

이 때 자신에게 되묻는다. "아직도 이 몸을 탐하는가, 탐하지 않는가." "이 뼈를 탐하는가, 탐하지 않는가." 이런 식으로 천천히 번뇌에

---

73 뱀의 비늘이 수많은 작은 거울이 모여 빛을 반사하는 듯한 모습을 비유한 것.

대하여 대치해 나간다.

만약 다른 사람에게 탐연이 일어나면 상대방의 이마에 '아(ꦃ)'자가 있다고 관상하고, '아(ꦃ)'에서 고름이 계속 생겨나와 몸이 몹시 더러워진다. 이 때 다시 자신에게 탐욕이 일어나는지 일어나지 않는지 되물어본다.

옛날 고대 인도에 한 왕이 있었는데 그는 왕비를 무척 사랑하여 한 순간도 떨어지지 않았다. 한 번은 전쟁 출정을 가게 되어 어쩔 수 없이 왕비를 두고 떠나게 되었다. 그가 떠난지 이틀 째 왕비는 죽었고 신하들은 너무 두려워서 왕에게 설명할 방법이 없어 걱정하고 있었다. 이 때 한 총명한 대신이 말하기를 "방법이 한 가지 있다. 내일 우리들은 국왕께 서신을 보내는데 먼저 왕비의 이마 위에 종기가 하나 생겼다고 알리자."고 하였다. 왕은 서신을 받고서 "아, 왕비 이마에 종기가 하나 생겼다는데 전쟁만 아니라면 꼭 돌아가서 그녀를 볼텐데."라고 걱정하였다.

며칠이 지난 후 전령사(傳令士)가 오니 왕은 왕비의 상태가 어떠한지 물었고 전령사는 머리에 더 많은 종기가 생겼다고 하였다. 왕은 이 소식을 듣고 무척이나 놀랬다. 다음에 다시 보고할 때는 왕비의 얼굴에 종기가 가득 퍼졌다고 하였다. 왕은 더 이상 왕비를 구할 수 없다고 생각했다. 다음에 다시 보고할 때는 현재는 온 몸에 종기가 다 퍼졌다고 하였다. 왕은 "나는 이제 그녀를 더 이상 보고 싶지 않다."고 생각하였다. 이런 식으로 한걸음 한걸음 왕이 스스로 탐연을 끊게 하였다. 만일 처음부터 사실 그대로 보고하였다면 왕은 매우 분노하여 남아 있던 신하들과 왕비를 보살피던 사람들 모두 살해하였을지도 모른다. 결국 왕이 왕비에 대한 탐연을 끊었기 때문에 다들 아무런 탈없이 무사하게 되었다.

하품 자량도의 보살은 신념주를 수습할 시 온 세상 모든 사람들의 몸이 썩어가고, 오직 뼈만 남아서 마음이 그들의 백골에 고정되도록 관상해야 하며, 선정에 머무를 수 있는 만큼 머물되 출정 시 탐욕을 부리지 않도록 한다.

신념주를 수습할 때 몸이 더러운 것(不淨)임을 관상하라 하는 것은 몸을 돌보지 않고 망치도록 내버려 두라는 의미가 아니다. 이 몸을 지나치게 탐하지 말고, 지나치게 아끼지 말며, 몸을 적절히 보살피기 위해서 음식을 취하며 옷을 입는 것 등은 충분히 가능한 범위이다.

2) 수념주(tshor ba'i dran pa nyer gzhag, 受念住)

수념주는 '수(感受)'가 고통임을 관하는 것이다.

고통의 느낌(苦受)은 말할 필요도 없고, 평소에 우리가 행복이라고 여기는 느낌(樂受) 또한 무상한 것이어서 결국 괴로움으로 변한다. 인생은 고통이다. '고(苦)'라는 한자의 모양은 사람의 얼굴과 같다. 우리는 인생이 큰 고통임을 모르고 줄곧 애착과 부(富)를 좇고 있지만 사실 이 모든 것은 고통일 뿐이다.

여러 즐거움(樂受)의 본질을 세밀하게 관찰해보면 그 이면에는 업과 번뇌가 숨겨져 있음을 알 수 있다. 시간에 따라 인연 등 모든 것이 변해가면서 일체의 본질이 오직 괴로움이라는 결론에 이른다. 그 속에 진정한 행복은 존재하지 않으며 우리가 느끼는 즐거움은 겉모습일 뿐이다. 하지만 우리는 이것을 진정한 행복이라 여긴다.

수념주를 관할 때 즐거움 또한 무상한 것임을 사유해야 한다. 예컨대 한 끼의 식사를 할 때는 기쁘지만, 식사를 마치고 나면 더 이상 아무것도 아니다. 오히려 많이 먹으면 아프고 고통스러울 뿐이다. 고통은 직접적인 괴로움으로 지각되는 고통뿐만 아니라, 현재의 즐거움 또한 무상하여 결국 고통으로 변하게 되는 것임을 자각해야 한다.

3) 심념주(sems kyi dran pa nyer gzhag, 心念住)

심념주는 마음이 무상함을 관하는 것이다.

'유상(rtag pa, 有常)'은 영원하다는 뜻이나, 우리의 마음은 무상하여 일찰나로 변화한다. 그러므로 가까운 친지와 친구를 탐하여 집착하지 말아야 한다. 그들의 마음도 변화하여 언제든지 적이 될 수 있기 때문이다. 적에 대해서도 증오를 가지면 안된다. 적의 마음도 무상하므로 그 마음이 언제라도 변하여 벗이 될 수 있기 때문이다.

마음은 현세에도 무상하게 변할 뿐만 아니라 후세까지도 변화시킨다. 예를 들면 우리가 사후에 반드시 사람으로만 태어난다는 것이 아닌, 아귀나 다른 도의 중생으로 태어날 수도 있다. 이것이 심념주의 무상이다.

마음은 찰나로 변하는데, 만물도 무상하고 매 찰나 변하므로 그것에 탐착해서는 안된다. 심념주는 바로 이렇게 관찰한다.

4) 법념주(chos kyi dran pa nyer gzhag, 法念住)

법념주는 법무아를 관하는 것이다.

법념주의 주요한 수습은 공성을 관하는 것으로, 항상 인무아와 법무아를 닦고 관하여 마음이 공성에 머무는 것을 법념주라고 한다.

우리는 쫑카빠 대사께서 설한 네 가지 중요 정리에 따라서 법념주를 사유해야 한다.

(1) 먼저 아집의 '나'를 인식해야 한다.
(2) 그것을 승인한 후 정리(正理)에 의거하여 사유한다.

'나'가 존재한다면 '오온'과 '하나'인가, 아니면 '여럿'인가.
(3) '나'와 '오온'이 '하나'인 것이 이치에 맞지 않음을 사유한다.
(4) '나'와 '오온'이 '여럿'인 것이 이치에 맞지 않음을 사유한다.
오온 중 '의식'을 '나'라고 여기는 것을 예로 들어보자.
(3) 만약 '나'와 '의식'이 하나라면 '나'는 오직 하나이기 때문에 한 살부터 쉰 살까지의 의식은 하나가 되고, 그렇다면 한 살짜리 아이는 쉰 살의 지혜를 갖게 될 것이다. 그러나 이것은 불가능하므로 '나'와 '의식'은 하나가 아니다.
(4) 만약 '나'와 '의식'이 여럿[74]이라면 의식이 이렇게 많이 있으니 '나' 또한 그만큼의 여럿으로 존재해야 한다. 하지만 '나'는 하나뿐이기에, '나'와 '의식'이 여럿인 경우는 존재하지 않는다.

'나'와 '의식'이 '하나' 또는 '여럿'인 존재는 성립할 수 없으므로 희론의 거짓된 '나'는 존재하지 않는다.

많은 사람들이 명명처(命名處)인 오온에서 '나'를 찾을 수 없을 때 자연스럽게 일체 사물과 법이 존재하지 않는다고 보고서 이것을 '공성'이라 여긴다. 이것은 틀린 것이다. 이것은 진짜 '공성'이 아니라 손감상(kur 'debs, 損減想)[75]의 변계분별에서 나온 '공성'이다.

우리가 공성을 관찰하고 수습하여 깨뜨리고자 하는 것은 희론의 거짓된 '나'이며 바로 '아집'과 '법집'일 뿐, 연기법도 아니고, 일체 사물과 법도 아니다. 거짓된 '나'를 깨뜨리면 자연스레 모든 사물과

---

74 '하나(gcig)'의 반대 개념은 '하나가 아닌 것(gcig ma yin pa)'이고 이것은 곧 '여럿(tha dad)'을 일컫는다.
75 있는 것을 없다고 집취하는 변계분별

법이 자성으로는 존재하지 않는 공이 드러날 것이다. 이 공함이야 말로 진정한 '공성'이다.

낮은 단계에서의 수행자의 경우, 드러난 의식(snaṅ sems, 現識)에서는 모든 사물과 법을 텅 비우나 마음의 심연(深淵)에서는 제법의 항존성을 깨뜨리지 못한다. 그것은 존재하기 때문에 깨뜨릴 수 없으며, 만약 마음에서 모든 사물을 깨뜨린다면 그것은 더 이상 존재하지 않는다고 간주되므로 단변에 떨어지고 악취공(惡取空)[76]에 떨어진다.

이것이 보살 자량도의 사념주이다.

---

[76] 만유가 실재(實在)한다고 집취하는 자에게 그 사견을 없애기 위해 공을 설한 것을 만유가 공무(空無)하다고 받아들이는 것. 공무의 극단에 집착하기에 완공(頑空)이다.

3. 사정단(yaṅ dag spoṅ ba bzhi, 四正斷)

중품 자량도에서 주요하게 수습하는 것이 사정단이며, 사정단은 수단(修斷), 방호단(防護斷), 율의단(律儀斷), 단단(斷斷)이다.

1) 수단(dge ba ma skyes pa skyed pa, 修斷): 생기지 않은 선업을 생기게 한다. 거듭 강조하자면, 생겨나지 않은 선업을 생겨나게 해야한다.

2) 방호단(skyes pa mi nyams par spel ba, 防護斷): 이미 생겨난 선업을 마땅히 지키고 증장하도록 보호한다. 거듭 강조하자면 이미 생겨난 선업이 잘 유지되고, 그것이 더욱 증장되도록 주의하여 지켜야 한다.

3) 율의단(mi dge ba skyes zin spoṅ ba, 律儀斷): 이미 생겨난 모든 불선업을 끊는다. 반드시 생겨야 할 선업은 생기게 하고(修斷), 반드시 끊어야 할 악업은 끊어야 한다(律儀斷). 자량도에 이르기 전 반드시 끊어야 할 악업을 끊을 수 없다면 마땅히 생겨야 할 선업도 생겨날 수 없다. 마음으로는 악업을 짓지 않으려 해도 습기가 심히 무거우면 어찌할 방도 없이 자신도 모르게 저절로 짓게 된다.
예를 들면, 살생을 해서는 안된다는 것을 알면서도 개미나 바퀴벌레와 같은 작은 벌레들을 보면 자신도 모르게 죽이는 것과 같다. 자량도에 들어서면 반드시 끊어야 할 이러한 악념들은 쉽게 끊어진다.

4) 단단(ma skyes pa mi skyed pa, 斷斷): 생기지 않은 불선업을 생겨나지 않도록 한다. 자량도의 보살은 단 하나의 악념도 생기지 않게 수습해야 한다. 그렇게 한다면 단 하나의 악한 마음 조차 절대로 생겨나

지 않는 것은 아닐지라도 그 수는 지극히 적을 것이다.

　자량도 보살의 십선업(十善業)의 공덕은 나날이 무단하게 증장하며, 십불선업(十不善業)에 대한 생각은 무단히 끊어져 제거된다. 큰 것은 중간 크기로 변하고, 중간 크기는 작은 것으로, 작은 것은 철저하게 끊어서 제거해 간다. 이것이 중품 자량도 보살이 수습하는 사정단이다.

4. 사신족(rdzu 'phrul gyi rkaṅ pa bzhi, 四神足)

상품 자량도 보살들이 주요하게 수습하는 것이 사신족77이며, 또는 사여의족(四如意足)이라고도 한다.

1) 욕신족('dun pa, 欲神足): 수행에 도달하면 마음으로 무엇을 생각하든 뜻대로 이룰 수 있는 것을 욕신족78이라 한다.

2) 근신족(brtson 'grus, 勤神足): 수행함에 있어서 정진이 매우 근면하다. 상품 자량도의 보살은 말할 필요도 없이 수많은 중생을 위하며, 비록 한 중생을 위해서라도 만약 그가 지옥에 떨어져 백천만 겁의 고통을 받아야 한다면 보살은 중생을 대신하여 기꺼이 기쁘게 행할 것이다. 이러한 마음 상태를 근신족79이라고 한다.

3) 심신족(sems, 心神足): 상품 자량도의 보살은 가행도에 이르기 위해 심일경성(心一境性)으로 선정에 들어간다. 가행도에 이르기 전 선정 상에서 얼마만큼 등주(等住)에 머물 수 있는지 결정할 수 있다. 이

---

77 4가지 사마디(samādhi)에 의지하여 다양한 신통변화를 성취하는 것을 사신족이라 한다.
78 '공경가행(gus par sbyor ba, 恭敬加行) 정진' 의 수습에 의지하여 얻게 되는 주요한 사마디를 욕신족이라 한다. '공경가행 정진' 은 '염선업(念善業) 정진' 이라고도 한다.
79 '유상가행(rgyun du sbyor ba, 有常加行) 정진' 의 수습에 의지하여 얻게 되는 주요한 사마디를 근신족이라 한다. '유상가행 정진' 은 '맹서(盟誓)와 같이 선업을 도리에 맞게 수승하게 가행하는 정진' 을 의미한다.

것이 심신족[80]이다.

4) 관신족(dpyod pa, 觀神足): 시시각각으로 자신의 신구의를 관찰하고, 반드시 지어야 할 선업은 짓고 반드시 끊어야 할 악업은 끊으며 계율이 청정한 것, 이것이 바로 관신족[81]이다.

보살이 자량도에서 수습하는 사신족 외에도 '자량도의 사종수습(tshog lam gyi nyams len bzhi, 資糧道四種修習)'을 닦아야 하는데 '계율(淨戒)에 주함', '문사행(聞思行)의 도법(道法)', '수습행(修習行)의 도법(道法)', '사성종(四聖種)에 주함' 이다.

1) 계율에 주함(tshul phrims la gnas pa): 청정한 계율에 안주(安住)해야 한다. 보살은 자량도 수습 시 계율이 청정하여 100분지 99는 파계하지 않는다.

2) 문사행의 도법(lam gyi chos la thos bsam bya ba): 바른 법(正法)을 청문하여 삼해탈문(rnam thar sgo gsum, 三解脫門)[82]이 부드럽게 조율되며, 도리

---

80 이전에 사마디를 수습했던 생득력(sa bon brtas pa, 生得力)에 의지하여 얻게 되는 주요한 사마디를 심신족이라 한다.
81 다른 이가 교시(敎示)하는 법(gzhan gyis bstan pa'i chos)을 요별(rab tu rnam par 'byed pa)하는 것에 의지하여 얻게 되는 주요한 사마디를 관신족이라 한다.
82 해탈삼문은 공해탈문(rnam thar sgo stoṅ pa nyi, 空解脫門), 무상문해탈(rnam thar sgo mtshan ma med pa, 無相解脫門), 무원해탈문(rnam thar sgo smon pa med pa, 無願解脫門)이다.

(道理)에 맞게 사유하는 묘법에 의해 일체의 증익(增益)을 단멸한다. 보살 자량도에서 주요하게 닦는 것은 문사수에서 문법(聞法)이다. 문법이 중요한 이유는 보살도의 과위를 증득하기 위해선 자량도를 거쳐야만 하는데 문사수는 이러한 과보를 얻는 원인이 되기 때문이다. 우리는 지금 범부 중의 범부이기에 제대로 알지 못한다. 법을 듣지 않으면 수행의 길을 어떻게 가야 할지 모르는데 어떻게 닦는다는 것인가. 해탈을 얻고 부처를 이루고 싶다면 먼저 듣고, 전적(典籍)을 봐야 이 길을 알 수 있다. 비로소 다시 길을 걷더라도 잘못된 방향에 들지 않는다. 제대로 아는 바 없이 미혹하게 걷는다면 어느 길로 향하더라도 결국은 되돌아갈 수 밖에 없다.

3) 수습행의 도법(lam gyi chos la sgom bya ba): 순해탈분(thar pa cha mthun, 順解脫分)을 수습하므로 번뇌의 단멸을 수순(隨順)하는 분위도(gnas skabs kyi lam, 分位道)[83]이다.

4) 사성종에 주함('phag pa'i rigs bzhi la gnas pa): (1)의복을 탐하지 않고, (2)음식을 탐하지 않고, (3)주처(住處)를 탐하지 않으며, (4)단멸을 즐거워하고 수행을 즐거워하다.

(1), (2) 의복과 음식을 탐하지 않는 것에 대해서 설명하겠다. 자량도의 보살은 의복과 음식에 대해서 가는 곳마다 만족하며 의복과 음

---

83 분위도는 '잠시 머무는 일시적인 도' 라는 의미로, 자량도는 무학도에 도달하기 위해 잠시 머무는 도이기에 구경도(究竟道)가 아닌 분위도이다.

식을 탐하지 않아도 의식이 충족된다.

　인도의 대성취자 '루이빠(Luipa)'의 예를 들면 대성(大聖)께서는 수행할 적에 특별히 먹을거리를 찾지 않았고 다른 이들이 낚시하고 버린 물고기의 내장을 걸식하고 수행하면서 큰 성취를 이루었다.[84] 우리는 그렇게 하지 못한다. 맛없는 음식을 먹는 것을 참지 못한다. 불법이 추구하는 것은 고통을 여의고 안락을 얻는 것이다. 불도에 진정으로 들어섰다면 무엇을 하고 무엇을 먹든 마음은 항상 행복을 느낄 것이다.

　(3) 주처를 탐하지 않는 것에 대해 설명하겠다. 보살은 자량도위에서 머무는 장소에 대해 개의치 않는다. 설령 길 위에서 자거나 더러운 창고에서 자더라도 행복하게 머물 수 있다. 우리가 그러한 상황을 마주한다면 마음이 불편하여 이처럼 머물 수 없을 것이다.

　밀라레빠 존자님은 갈아입을 여벌의 옷도, 덮을 이불조차 없어서 지나가던 사람들은 그 모습을 매우 불쌍히 여겼다. 그러나 존자께서는 이러한 사람들을 보시고서 오히려 그들을 불쌍하게 생각하였다. "그대들은 나의 빈곤함을 보고서 불쌍히 여기겠지만 나는 생사고해에서 해탈하는 것을 모르는 그대들이 오히려 가엽구나." 존자님께서 지닌 마음속 법의 희열은 세속의 완전한 행복을 갖추었을지라도 이와는 비교조차 할 수 없다. 이 단계에 이르면 이와 같다.

84　루이빠의 탕카(thaṅ kha, 幀畵)를 보면 한 손에 물고기를 들고 있는 모습을 확인할 수 있다.

(4) 단멸을 즐거워하고, 수행을 즐거워하다는 것에 대해 설명하겠다. '단멸을 즐거워하다(樂斷)'는 것은 자량도 보살이 악념(惡念)을 끊고 번뇌를 끊을 때 즐거워하는 것을 뜻한다. 우리 범부도 악념을 끊어야 하고, 그릇된 행위를 했을 때에는 고통과 마주하게 된다는 것을 알아야 한다. 욕심 부리지 말고, 미워하지 말며, 다른 이를 질투하지도 말아야 하는데, 우리는 이런 것을 실천하기가 매우 어렵다. 그래서 악념을 끊을 때 심력이 부족하다는 것을 느낀다.

'수행을 즐거워한다(樂斷樂修)'는 것은 수행의 과정도 즐거워하는 것을 뜻한다. 이 정도가 되면 진정으로 도에 들어선 것이다. 범부의 탐욕, 진에, 질투는 매우 커서 마음의 평안이 가져오는 그런 환희를 느끼기 어렵다. 따라서 이 단계에서 불도를 배우는 것은 어렵지만 일단 도에 들어서면 즐거이 닦을 수 있다.

보살 자량도에서는 자량도오지분(tshogs lam gyi yan lag lṅa, 資糧道五支分)에 안주해야 한다.

(1) 이생계율(異生戒律)을 수지(so skye'i tshul khrims la brten pa)
'이생(異生)[85]'이란 우리 범부를 가리킨다. 보살 자량도에서는 일상생활에서 자신의 신구의를 계율에 뿌리를 두고서 시시각각 관찰해야 한다.

(2) 근문(根門)을 수호(dbaṅ po'i sgo sdom pa)
자신의 오근(五根)[86]을 잘 지켜야 한다.

---

[85] 이생(so so'i skye bo, pṛthagjana)은 범부(byis pa, bāla, 凡夫)와 동일한 의미인데, 티베트불교에서는 '이생'의 사용빈도가 높다.

(3) 음식의 지량(知量)[87](zas kyi tshod lig pa)

건강을 위하여 음식을 적당히 먹되 탐하지 말아야 한다.

(4) 오매유가(寤寐瑜伽)를 정진(nam gyi cha stod smad la mi nyal bar rnal 'byor la brtson pa)

자나 깨나 끊이지 않고 정진에 매진하여야 한다. 수면을 취해야 할 때는 잠을 자고, 깨어있어야 할 때에는 전심을 다해 잠에 들지 않도록 한다.

(5) 정념과 정지를 갖춰 선법(善法)에 일경(一境)으로 주함을 낙수(樂修)(dran shes ldan pas dge ba la rtse gcig tu gnas par dga' ba)

동시에 정념(dran pa, smṛti, 正念)과 정지(shes bzhin, samprajanya, 正知)를 가져야 한다.[88] 선법의 법희(法喜)속에 자신의 마음이 즐겁게 머물게 한다(法喜定).[89]

사람의 수명은 짧다. 수행할 수 있는 시간은 스무살부터 육십세까지 40여년 정도인데 거기서 자고 먹는 시간 등을 제외시키면 실제로 닦는 시간은 아마 10년도 안될 것이다. 따라서 반드시 시간을 내어 문사수에 정진해야 한다.

만약 밀교의 보살 자량도에 들어가면 공성을 닦을 뿐만 아니라 밀교의 진언 수행과 이종차제(二種次第) 등을 닦는다. 이렇게 하면 자량도에서 가행도로 신속하게 진입할 수 있다.

현교의 자량도는 매우 긴 시간이 걸리지만 밀교의 자량도는 그에

---

86 안근(眼根), 이근(耳根), 비근(鼻根), 설근(舌根), 신근(身根)
87 적절한 음식량을 아는 것.
88 정념과 정지를 갖추고서 선법(善法)에 심일경성으로 머문다.
89 법의 희열에 정주(定住)함.

비해 비교할 수 없을 만큼 빠르다. 자량도에서 가행도에 진입하는데 빠르면 1년 정도 걸리고, 2~3년 또는 그보다 좀 더 긴 시간이 걸릴 수도 있다.

5. 보살 자량도의 공덕

자량도의 보살은 사념주, 사정단, 사신족, 사성종을 닦는다. 보살 자량도에 들어서면 마치 해탈한 듯한[90] 수승한 공덕이 있다.

우리가 아직 자량도에 이르지 않았다 하더라도 자량도의 보살이 어떠한지 알아야 한다. 이것을 깨닫고 나면 공덕을 수희찬탄할 때 마음속으로 자량도의 보살은 무엇을 하고, 무엇을 할 수 있는지 알게 될 것이다. 자량도 보살의 공덕과 능력을 알고 나면 자량도 보살에 대한 진정한 신심이 쉽게 일어난다.

자량도 보살은 이 법문을 닦으면 오신통(五神通)과 오안(五眼)의 공덕을 얻기 시작한다.

1) 오신통(mṅon shes lṅa, 五神通)
(1) 천안통(lha'i mig gi mṅon shes, 天眼通)
삼천대천세계의 모든 사물과 육도 중생을 뚜렷하게 볼 수 있다. 이것이 천안통이다.

(2) 천이통(lha'i rna ba'i mṅon shes, 天耳通)
온 우주의 중생이 무슨 말을 해도 알아들을 수 있다. 만약 제자가 천이통이 있으면 스승이 툴래 사원에서 경론을 강설하더라도 제자는 바로 이 자리에서도 스승의 강설을 들을 수 있기 때문에 사원에 직접 가지 않아도 된다. 스승과 제자 모두 천이통이 있는 경우의 예는 다음과 같다.

---

90 따라서 보살의 자량도를 '순해탈분(thar pa cha mthun, 順解脫分)'이라고 한다.

석가모니 부처님과 가섭 존자께서 한번 대화를 나눌 때의 거리가 160km 이상 떨어져 있었어도 가섭 존자께서 부처님께 질문을 드리면 부처님께서는 그 음성을 듣고는 곧바로 대답을 주셨다. 이것이 천이통의 공덕이다. 천이통은 극락세계의 소리도 들을 수 있고, 각 정토의 불보살들의 법문과, 불보살들의 화신(sprul sku, 化身)[91]이 설하시는 법문도 들을 수 있다.

(3) 타심통(gzhan sems shes pa'i mṅon shes, 他心通)

모든 사람의 마음속에 무슨 생각이 있는지 분명히 알 수 있다. 타심통이 있으면 경(經)을 쉽게 설할 수 있고, 경을 듣는 사람의 마음속 번뇌에 능히 대치할 수 있으며, 그들의 번뇌에 응하여 경을 설하기 때문에 번뇌는 쉽게 끊어진다.

(4) 신족통(rdzu 'phrul gyi mṅon shes, 神足通)

신경통(身境通) 신여의통(身如意通)이라고 부르기도 한다. 신체를 변화시킬 수 있으며 무엇이든 변할 수 있다. 예를 들면 상반신은 불을 일으키고 하반신은 얼음을 얼게하며, 공중을 걷거나 공중에서 자는 등이다.

(5) 숙명통(sṅon gnas rjes dran gyi mṅon shes, 宿命通)

타인과 자신의 전생을 알 수 있다. 숙명통이 있는 고승은 환생자를 찾을 수 있는 능력이 있다.

2) 오안(spyan lṅa, 五眼)

자량도 보살은 오신통의 공덕뿐만 아니라 오안의 공덕도 지니고

---

[91] 오결정(ṅes pa lṅa, 五決定)을 갖추지 않은 색신(色身)을 화신이라 한다.

있다. 오안은 육안(肉眼), 천안(天眼), 혜안(慧眼), 법안(法眼), 불안(佛眼)이다.

(1) 육안(sha'i spyan, 肉眼)

우리의 눈을 육안[92]이라고 하며 보살의 육안 공덕은 13종으로 나눌 수 있다.

(ㄱ) 100리를 볼 수 있는 육안
(ㄴ) 200리를 볼 수 있는 육안
(ㄷ) 300리를 볼 수 있는 육안
(ㄹ) 400리를 볼 수 있는 육안
(ㅁ) 500리를 볼 수 있는 육안
(ㅂ) 1000리를 볼 수 있는 육안
(ㅅ) 남섬부주(南贍部州)[93]를 볼 수 있는 육안
(ㅇ) 사대주(四大州) 중 두 개의 주를 볼 수 있는 육안
(ㅈ) 사대주 중 세 개의 주를 볼 수 있는 육안
(ㅊ) 사대주 중 네 개의 주를 볼 수 있는 육안
(ㅍ) 일천대천세계를 볼 수 있는 육안
(ㅌ) 이천대천세계를 볼 수 있는 육안
(ㅋ) 삼천대천세계(三千大千世界)를 볼 수 있는 육안

---

92 일반 범부의 눈을 육안이라고도 하지만 오안(五眼)에서의 육안은 물리적인 눈이 아닌 의식(意識)으로 지각하는 눈을 말한다.
93 수미산(須彌山)을 중심으로 동서남북 4방위에 사대주(四大州)가 존재하는데, 그 중에서 남쪽에 있는 주가 남섬부주이다. 사대주에 모두 인간이 살지만 우리가 사는 지구는 남섬부주에 해당한다.

(2) 천안(lha'i spyan, 天眼)

삼천대천세계 중생의 생사를 볼 수 있는 것이다.

(3) 혜안(shes rab kyi spyan, 慧眼)

공성을 요해(了解)하고, 공성을 추론적 바른 인식(比量)으로 깨달아 갖춘 공덕을 의미한다. 비유로써 설명하면 라싸를 가본 사람이 없다면 공성을 모르는 것이고, 다른 사람에게서 라싸의 이야기를 들으면 선지식으로부터 공성을 듣는 것이며, 마음으로 라싸를 이해했다면 공성을 비량으로 깨달은 것이다. 만약 라싸는 직접 본다면 공성을 직관적 바른 인식(現量)으로 깨달은것이다. 비량으로 깨닫는 것과 현량으로 깨닫는 것의 차이는 대략 이와 같다.

혜안을 갖추면 공성을 깨닫는 것뿐만 아니라 보살 십지와 불과위도 요해한다.

(4) 법안(chos kyi spyan, 法眼)

법안은 삼장(sde snod gsum, 三藏)⁹⁴에 능통하는 것이다.

(5) 불안(sans gyas kyi spyan, 佛眼)

불안은 일체 행상을 아는 것이다.

자량도의 보살은 '법의 희열에 정주(定住)' 할 수 있는 공덕이 있다. 법의 희열에 정주한 이후에는 전생이든 현생이든 기억하는 것이든 잊은 것이든 모두 기억할 수 있으며 다시는 잊지 않는다. 만약 스승이 대장경 구전을 전수했다면 제자는 '법의 희열에 정주' 한 이후에 자연스럽게 외울 수 있다.

---

94 경장(經藏), 논장(論藏), 율장(律藏)

보살 자량도에서는 아직 번뇌가 끊어지지 않고 번뇌를 잠시 억눌러 제압할 뿐이다. 하품 자량도에서는 번뇌를 부분적으로 제압하고, 중품 자량도에서는 하품보다 많이 제압하며, 상품 자량도에서는 제압하는 공능(功能)이 보다 크다.

일부 하품 자량도의 보살은 마장[95]을 갖고 있어 삼악도에 떨어지는 경우도 있다. 어떤 마장은 그의 스승 혹은 시주자의 모습으로 변현하여 매일 그를 찬탄하기도 한다. 이렇게 하면 하품 자량도의 일부 보살은 아만 혹은 진에를 일으켜서 다른 보살을 비방하기도 한다. 이때 하품 자량도 수행자의 신통력은 크지 않으며 결국 그 신통력이 마장의 힘보다 낮다는 것만 알 수 있다. 그들의 인식에는 누가 가행도 보살이고 누가 득지 보살인지 구분하지 못한다. 자신보다 수승한 보살을 비방한 업력으로 하품 자량도의 보살은 삼악도에 떨어진다. 그 외의 어떠한 업의 장애도 보살을 삼악도에 떨어뜨리지는 못한다. 예를 들어 중생을 구제하기 위해 스스로 삼악도에 태어나는 서원을 세운 것이 아니라면 다른 조건이 보살을 삼악도에 떨어뜨리지는 못한다.

---

95 4종의 마장(bdud bzhi, 四魔)이 있는데, 1.온마(phuṅ po'i bdud, 蘊魔), 2.번뇌마(nyon moṅs pa'i bdud, 煩惱魔), 3.사마('chi bdag gi bdud, 死魔), 4.천자마(lha'i bu'i bdud, 天子魔)이다.

6. 중관도(中觀道)의 정견(正見)

중품 자량도에서 시작하여 이후에 인무아를 깨달으면 아집을 깨뜨린다.96 아집에는 두 종류가 있는데 분별아집(bdag 'dzin kun btags, 分別我執)과 구생아집(bdag 'dzin lhan skyes, 俱生我執)이다. 아집을 깨뜨리고 나서 정견으로 중관도(dbu ma'i lam, 中道)97에 나아갈 수 있다. 이것이 중관의 바른 견해에 이르는 것이다.

우리는 중관의 관점에 따라 '중관도'를 비유적으로 설명할 수 있다. 예를 들어 한 길이 있다면 길의 양변 중 한 변은 절벽이고 다른 한 변은 벼랑이다. 절벽은 '상변'으로 벼랑은 '단변'으로 비유했을 때 다수의 사람들은 상변에 가면 각종 집착의 마음이 생길 것이고, 소수의 사람들은 인과를 믿지 않거나 윤회를 믿지 않고 '단변'에 떨어질 것이다.

범부 중생은 '상변'에 떨어지지 않으면 '단변'에 떨어지므로 중관도로 갈 수가 없다. 우리는 아직 공성을 깨닫지 않았기 때문이다.

---

96 아집을 깨뜨리는 것에는 2가지 단계가 있는데, 분위불현전(gnas skabs kyi mngon du mi gyur ba, 分位不現前)과 직접대치(dngos gnyen, 直接對治)이다. 도성제(道聖諦)를 성취하지 못한 이생도(so skye'i lam, 異生道, 凡夫道)에서는 공성을 직관적(mngon sum du, pratyakṣaṃ)으로 깨닫지 못하기 때문에 번뇌의 뿌리를 자르는 직접대치가 일어나지 않고 일시적으로 억누르는 것(分位不現前)만 가능하다. 도성제(道聖諦)를 성취한 성자도(聖者道)에 이르렀을 때 비로소 번뇌의 뿌리를 제거하는 직접적인 대치(直接對治)가 일어난다.
97 중관도에는 2가지 의미가 포함되어 있는데, '양극단(兩邊)을 여의는 길'과, '중관을 깨닫는 길'이다.

색법(色法)으로 예를 들어보자. '단변'에 떨어지는 사람의 경우를 보자면 다음과 같다. 그가 '색즉시공'을 생각하기를 '색법은 자성이 없다.'고 하면 제법이 모두 '공'이라는 말이고, 공이면 '아무것도 없는 것'이라고 생각하여 단변에 떨어지게 된다.

'상변'은 무엇인가. 불법에서 말하는 색법은 존재하지만 무자성이다.[98] 만약에 색법이 존재한다고 여기면 이것은 자성이 있는 것이다. 자성이 없다면 존재할 수 없다. 이렇게 생각하는 것이 '상변'으로 치닫는 것이다.

'색불이공', 이것은 상변을 끊는 것이다. 다시 설명하자면 색법은 존재하지만 자성이 없다는 뜻으로 즉, 자성이 비어있다는 것이다.

'공불이색', 색법의 자성은 비어있으나 색법은 존재하는 것이지 없는 것이 아니다. 이렇게 '단변'을 끊는다.

'색즉시공', 색계(色界)는 색의 본래면목(本來面目)이지만 우리는 한 번도 그것을 본 적이 없다. 왜냐하면 그 본성은 공하고 자성이 존재하지 않기 때문이다.

'공즉시색', 무자성의 색은 색의 본래면목을 말한다. 색법과 색의 공성은 한 체성의 양면성[99]이기 때문에 이해하기 어렵다.

'양변(兩邊)'을 여의면 중관도 즉, 공성이다.

---

98 '존재하지만 자성이 없는 법'은 색법뿐만 아니라 존재하는 모든 것을 관통하는 불교의 존재론이다.
99 이것을 '하나의 본성(本性)에 반법(反法)이 여럿인 것(no bo gcig la ldog pa tha dad)'으로 설명한다. 예를 들어 '보병(寶甁)'이라는 하나의 본성에 '보병의 무상함', '보병의 무자성' 등의 반법이 여럿인 것과 같다.

제4장
법무아(法無我)와 보살 가행도(加行道)

"사리자 시제법공상(舍利子 是諸法空相)"

이 경문 구절은 드러난 뜻으로 설명하면 법무아이고, 숨은 뜻으로 설명하면 보살의 가행도이다. 먼저 현의를 설명한다.

제1절 법무아(法無我)

여기에서 말하는 것은 '법무아'이다. 이 '법'은 '불법승의 법(法)' 뿐만 아니라 우주만유(宇宙萬有) 즉, 존재하는 모든 것이 '법'이다. '공성'도 '법'이고 '모든 사물'도 '법'이므로 '모든 사물과 법'이라고 하는 것이다.[100] '법무아'는 '법'에도 '자성이 없다'는 의미이다.

예를 들면 찻잔에도 자성이 없고 모두 연기(緣起)이다. 연기는 인과[101]이며, 이 찻잔의 생멸에도 원인과 결과가 있다. 그 이전 원인에 의해 현재의 결과가 된다. 인과가 있고, 자성은 없는 것이 바로 '제법공상(chos thams cad stoṅ pa nyid, 諸法空相)' 즉, 법무아이다.

---

100 '법(chos, dharma, 法)'의 정의는 '자신의 본성을 취하는 것(raṅ gi ṅo bo 'dzin pa)' 또는 '자상(自相)을 취하는 것(raṅ gi mthsan nyid kyi 'dzin pa)'으로, 자신을 정의할 수 있는 특성을 지닌 모든 것을 의미하기 때문에 존재하는 것이 곧 '법'이라고 할 수 있다. 예를 들어 '토끼뿔'의 경우는 존재하지 않기에 자신을 정의할 수 있는 특성 또한 없어서 이러한 경우는 '법'이라 할 수 없다.
101 이것은 인과를 연기에 의해 이해하는 불교의 관점에 해당한다. 불교를 제외한 대부분의 인도철학 역시 인과를 주장하지만 그것을 이해하는 방식은 각기 다르다.

집도 연기에 의한 것인데 벽돌, 시멘트 등 많은 건축자재에 의지해야 집을 지을 수 있다. 집 그 자체는 자성이 없고, 모두 법무아이다.

우리가 아직 법무아를 깨닫지 못했기 때문에 '법아집(法我執)'도 있고, 다양한 번뇌가 생기(生起)하는 것이다. 예를 들어 찻잔에 집착하는 마음이 생기면 찻잔이 깨졌을 때 그에 상응하여 화가 일어난다. 또한 꽃 한 송이에도 집착하는 마음이 생기면 다양한 번뇌가 일어나는데 물이 부족하면 시들까봐 걱정하고 물을 많이 주면 썩을까봐 걱정한다. 어떤 이는 꽃을 망가뜨리면 화가 나고, 더 많은 꽃을 보면 탐심이 일어나기도 한다. 이것들은 모든 사물과 법에 대한 집착에 따른 것으로 집착하지 않으면 탐심 또한 일어나지 않는다. 말이나 소 앞에 금은보화를 가득 놓아도 그들은 탐심을 일으키지 않는데 말과 소는 금은보화에 집착하지 않기 때문이다. 사람 앞에 금은보화를 놓으면 그의 마음은 금세 동요할 것이다. 이것이 바로 법집이다.

법에 대한 집착은 우리에게 많은 고통을 안겨준다. 돈에 대한 집착은 돈을 벌기 위해 많은 번뇌가 일어난다. 육체적 건강에 대해 집착하는 것도 그러한 면에서 많은 번뇌가 발생한다. 집착은 고통으로 이어지므로 법집을 제거하여 법무아를 깨달아야 하는 것이 '제법공상'이 보여주는 의미이다.

제2절 보살 가행도(加行道)

가행도는 견도에 들어가기 위한 선행 단계 즉, 견도의 전행과 같다. 이 때 수행자는 이미 공성을 의공상(義共相)의 방식으로 깨달았고, 등지(snyoms 'jug, samāpatti, 等至)와 공성의 지혜를 동시에 닦을 수 있다(止觀雙運).[102]

가행도는 다음의 네 단계로 나뉜다. 1. 난위(煖位) 2. 정위(頂位), 3. 인위(忍位), 4. 세제일법(世第一法)

1. 난위(drod, 煖位)

난위는 나무를 문질러 불을 피우는 과정에 비유한다. 불씨가 일어나기 위해선 마찰을 일으키는 나무가 발화점에 준하는 온도에 도달해야 함을 우리는 알고 있다. 이 뜻은 후속 단계인 견도에서 현량으로 공성을 깨닫는 '불'을 점화하려면 선행 단계인 가행도에서 비량으로 공성을 깨닫는 '마찰열'이 먼저 발생해야 함을 의미한다.

난위의 수행자가 갖춘 보리심을 '불과 같은 보리심'이라고 하는데 무슨 이유로 '불과 같은 보리심'이라고 하는가. 중품 자량도부터 수

---

102 여기서 등지(等至)는 사마타(쌰마타)를 의미하고, 공성의 지혜는 위빠사나(위빠쌰나)를 의미한다. 가행도에서는 사마타(止)와 위빠사나(觀)가 서로 쌍운(雙運)을 이루기 때문에 지관쌍운(zhi lhag zuṅ 'bral, 止觀雙運)이라 한다.

행자는 비량에 의해 공성을 깨닫고 더불어 선정103의 능력도 갖추기 시작하여 공성을 소연경(所緣境)으로 두고서 선정에 드는 것이 가능해 지기 시작한다. 그리고 상품에 이르러서는 뜻하는 대로 선정에 머물 수 있다. 하지만 가행도에 진입하기 전에는 아직 선정 중에 선정과 지혜를 동시에 닦을 수 없으며, 가행도 난위에 이르면서부터 정혜쌍수(定慧雙修)가 가능해진다.104

선정과 공성의 지혜를 동시에 닦는 공덕은 마치 불과 같아서 장애를 태워버릴 수 있다. 여기서 태운다는 것은 잠시 억눌러 제압하는 것을 의미한다. 실제로 난위에서 장애는 끊어지지는 않았지만 마치 없는 것처럼 보이는데105, 이것이 '불과 같은 보리심'의 공덕이다.

---

103 중품 자량도의 선정은 사마타의 등지(等至)가 아니다. '불퇴전의 견고한 보리심'의 힘에 의해 심일경성에 머물 수 있는 등지(等持)를 뜻한다.
104 여기서 선정은 사마타(zi gnas, śamatha, 止), 지혜는 위빠사나(lhag mthoṅ, vipaśyanā, 觀)를 뜻하므로 정혜쌍수는 곧, 지관쌍운을 의미한다.
105 잔디를 태우면 땅 위에 드러난 잔디는 모두 타서 없어지지만 뿌리는 여전히 남아있는 것과 같다.

2. 정위(rtse mo, 頂位)

정위는 세간의 선법(善法) 가운데 가장 수승한 수행의 경계이다.

3. 인위(bzod pa, 忍位)

인위의 단계에 이르면 더 이상 공성을 두려워하지 않고, 능히 그 두려움을 견딜 수 있으며, 그 두려움을 제거할 수 있다.[106] 인위에 이르기 전 '예리한 근기(dbaṅ mon, 利根)'의 수행자라면 공성을 깨닫고서 마치 잃어버린 오랜 물건을 되찾은 것처럼 기뻐할 것이다. 만약 '둔한 근기(dbaṅ rtul, 鈍根)'의 수행자라면 공성을 깨달을 때 약간의 두려움이 생길 수 있다. 제법이 모두 비어있는 것을 보고 텅 빈 가운데 '나'를 찾을 것이고 무시이래로 줄곧 집착해 왔으며 매 순간 보호해왔던 '나'를 찾을 것이지만 이러한 두려움은 머지않아 사라질 것이다.

인위에 들어선 이후에는 더 이상 두려움은 없다. 이 때 이미 의공상의 방식으로 공성을 깨달아서 능히 공성의 경계를 견딜 수 있고 두려움을 낳지 않는다.

---

[106] 존재의 실체를 부정하는 공성을 받아들일 때 자신의 존재 자체가 부정되는 두려움이 실집(實執)에 의해 발생하기 때문에, 인위 이전 단계의 수행자들에겐 공성에 대한 두려움이 완전히 제거되지 않는다.

4.세제일법(chos mchog, 世第一法)

세제일법은 최승(最勝)의 가행도라고도 하는데, 이 때 견도에 진입할 준비를 마치고 곧바로 후속 찰나에서 견도에 들어서기 때문이다.[107]

---

[107] 세제일법이란 세간 범부의 법 중 최승의 법이 되기 때문에 이와 같이 이른다. 후속 찰나에 견도에 진입하게 되면 그 때는 출세간의 성자를 이루게 되므로 세제일법은 세간법의 마지막 단계가 된다.

제3절 보살 가행도의 수지(修持) 법문

가행도에서 주요하게 닦는 것은 오근(五淸淨根)과 오력(五淸淨力)이다.

1. 오근(rnam byaṅ gi dbaṅ po lṅa, 五淸淨根)

오근은 가행도 난위와 정위의 주요 수행법이다. 오근의 다섯가지는 1) 신근(信根), 2) 정진근(精進根), 3) 염근(念根), 4) 정근(定根), 5) 혜근(慧根)이다.

1) 신근(dad pa'i dbaṅ po, 信根)
삼보에 대하여 견고한 믿음으로 불퇴전하지 않는 신심이다. 가행도에 이르면 삼보에 대하여 어떤 의심도 하지 않게 되는데, 이것이 바로 신근을 구족하는 것이다.

2) 정진근(brtson 'grus kyi dbaṅ po, 精進根)
수행에 있어서 게으르지(懈怠) 않는 것이다. 가행도에 이르게 되면 수행자는 밤낮으로 정진하고, 잠에서도 수행하며, 꿈에서도 공성을 관한다. 이것이 바로 정진근을 구족하는 것이다.

3) 염근(dran pa'i dbaṅ po, 念根)
망각(brjed ṅes pa, muṣitasmṛtitā, 失念)을 끊고 정념(正念)을 얻는 것이다. 보살 가행도 시에 이전에 들었던 법을 하나도 잊지 않는다. 범부의 시기에 스승께서 무엇을 설하였는지 모두 분명하게 알 수 있는데, 이것이 염근을 구족하는 것이다.

4) 정근(tin ne 'dzin gyi dbaṅ po, 定根)

선정의 장애를 끊어 없애고, 항상 입정이 가능한 경지이다. 자량도의 보살은 때때로 도거(rgod pa, auddhatya, 掉擧)[108]와 방일(bag med pa, pramāda, 放逸)[109]이 있지만 가행도 들어서면 다시는 이것들과 마주하지 않는데, 이것이 정근을 구족하는 것이다.

5) 혜근(shes rab kyi dbaṅ po, 慧根)

혜근은 선악을 분별하여 취사(取捨)할 수 있다. 가행도의 보살은 선정에서 나온 후 비량으로 공성을 깨달았으므로 사물의 본래면목을 알 수 있다.[110] 사물의 거짓된 모습(戲論相)을 깨부수고, 무엇을 보든 환상과 같고 꿈을 꾸는 것과 같다. 『금강경(rdo rje gcod pa, 能斷金剛般若波

---

[108] 도거는 혼침(昏沈)과 함께 선정을 방해하는 주요 장애이다. 구주심(九住心)을 통해서 사마타에 이르는 과정은 혼침과 도거를 어떻게 조복하여 마음을 등지(等至)에 머물게 하는지에 관한 것이다.
[109] 무착(無着) 보살은 『대승아비달마집론(mṅon pa kun btus, 大乘阿毘達磨集論)』에서 방일에 대하여 "방일이 무엇이냐 하면, 집착과 분노와 미혹, 게으름에 머물러서 선법(dge ba'i chos, 善法)을 닦지 않고 유루법(zag cad kyi chos, 有漏法)으로부터 마음을 지키지 못하여 불선업(不善業)이 증가하고 선업이 감소하는 의지처로 행하는 유업자(las can, 有業者)이다." 라고 정의하였다.
[110] 단지 비량으로 공성을 깨닫는 것만으로 사물의 본래면목을 아는 것이 아니다. 가행도에서는 의공상으로 공성을 깨닫기 때문에 공성의 본래면목에 근주(近住)할 수 있는 것이다. 자량도에서는 비량으로 공성을 깨달아도 명언공상으로 공성을 깨닫기 때문에 그 본래면목에 가까이 다가가긴 어렵다.

羅蜜經)』에서는 다음과 같이 설하였다.

빛나는 별, 버터등불과
환영, 이슬, 물거품과
꿈, 번개, 구름과 같으니
일체의 유위법을 그와 같이 보아야 한다.[111]

---

111 Tib: skar ma rab rib mar me daṅ/ sgyu ma zil pa chu bur daṅ/ rmi lam glog daṅ sprin lta bu/ 'du byas thams cad de ltar lta//
漢: 一切有爲法 如夢幻泡影 如露亦如電 應作如是觀

2. 오력(rnam byaṅ gi stobs lṅa, 五淸淨力)[112]

오력은 가행도 인위와 세제일법의 보살이 주요하게 닦는 법문이다. 오력의 다섯가지는 1) 신력(信力), 2) 정진력(精進力), 3) 염력(念力), 4) 정력(定力), 5) 혜력(慧力)이다.

1) 신력(dad pa'i stobs, 信力)

신력은 불신(ma dad pa, āśraddhya, 不信)에 대한 가장 큰 대치력(gnyen po, 對治力)이다. 신력이 생기기 시작하면 불신의 번뇌를 깨끗하게 없애준다. 삼보를 의심하거나 사견에 집착하는 사람이 신력을 구족한 가행도의 보살을 만나면 삼보를 의심하는 마음은 자연스럽게 사라지고 자신의 관념이 잘못된 것임을 깨닫게 된다. 신력의 위신력은 이와 같다.

나의 스승이신 라모 용진 린포체를 친견한 사람들 대부분은 불법에 대한 믿음을 일으키게 되었는데, 그것은 이들이 린포체의 신력에 감응을 받았기 때문이다.

---

[112] 오근과 오력은 동일하지만 거침과 미세함의 차이에 따라서 이와 같이 구분되므로, 오력은 오근에 속하게 된다. 오근과 오력이 구분되는 가장 큰 차이는 이품(mi mthun phyogs, 異品)의 현전(mṅon gyur, 現前)과 불현전(mṅon du mi gyur pa, 不現前)의 차이에 따른다. 난위와 정위에서는 신근(信根)의 이품인 불신(不信)이 현전할 수 있지만, 인위와 세제일법에서는 불신이 현전하지 않기에 이와 같이 구분된다. 그와 마찬가지로 나머지 4가지 이품도 난위와 정위에서는 현전할 수 있기에 그에 따라 오근이 해를 입을 수 있지만, 인위와 세제일법에선 이품이 현전하지 않기에 오력이 해를 입지 않는다는 차이가 있다.

2) 정진력(brtson 'grus kyi stobs, 精進力)

정진력은 게으름(le lo, kausīdya, 懈怠)을 대치하는 가장 수승한 도이다. 가행도의 보살이 정진력을 닦기 시작하면 중생을 제도하기 위해 더욱 정진에 매진하며 더 이상 나태하지 않기에 가행도의 보살을 보고서 중생도 더불어 정진하게 된다.

3) 염력(dran pa'i stobs, 念力)

염력은 망각(brjed nes pa, muṣitasmṛtitā, 失念)의 가장 큰 대치력이다. 가행도 보살이 염력을 닦기 시작하면 망각은 점점 줄어들고, 간헐적으로 발생하는 망각 또한 수행의 장애가 되지 않는다. 염력을 수행하는 보살을 만나는 중생도 그에 따라 자신의 망각을 제압할 수 있다.

4) 정력(tiṅ ṅe 'dzin gyi stobs, 定力)

정력은 혼침(byiṅ ba, 昏沈)과 도거(rgod pa, 掉擧)인 산란(rnam par g.yeṅ ba, 散亂)의 가장 큰 대치력이다. 정력을 닦기 시작해서 가행도 보살의 사성제 선정은 혼침과 도거가 거의 없을 정도로 지극히 수승하다. 설령 혼침과 도거가 발생한다 하여도 도(道)[113]에 장애가 되지 않는다. 선정력을 갖춘 보살을 마주하면 보살의 서원력과 선정력에 의해 주변의 중생들은 자연스럽게 안정(安靜)을 얻는다.

---

113 여기서 도(lam, 道)는 현관(mṅon rtogs, 現觀)과 동일한 의미로, 수습을 행하는 경계상의 의식을 뜻한다.

5) 혜력(shes rab kyi stobs, 慧力)

　혜력은 염구혜(shes 'chal, 染垢慧)[114]에 대하여 가장 큰 대치력이다. 혜력의 주요한 작용은 무명의 번뇌를 제거하는 것이며, 사성제에 의지해 분별하여 취사할 수 있다. 가행도 보살의 서원력과 혜력에 의해 주변의 중생들은 자연스럽게 지혜가 증장한다.

114　그릇되거나 전도(顚倒)된 지혜를 뜻한다.

제4절 보살 가행도의 공덕

가행도에서 들어서면서부터 수행자의 성취는 비약적으로 높아진다. 이 때 수행자는 수면 시 꿈에서도 수행을 하기도 한다. 중품 자량도에서는 때때로 꿈에서 수행을 하거나 하지 않기도 하지만 상품 자량도에 들어서면 대부분의 꿈에서 수행을 행한다.

가행도부터 식증회복(gzhi rgyes dbaṅ drag, 息增懷伏)의 사업(las bzhi, 四業)115을 행할 시 의궤를 염송하지 않고도 행할 수 있고, 수법을 행함에 있어서 의념만으로도 서원력과 선정력에 의해 그 성취를 실현할 수 있다. 예를 들면 가행도의 수행자가 화재가 발생한 곳을 보고서 마음 속으로 식재(息災)에 대한 원(願)을 일으키면 그 힘에 의해 화재는 쉽게 진압된다. 지진과 역병 등의 각종 재난을 수행자의 서원력과 선정력에 의해서 멈추게 할 수 있다.

중생을 교화(敎化)하고 제도(濟度)하는 측면에서 볼 때 만약 가행도의 보살이 법을 설하게 되면 청문하는 이들 중 적어도 100에 80명 정도의 사람들이 정법에 훈습되고, 득지 보살이 설법을 하게 되면 그

---

115 1.식재(息災), 2.증익(增益), 3.회유(懷柔) 또는 경애(敬愛), 4.조복(調伏) 이렇게 4가지로 중생에게 이익을 얻게 하는 밀교의 4종 수법(修法)으로, 가지기도법(加持祈禱法)이라고도 한다.
1.식재법(zhi ba'i las)은 각종 재해와 재난, 고난 등을 없애는 수법이다. 2.증익법(rgyas pa'i las)은 자타(自他)의 장수, 복덕과 향유 등을 증장시키는 수법이다. 3.회유법(dbaṅ gi las) 또는 경애법은 자타간의 화평과 자애심 등이 생겨서 마음을 회유할 수 있는 수법이다. 4.조복법(drag po'i las) 또는 항복법은 사마(邪魔)를 조복하는 수법이다.

효력은 더욱 커서 100에 90명 이상 제도할 수 있다. 부처님께서 법을 설하시면 법을 듣는 모든 중생에게 그 효력을 미친다. 보리심이 전혀 없는 스승이 청법자 100명에게 경전을 설하고 두 세명을 교화할 수 있다는 그것만으로도 이미 훌륭하다. 중생을 교화하고 제도하는 것이 가장 어려운데 스승들의 고충이 바로 여기에 있다. 많은 중생들의 업력이 두텁고 번뇌가 크기에 스승들의 가지력이 들어가지 못하여 교화와 제도가 극히 어렵다.

가행도 보살은 백 년 동안 더러운 일을 하고 몸을 씻지 않아도 신체과 의복이 깨끗하여 먼지가 그 옷에 묻지 않는다. 몸에 세균이나 이가 생기지 않고 바퀴벌레가 따라오지 않으며 모기가 물지도 않는다.

가행도 보살의 마음은 올곧아서 계략이 없다. 사람에게 꾀를 부리는 것도 일종의 번뇌인데 가행도에 들어서면 이러한 번뇌는 더 이상 나타나지 않는다.

가행도 보살은 인색하지 않고 소유한 모든 것을 베풀 수 있다. 만약 출가자라면 자신의 가사(袈裟)를 제외하고 나머지 모두 보시할 수 있다. 예를 들어 집을 소유한 어느 가행도 보살에게 집이 반드시 필요한 누군가가 "보살이시여, 부디 이 집을 저에게 주소서."라고 청하면 보살은 틀림없이 그에게 집을 시주할 것이고, 보살에게 있어서 집을 시주하는 것은 만두 한 개 주는 것과 같아서 베품에 있어서 조금도 아낌이 없다.

자량도 보살은 때때로 마장에 미혹되어 취사할 바를 완벽하게 구별하는 것이 안되는 경우도 있다. 어떤 마장은 보살 자신의 스승과 부처로 둔갑하여 자량도 보살을 속이기도 한다. 가행도에서부터는 보살의 능력이 향상되어 더 이상 보살을 속일 수 없게 된다.

초온 지역에 '닥까르 악람빠(brag dkar sṅags rams pa)' [116]라는 스승이 계

셨다. 스승께서 한번은 쟈쿵(bya khyuṅ)117 사원에 방문한 적이 있는데 그 시기에 쟈쿵사에 마장이 일어나서 매년 몇 명의 승려들이 죽음을 맞이하곤 하였다. 린포체께서는 사원의 이 마장을 제거하려 하였다. 사원은 산 위에 위치하였는데 린포체께서 이 산 중턱에 도착했을 때 갑자기 하늘에 많은 무지개가 나타났고, 무지개 빛 속에 대일여래(rnam par snaṅ mdzad, Vairocana, 大日如來) 삼십칠불이 현현하셨다. 린포체는 드디어 부처님을 친견하게 되었다고 생각하였다. 그러나 다시 생각해보니 "내가 아직 자량도에도 이르지 못하였는데 어떻게 대일여래께서 여기에 현현하실 수 있는가?"라는 의문이 떠올랐다. 그는 바로 비로자나 칠지좌법(rnam snaṅ chos bdun, 毘盧遮那佛七枝坐法)118을 취하였고 그 즉시 대일여래는 사라져버렸다. 그것은 알고보니 마장의 현혹이었던 것이다. 그는 좌선을 행할 때 비로자나 칠지좌법으로 행하였기 때문에 비로자나불의 원력으로 아무리 강한 사마도 그 위신력을 견뎌낼 수 없다.119 수행자는 가행도에 들어서면 모든 마장에 대해

---

116 닥까르 악람빠 환생 전승은 현재 10대로 이어지고 있으며 6대 환생부터 초온(靑海) 지역에서 환생하고 있다.
117 쟈쿵 텍첸 욘땐 다르계 링(bya khyuṅ theg chen yon tan dar rgyas gliṅ, 金翅鳥大乘公德隆盛院)
118 좌선을 행함에 있어서 취하는 7가지의 좌법으로 1.금강좌(결가부좌), 2.선정인(禪定印), 3.허리는 활처럼 곧게 함, 4.목은 갈고리 처럼 살짝 굽힘, 5.눈은 코 끝을 바라봄, 6.혀는 입천장에 맞댐, 7.입술과 이빨은 너무 강하게 다물지도 벌리지도 말고 자연스럽게 둠, 이다.
119 비로자나불과 대일여래는 같은 부처를 경전에 따라서 이름을 달리 부른 것이다. 『화엄경(華嚴經)』에서는 비로자나불로 명시하고 있고, 『대일경(大日經)』에서는 대일여래로 명시하고 있다.
비로자나 칠지좌법은 비로자나불의 공덕에 상응하기 때문에 가짜 비로자나불을 현현한 마장의 미혹함에 대치가 되는 관계로 그것을 제거할 수 있다.

알 수 있고, 더 이상 마장의 미혹에 빠지지 않는다.

가행도 보살은 공성을 깨닫는 힘에 의해 거친 번뇌와 소지장을 억누를 수 있다. 비록 번뇌장과 소지장을 제거하지는 못하였지만 번뇌가 표면적으로는 일어나지 않는다.[120] 만약 누군가가 가행도 보살에게 번뇌를 일으키려 매일 때리고 욕설을 하여도 그는 여전히 기뻐하며 괴로움을 일으키지 않는다. 천자마(lha'i bu'i bdud, 天子魔)[121]라 할지라도 가행도 보살에게는 장애가 되지 않는다.

한 전승에 의하면 천자마 여럿이 모여 이야기를 나누고 있는데, 그 중 한 천자마가 "나에게 적이 하나 있다."라고 말하자 다른 천자마들이 "그게 뭐 대수라고, 우리에겐 수만 명의 적이 있는데."라고 답하였다. 그러자 첫번째 천자마는 "너희들의 적은 모두 범부라서, 그들에게 복수할 수 있고 괴롭힐 수 있지만, 나의 적은 한 명의 보살이다. 나는 그를 괴롭게 만들 방도가 없다."라고 말하였다.

중생이 큰 재난을 만났을 때 가행도 보살은 중생의 고통을 생각하며 함께 고통을 느낀다. 이 과정에서 미약하게 번뇌가 일어날 수 있지만, 그 외에는 번뇌가 일어나지 않는다.

가행도에 이르면 공덕은 부사의하게 커진다. 만약 한 사람이 수천 년 동안 끊임없이 매일 칠보(rin chen sna bdun, 七寶)[122], 팔공양(mchod pa brgyad, 八供養)[123], 팔길상(bkra shis rtags brgyad, 八吉相)[124] 등 각종 공양물로

---

120 이것은 가행도 인위에서부터 시작되며, 번뇌의 뿌리를 제거하지는 못하지만 번뇌가 발생하는 조건을 결손(缺損)시켜 일시적으로 일어나지 못하게 하는 것이다.
121 4가지 마장(bdud bzhi, 四魔) 중 하나로, 욕계(欲界) 천신들에게 질투의 힘으로 선업(善業)에 장애를 일으킨다.

삼천대천세계 중생의 수만큼 수많은 불보살께 공양을 올리는 것은 가행도 보살이 손가락을 한 번 튕기는(一彈指) 공덕과 같다.

　우리는 가행도 보살의 수행과 공덕을 이해한 후 비록 지금은 가행도 보살과 같은 수행을 실천할 수는 없지만 가행도 보살의 수행과 공덕을 수희(隨喜)하여 가행도 보살의 신근(信根) 등의 학처를 수습할 수 있다. 이것은 서원을 일으키는 방식으로도 할 수 있는데 예를 들면 가행도 보살과 같이 신행력(信行力)으로 다른 이들을 돕고 싶다고 서원을 세우는 것, 또는 가행도 보살과 같이 정진하여 더 이상 게으르지 않겠다고 서원을 세우는 것으로 발심이 가능하다. 이렇게 발심하면 되고, 발심은 바르게 일으켜야 하며, 발심은 매우 중요하다. 잠들기 전에 서원해도 좋다. "저도 자량도 보살처럼 꿈에서도 수행할 수 있으니, 반드시 수행하겠나이다." 설령 꿈에서 수행을 하지 않고 심지어 악몽을 꾼다 할지라도 그 서원으로 공덕은 있다.

122　칠보에는 2가지로 구분하는 데, 먼저 문자 그대로 7가지 보물인 경우에는 1.금(gser, 金), 2.은(dṅul, 銀), 3.유리(be d'u ra ya, 琉璃), 4.수정(shel, 玻璃), 5.자거(spug, 硨磲), 6.적주(mu tig dmar po, 赤珠), 7.마노(rdo'i snyiṅ po, 瑪瑙)이다. 칠보륜왕(七寶輪王)의 경우에는 1.금륜보('khor lo rin po che, 金輪寶), 2.마니주보(nor bu rin po che, 末尼珠寶), 3.옥녀보(btsun mo rin po che, 玉女寶), 4.주장신보(blon po rin po che, 主藏臣寶), 5.백상보(glaṅ po rin po che, 白象寶), 6.감마보(rta mchog rin po che, 紺馬寶), 7.주병신보(dmag dpon rin po che, 主兵臣寶)이다.

123　부처님께서 설법하실 때 올렸던 8가지 공양물로 다음과 같다. 1.음료수(mchod yon, 飮料水), 2.세족수(zhabs bsil, 洗足水), 3.화만(me tog, 花蔓), 4.소향(bdug spos, 燒香), 5.등명(mar me, 燈明), 6.도향(dri chab, 塗香), 7.음식(zhal zas, 飮食), 8.음악(rol mo, 音樂)이다.

124　8가지 길상의 상징물로 1.길상결(dpal be'u, 吉祥結), 2.묘련(pad ma, 妙蓮), 3.보산(gdugs, 寶傘), 4. 금륜('khor lo, 金輪), 5.법라(duṅ, 法螺), 6.승리당(rgyal mthsan, 勝利幢), 7.보병(bum pa, 寶瓶), 8.금어(gser nya, 金魚)이다.

제5장
보살 견도(見道)

"불생불멸 불구부정 부중불감(不生不滅 不垢不淨 不增不減)"

이 경문의 구절은 드러난 의미(現意)로서는 심오한 팔리희론(spros bral brgyd, 八離戲論)125이다. 희론을 여의는 여덟가지는 불생(skye med, 不生)과 불멸('gag med, 不滅), 부단(chad med, 不斷)과 불상(rtag med, 不常), 불래('oṅ med, 不來)와 불거('gro med, 不去), 불이(tha dad med, 不異)와 불일(dcig med, 不一)로 나뉜다. 생과 멸 등 각각 양변의 관점에서 제법의 공성을 설명한 것이다.

숨겨진 의미는 대승 오도 중 보살 견도를 일컫는다.

---

125 '팔불중도(八不中道)'라고도 한다.

제1절 번뇌의 억누름(押伏)과 단멸(斷滅)에 대한 구별

보살 견도위에 이르면 번뇌장(nyon sgrib, 煩惱障)과 소지장(shes sgrib, 所知障)을 끊는다.126 번뇌는 두 종류로 나뉘는데 분별번뇌(nyon moṅs kun btags, 分別煩惱)127와 구생번뇌(nyon moṅs lhan skyes, 俱生煩惱)이다. 분별번뇌는 삶의 궤적 속에 실체로서 개념화된 견해에서 비롯된 번뇌이다. 우리는 일생을 살아가면서 사회적으로나 주변의 삶의 생활방식에 영향을 받고, 특히 서적과 신문과 같은 정보 매체 등의 영향 아래 다양한 망념의 번뇌가 생긴다. 이 모든 것들이 번뇌를 일으키게 만드는 요소가 된다.

보살 견도에서 제거해야 할 대상은 분별번뇌이다. 구생번뇌는 무시이래로 우리와 함께 발생하여 생멸과 윤회를 이어온 번뇌로써 전생으로부터 상속된 번뇌이다.

소지장도 분별소지장과 구생소지장 둘로 나뉜다. 우리는 앞에서 설명한 오온의 바탕 위에 안립하는 '나', 오온 전체에서 안립하든, 오온에서 별도로 안립하든, 오온상에서 안립하는 '나'는 모두 분별장이라 한다.128

---

126 이것은 유식학파와 중관자립학파의 견해를 따른 것이다.
127 '분별번뇌'는 '변계분별번뇌'의 줄임말로, 여기서의 분별은 일반적인 분별을 의미하는 것이 아니라, 분별에 의해서 증익(增益)으로 가립한 '변계분별(kun btags, 遍計分別)'을 뜻한다. 뒤에서 언급되는 '분별소지장'도 '변계분별소지장'의 줄임말이다.
128 오온과는 별도로 안립한 독립적인 자아의 경우 '상일자재(常一自在)의 자아'이며, 오온 내에서 독립적인 주체로 안립한 자아의 경우 '독립자취실유(raṅ rkya thub pa'i rdzas yod, 獨立自取實有)의 자아'라 한다.

구생장은 무시이래 우리와 함께 따라온 무명이다. 견도에서 부수어야 할 대상은 분별장이고, 수도에서 부수어야 할 것은 구생장이다. 번뇌장과 소지장 두 장애를 끊으면 대승에서는 부처를 이루고, 성문·연각승에서는 번뇌장을 제거하는 것으로 아라한을 이루게 된다.129

그러므로 장애와 번뇌의 뿌리를 실질적으로 제거하는 것은 견도와 수도의 단계에서 이루어진다. 자량도에서는 번뇌를 끊을 수 없고 번뇌의 현전을 압박하는 것(押伏)에 그칠 뿐이며, 가행도에서도 역시 번뇌를 끊을 수 없고 자량도보다 번뇌의 현전을 강하게 억누를 수 있을 뿐이다. 보살 무학도에서는 번뇌와 장애를 더 이상 끊지 않아도 된다. 왜냐하면, 무학도에 이른 순간 그것들은 이미 완전히 제거되었기 때문이다.130

하품 자량도는 하품의 번뇌를 억누를 수 있고, 중품 자량도는 보다 많은 번뇌를 억누를 수 있으며, 상품 자량도에서는 억누를 수 있는

---

129 일반적으로 성문·연각승에서는 번뇌장만 인정하기에 번뇌장을 끊으면 아라한이 되지만, 유가행중관자립학파에서 보는 성문·연각승에는 상이한 차이가 있다. 유가행중관자립학파에 따르면 성문승의 경우에는 '독립자취실유의 자아로 집취(raṅ rkya thub pa'i rdzas yod du grub pa'i bdag tu 'dzin pa)'하는 인아집을 제거하면 번뇌장이 제거되어 성문 아라한을 성취하지만, 연각승의 경우는 거친 소지장까지 제거해야 연각 아라한을 성취할 수 있다. 거친 소지장은 '소취(所取)와 능취(能取)가 별도의 다른 실질(實質)로 성립하는 것(gzuṅ 'dzin rdzas gzhan gyis grub pa)'으로 이러한 성립이 공함을 깨달아야 거친 소지장을 제거하게 된다.
130 무학도는 견도와 수도의 과정에서 번뇌장과 소지장 등 일체의 번뇌와 장애를 제거했을 때 도달하는 '학처(學處)가 구경(究竟)에 이른 도(道)'이므로, 무학도에 이른 순간 더 이상 제거할 대상은 없다.

힘이 더욱 커진다.

보살 가행도에서는 비록 번뇌를 끊어버린 것은 아니지만 번뇌의 현전을 온전하게 억누를 수 있다.[131] 그래서 가행도 보살은 전혀 번뇌가 없는 것처럼 보이기도 하지만 사실은 그렇지 않다. 일시적으로 번뇌를 온전하게 억누르고 있을 뿐이다.

한번은 석존께서 네란자라 강에 가셨을 때 네란자라 강변에 500여 명의 외도(外道)[132] 수행자들이 있었다. 그들은 선정 수행력이 뛰어나서 사선팔정(四禪八定)[133]의 제8정(第八定)[134]까지 도달하였다. 이러한 경지는 번뇌를 끊지않고 선정력에 의지하여 잠시 번뇌가 일어나지 않는 것 뿐인데 마치 번뇌가 없는 것처럼 느낄 뿐이다. 이들은 부처님을 뵌 후 이렇게 생각하였다. '석가모니 부처님이 번뇌가 없다면 우리도 번뇌가 없다. 석가모니 부처님이 번뇌를 끊었다면 우리도 번뇌를 끊었다. 다만 부처님의 신통이 뛰어났을 뿐이다.'

그들은 왜 이런 오해를 갖고 있는 것인가? 그 이유인즉슨 선정력에 의해 번뇌의 현전을 억누르고 있으면 잠시나마 번뇌가 없는 것처럼

---

131 이 또한 가행도 모두 해당되는 것이 아닌, 인위(忍位) 이상에서 해당된다.
132 불교를 이르러 내도(內道), 불교가 아닌 법을 외도(外道)라 하는데, 고통의 근원적 문제인 번뇌를 제거하기 위해서는 외부의 행위와 작용에 의해서 제거할 수 있는 것은 그 어떤 것도 없으며 오직 자신의 내면, 마음에 의해서만 번뇌를 제거할 수 있기에 내도라 부른다. 불교가 아닌 다른 종교와 가르침은 정도의 차이는 있을지언정 외부의 행위와 작용에 의해서도 근원적 문제를 해결하는 것을 승인하기에 외도라 구분하여 부른다. 티베트불교에서는 '불교' 또는 '불교도'를 칭하는 표현을 일반적으로 '내도(naṅ pa)'라는 단어로 주로 사용한다.
133 색계(色界)의 사선정(四禪定)과 무색계(無色界)의 사무색정(四無色定)
134 사무색정의 마지막 단계인 비상비비상처정('du shes med 'du shes med min gyi snyoms 'jug, naivasaṃjñānāsaṃjñāyatanaṃ, 非想非非想處定)

느낄 뿐이다. 하지만 선정에서 나온 이후 시간이 지나면서 남아있던 선정력의 자취가 약해짐에 따라 다시 서서히 번뇌가 올라온다.

한 외도 수행자는 최고의 선정에 도달하여 선정 속에서 이삼십년을 머물렀다. 출정 후 그는 자신의 머리카락이 너무 길어서 땅에 끌려가는 것을 보고서 "내가 이렇게 오래 입정에 머물렀다니."하고 생각하며 약간의 아만이 일어났다. 또 계속 좌선에 들어가 며칠 후에는 자신의 머리카락 더미에 쥐 소굴이 있는 것을 보고선 화가 일어났다. 이런 경우는 번뇌가 끊어진 것이 아니다. 만약 번뇌를 끊었다면 쥐 소굴로 인한 진에는 일어나지 않는다.

선정을 닦는 많은 사람들이 일정 수준에 도달하면 자신은 번뇌를 끊었고 더 이상 번뇌가 없다고 생각하는데 이것은 선정의 경험에서 비롯된 착각일 뿐이다.

제2절 보살 견도(見道)

보살의 견도는 세 가지로 나뉘는데, 1.무간도(無間道), 2.해탈도(解脫道), 3.후득지(後得智)이다.
"불생불멸 불구부정 부증불감(不生不滅 不垢不淨 不增不減)"
여기서 주요한 것은 무간도이다.

1. 견도 무간도(bar chad med lam, 無間道)[135]

견도 무간도에서는 선정(等引)[136] 중에 현량으로 공성을 깨달을 수 있다.
공성을 깨달은 후 남아있는 약간의 모호함, 명확하지 않은 것들을 비량으로 논증하여 공성을 깨닫는데 이것은 다만 추론으로 공성을 명료하게 이해(了解)하는 것이다.
현량으로 공성을 깨닫는 것은 공성을 직접적으로 지각하기에 무결로 철저하게 공성을 깨닫는다.[137]
견도 무간도에는 지인십육찰나(shes bzod skyad cig ma bcu drug, 智忍十六刹

---

135 무간도에서 '간(bar chad, 間)'은 장애이며 이것은 곧 번뇌를 뜻한다. 장애를 직접적으로 제거하는 도이기 때문에 무간도라 이른다.
136 견도 이상의 성자위의 선정은 사마히따(mnyam bzhag, samāhita, 等引)라고 이른다.
137 완전하고 철저하게 공성을 깨닫기 때문에 비로소 번뇌에 직접 대치가 이뤄진다.

忍) 중 여덟 찰나가 있다. 고집멸도(苦集滅道)에 각각 두 찰나씩 있어서 총 여덟 찰나가 되는 것으로, 1)고법인(sdug bsnal chos bzod, 苦法忍), 2)고류인(sdug bsnal rjes bzod, 苦類忍), 3)집법인(kun abyuṅ chos bzod, 集法忍), 4)집류인(kun abyuṅ rjes bzod, 集類忍), 5)멸법인('gog pa chos bzod rjes bzod, 滅法忍), 6)멸류인('gog pa rjes bzod, 滅類忍), 7)도법인(lam chos bzod, 道法忍), 8)도류인(lam rjes bzod, 道類忍)이다. 이 여덟 찰나는 일시적으로 한 번에 지나간다.[138]

일 찰나의 시간은 어떻게 되는가? 경량부에서는 손가락을 한 번 튕길 때의 1/60이라 하고, 중관학파에서는 손가락을 한 번 튕길 때의 1/360이라 한다.

보살이 견도 무간도의 첫 찰나에 현량으로 공성을 깨달았을 때 우리는 다음과 같이 무간도의 여덟 찰나를 분류하여 설명한다.

1)고법인(苦法忍)과 2)고류인(苦類忍)에서 고성제를 소연하여 현량으로 공성을 깨닫고, 고성제에 집착하는 번뇌를 끊는다.

3)집법인(集法忍)과 4)집류인(集類忍)에서 집성제를 소연하여 현량으로 공성을 깨닫고, 집성제에 집착하는 번뇌를 끊는다.

5)멸법인(滅法忍)과 6)멸류인(滅類忍)에서 멸성제를 소연하여 현량으로 공성을 깨닫고, 멸성제에 집착하는 번뇌를 끊는다.

7)도법인(道法忍)과 8)도류인(道類忍)에서 도성제를 소연하여 현량으로 공성을 깨닫고, 도성제에 집착하는 번뇌를 끊는다.

---

138 지인십육찰나의 전개방식에 대해 설일체유부와 경량부에서는 각 찰나마다 순차적으로 교차하는 방식으로 전개되지만, 유식학파와 중관학파에서는 무간도의 팔인(bzod pa brgyad, 八忍)과 해탈도의 팔지(shes pa brgyad, 八智)가 각각 일 찰나로 한 번에 전개된다.

이 여덟 찰나를 명확하게 깨달으면 고집멸도 사성제의 공성을 깨닫는다. 이와 같은 선정 중에 더 이상 고집멸도는 존재하지 않으며 동시에 모든 분별장을 끊는다.

진정으로 번뇌장과 소지장을 제거하는 것은 견도와 수도의 단계에서이다. 견도위에서는 끊어야 할 바는 분별장(kun brtags, 遍計分別障)으로, 견도에 들어서면서 수행자는 분별번뇌장과 분별소지장을 제거하는데 이것은 더 이상 일시적인 억누름이 아니다.[139]

분별번뇌장은 112종이 있다.[140] 욕계(欲界)의 사성제 각각의 행상에 10종의 번뇌가 있어서 총 40종의 번뇌가 욕계에 포섭된다. 10종의 번뇌는 다음과 같다. 1)탐(adod chags, 貪), 2)진(khoṅ khro, 瞋), 3)치(ma rig pa, 痴), 4)아만(ṅa rgyal, 慢), 5)의혹(the thsom, 疑), 6)살가야견('jig lta, 薩迦耶見), 7)변집견(mthar lta, 邊執見), 8)사견(log lta, 邪見), 9)견취견(lta ba mchog 'dzin, 見取見), 10)계금취견(thsul khrims daṅ brtul zhugs mchog 'dzin, 戒禁取見)

색계, 무색계에는 진에(瞋)가 없으므로 사성제 각각의 행상에 9종의 번뇌가 있어서 총 36종의 번뇌가 색계와 무색계에 포섭된다.

삼계의 이것들을 모두 합하면 총 112종의 분별번뇌가 있는 것이다. 견도에서 근본적으로 끊어내야 할 대상은 '살가야견', '의혹', '계금취견'이다.[141] 살가야견은 분별아집(遍計分別我執)을 뜻한다.[142] 의

---

139 이 체계는 중관자립학파의 체계로 중관귀류학파에서는 오직 번뇌장에서만 분별번뇌장과 구생번뇌장의 구분이 있을 뿐 소지장에는 해당되지 않는다.
140 여기에서 언급한 112종의 분별번뇌장은 견도에서의 제거 대상인 112종의 견소단(mthoṅ spaṅ, 見所斷)을 의미한다.
141 이 세 가지를 이르러 견단삼결(mthoṅ spaṅ kun sbyor gum, 見斷三結)이라 한다. 이것은 견도를 이룸에 있어서 그 성취를 가로막는 주요한 3가지 장애이다. 견단삼결을 제거하면 사향사과(四向四科)에 있어서는 예류과(rgyun zhugs

혹은 삼보와 인과 등을 의심하는 것이다. 계금취견은 도(道)가 아닌 것을 도로 삼는 것으로, 바른 도(正道)가 아닌 것을 바른 도로 여기고, 바른 법(正法)이 아닌 것을 바른 법으로 여기는 것이다. 이 세 가지 번뇌는 모두 수행과 해탈에 장애가 된다.

번뇌를 '끊는다.'라는 것은 번뇌를 제거한 이후에 번뇌를 야기하는 다양한 원인과 조건들이 있더라도 더 이상 번뇌가 생기지 않음을 의미한다. 번뇌의 씨앗을 태우고, 부수면 다시 물을 줘도 싹이 발아하지 않는 것과 같다.

중관자립학파에서는 '번뇌의 씨앗(sa bon, 種子)'은 '번뇌의 습기(bag chags, 習氣)'로 승인하기 때문에 아무리 번뇌를 끊어도 번뇌의 씨앗까지는 제거되지 않는다. 왜냐하면 '번뇌의 습기'는 번뇌장이 아니라 '소지장'에 해당되기 때문이다. 중관귀류학파에서는 '번뇌의 습기'는 '번뇌'일 뿐이고, 번뇌를 끊으면 번뇌의 습기도 제거된다고 승인한다.

분별소지장은 총 108종이 있는데 욕계, 색계, 무색계 각각에 36종의 분별소지장이 있다. 견도에 이르면 분별번뇌장과 분별소지장을 단번에 제거해버린다. 공성을 현량으로 깨닫는 것은 태양이 떠오르면 분별장애의 어둠이 단번에 사라지는 것과 같다. 무간도의 선정 중에는 구생소지장도 없지만 구생소지장을 제거한 것은 아니다.[143]

'bras gnas, śrotāpannaphalaniśraya, 豫流果)를 성취하고, 오도(五道)에 있어서는 견도를 성취한다.
142 보다 구체적으로 설명하자면 견단삼결에서의 살가야견은 번뇌를 제거하거나 해탈을 증득하기를 원하지 않는 마음이다.
143 공성을 현량으로 깨닫는 선정 상태인 등인에 머물면 의식은 오직 공성만을 소

번뇌가 하나 늘면 큰 고통이 있고, 번뇌를 하나 끊으면 큰 안락이 있으므로, 두 가지의 번뇌를 끊어버리면 더 큰 안락이 있다. 만일 모든 번뇌를 끊어버린다면 비할 바 없는 안락을 얻을 것이다. 그러므로 가행도 이하 범부의 안락을 모두 합쳐도 분별번뇌장과 분별소지장을 끊은 견도의 보살의 안락에는 터럭만큼도 미치지 못한다.

견도에서 무간도는 공성을 현량으로 깨닫는 상태로 이 때부터의 보살은 삼보 중의 승보에 해당되지만, 자량도와 가행도의 보살은 아직 승보에 편입할 수 없다.144 성문·연각승 또한 견도 이상 되어야 승보에 들어간다.

어떤 이는 승보가 무엇인지 명확하게 모른다. 한번은 사귀의(四歸依)145에 대해 설명할 때 어떤 제자가 "스승님, 저는 '스승께 귀의합니다', '부처님께 귀의합니다.', '법에 귀의합니다.'는 문제가 없지만 '승가에 귀의합니다.'는 어렵다고 생각합니다."라고 하였다. 내가 그 연유를 묻자 그가 대답하기를 "지금 가짜 승려가 너무 많습니다."라고 하였다.

우리는 '승가에 귀의합니다.' 할 때의 귀의 대상은 보통의 평범한

연하여 공성에 머물기 때문에 그 어떤 미세한 소지장조차도 현현하지 않는다. 등인에는 무간도뿐만 아니라 해탈도도 있기 때문에 해탈도에서도 구생소지장은 존재하지 않는다.

144 승보는 '성자의 심상속을 지닌 모든 유정'에 해당하는데, '성자의 심상속'이란 '공성을 현량으로 깨달아 번뇌를 직접적으로 제거한 모든 성자들의 의식'을 의미한다. 따라서 가행도와 자량도의 보살은 공성을 현량으로 깨닫지 못하여 직접적으로 제거한 번뇌가 없기에 범부위의 보살이므로 승보에 해당되지 않는다.

145 4가지 귀의처로 스승(上師), 부처(佛), 법(法), 승가(僧)이다.

승려가 아니라 삼보의 승보라는 것을 이제 확실히 알아야 한다. 견도위에 이른 성자가 되어야 승보가 된다.[146] 견도 이하의 승려와 네 명 이상의 비구승의 회합을 승보라고 언급하긴 하지만, 진정한 의미의 승보는 아니다.

---

146 견도위 이상에 오른 출가수행자와 재가수행자 모두 해당된다.

2. 견도 해탈도(解脫道)

무간도에서 분별번뇌장과 분별소지장을 끊은 후 사마히따(等引)를 지속하여 공성에 머물러 있는 단계를 이르러 견도 해탈도라 한다.

견도 해탈도에도 지인십육찰나(智忍十六刹那) 중 후속 여덟 찰나가 있다. 고집멸도에 각각 두 찰나씩 있어서 총 여덟 찰나가 되는 것으로, 1)고법지(sdug bsṅal chos shes, 苦法智), 2)고류지(sdug bsṅal rjes shes, 苦類智), 3)집법지(kun abyuṅ chos shes, 集法智), 4)집류지(kun abyuṅ rjes shes, 集類智), 5)멸법지('gog pa chos shes, 滅法智), 6)멸류지('gog pa rjes shes, 滅類智), 7)도법지(lam chos shes, 道法智), 8)도류지(lam rjes shes, 道類智)이다.[147]

고성제의 공성에 입정한 후 고제에 집착하는 소지장에서 공성을 현전하여 해탈함으로써 고법지와 고류지를 증득한다.[148]

집성제의 공성에 입정한 후 집제에 집착하는 소지장에서 공성을 현전하여 해탈함으로써 집법지와 집류지를 증득한다.

멸성제의 공성에 입정한 후 멸제에 집착하는 소지장에서 공성을 현전하여 해탈함으로써 멸법지와 멸류지를 증득한다.

도성제의 공성에 입정한 후 도제에 집착하는 소지장에서 공성을 현전하여 해탈함으로써 도법지와 도류지를 증득한다.

---

147 이것은 무간도의 팔인(八忍) 이후에 전개되는 후속 찰나의 팔지(八智)이다.
148 공성을 현전하는 제1찰나는 무간도이며, 현전하여 해탈하는 제2찰나는 해탈도이다.

3. 견도 후득지(後得智)

견도위의 보살이 공성의 선정에서 출정한 후 제법을 꿈과 환영처럼 보고서 이러한 깨달음을 얻는 도[149]를 견도 후득지(rjes thob, 後得智)라고 한다. 견도 후득지 이후에 보살은 세속제의 공덕을 능히 수지하고 행할 수 있다.

---

149 여기에서 도는 '현관(現觀)으로 소연하는 것(mṅon rtogs su dmigs pa)'으로 3승(三乘)의 5도(五道) 각 위에 해당하는 식(識)을 의미한다.

4. 승의제(勝義諦)와 세속제(世俗諦)

불법은 윤회와 해탈 등을 포함하여 제법을 승의제(don dam bden pa, 勝義諦)와 세속제(kun rdzob bden pa, 世俗諦)라는 두 가지 차원의 진리로 나눈다.

'제(bden pa, 諦)'는 진리를 의미하며, 간략히 말해 승의제는 성자의 심소(心所)[150]에 의해 볼 수 있는 청정한 실상의 경계로 '공성'을 일컫는다. 세속제는 우리 범부가 갖추고 있는 오염된 심소에 의해 보고 경험하는 허망한 경계(戱論)로 '일체법'이 모두 세속제이다.

보살승의 견도에서는 공성의 등인에 진입하며 이러한 사마디에서는 공성인 승의제만 인식할 뿐 세속제의 희론은 멀리 여의었다.[151]

일체법은 모두 세속제이고 "불생불멸(不生不滅)"의 '불생'은 제법의 생(生)함에 자성이 없음을 의미한다. 즉, 보살승 견도의 사마디에서는 '생(生)함의 공성'인 '불생'만을 볼 수 있으며, 생함이 없기에 멸(滅)함도 보이지 않아 '불멸'이다.

이전에 설명했듯이 '자성(自性)'이라 함은 '상일자재(rtag gcig rań dbań can, 常一自在)'함을 의미한다. 영원하고 변하지 않는 것은 없다.

'상(rtag, 常)'은 영원불변의 의미이다. 사실 어떤 사물도 영원불멸하

---

150 공성을 지각하는 '지혜'는 오별경(yul ńes lńa, 五別境)에 해당하는 심소법(心所法)이다.
151 여기서 세속제를 멀리 여의었다는 것은 세속제가 조금도 현현하지 않기에 '멀리 여의었다.'라고 한다.
152 하나의 의식에서 승의제와 세속제가 동시에 현현할 수 없기에 승의제가 현전하면 세속제는 은몰(隱沒)하고, 세속제가 현전나면 승의제는 은몰한다.

게 생겨나는 것은 존재하지 않는다. 삶과 죽음은 모두 무상하고, 생명은 모두 무상하다. 그러므로 생함에는 자성이 없다.

'일(gcig, 一)'은 '단일'의 의미로, 생함이 단일이라면 그것이 분할될 수 있는 양(量)은 없어야 하지만, 생함에는 지, 수, 화, 풍으로 분할될 수 있는 양이 있기 때문에, '단일(一)'한 생함도 없고, '자재(raṅ dbaṅ can, 自在)한' 생함도 없다.

"더러움도 없고, 깨끗함도 없다(不垢不淨)."는 더러움(垢)이나 깨끗함(淨)에 자성이 없다는 의미이다. 견도 보살의 선정(等引)에서는 더러움과 깨끗함의 양상(行相)은 볼 수 없고, 오직 볼 수 있는 것은 더러움과 깨끗함의 공성 뿐이다. 일체 사물에는 모두 공성이 있으며 허공 역시 자신의 공성이 있고, 무상에도 자신의 공성이 있다. 등인에서는 오직 공성만을 볼 수 있고 세속제는 볼 수 없다. "증가함도 없고, 감소함도 없다(不增不減)."도 이와 같다. 요약하여 말하면, 보살의 등인은 세속제로부터 멀리 떨어져(離遠) 세속제를 볼 수 없다. 왜 그러한 것인가. 부처의 과위를 이루기 전에는 일체종지(rnam pa thams cad mkhyen pa, 一切種智)를 얻지 못하므로 승의제 또는 세속제 중 한 측면만 볼 수 있다. 세속제를 지각할 때 승의제를 볼 수 없고, 승의제를 볼 때 세속제를 볼 수 없다. 부처가 되어야만 두 가지 진리를 동시에 볼 수 있다. 지금 우리가 보고, 지각하는 것은 모두 세속제에 해당한다. 우리는 승의제를 깨닫지 못한 상태이다.

하지만 만약 승의제를 깨닫고 승의제의 선정인 등인에 이를 경우 세속제를 볼 수 없게 된다. 왜냐하면 승의제에 의해 세속제의 희론을 여의기 때문이다. 세속제를 볼 수 없다는 것은 세속제가 존재하지 않음을 의미하는 것이 아니다. 공성을 현증하는 선정에서는 공성을 지각하는 힘에 의해 세속제가 현전하지 않는다.[152] 견도 보살은 등인에서 출정하게 되면 세속제를 볼 수 있다. 선정에서 깨어나면 세속제 본래의 모습을 볼 수 있고, 이것은 마치 거울 속에 비춰진 사람의 영상처럼 전부 자성이 없지만 존재하는 것임을 말하며[153], 이로써 세속제도 하나의 진실한 법[154]이라고 할 수 있다.

---

[153] '거울에 비춰진 사람'의 비유는 다음과 같다. 사람의 영상이 '사람으로 존재하지 않는 것'은 '자성이 없다'는 것을 비유하고, 사람의 영상은 없는 것이 아니라 '영상으로 존재한다'는 것은 '존재함'을 비유한다.
[154] '진실한 법'이라 함은 '존재'하기 때문에 '법'이라 할 수 있다는 것을 의미한다. '토끼뿔'처럼 존재하지 않는 것은 '법'이라 할 수 없으며, '법'과 '존재함'은 동일한 본성을 지닌 동의어 관계이다.
또한 중관자립논증학파에서는 세속제를 '바른 세속제(yaṅ dag kun rdzob)'와 '그릇된 세속제(log pa'i kun rdzob)'를 구별하여, 법으로서 존재하는 것을 '바른 세속제', 법으로서 존재하지 않는 것을 '그릇된 세속제'라고 한다.

5. 칠각지(七覺支)

견도위의 보살이 주요하게 닦는 경계가 칠각지(byaṅ chub yan lag bdun, 七覺支)이며, 일부 경전에 따라서는 '칠각분(七覺分)' 또는 '칠보리분(七菩堤分)'으로 번역되기도 한다. 칠각지는 1)염각지(念覺支), 2)택법각지(擇法覺支), 3)정진각지(精進覺支), 4)희각지(喜覺支), 5)경안각지(輕安覺支), 6)정각지(定覺支), 7)사각지(捨覺支)이다.

1) 염각지(dran pa yaṅ dag byaṅ chub kyi yan lag, 念覺支)
이후의 다른 각지를 소연경으로서 흔들리지 않게(不動) 고정시켜 불망(不忘)을 유지시키는 각지이다.
염각지는 혼침을 대치하는 각지인데, 마음이 혼미할 때(昏) 일으켜 주고, 침잠되어 있을 때(沈) 각성케 한다.

2) 택법각지(chos rab tu rnam 'byed yaṅ dag byaṅ chub kyi yan lag, 擇法覺支)
견도에 진입하면 공성을 온전히 깨닫게 되고, 보다 깊은 지혜를 얻어 장애를 제거할 수 있다.[155]

---

155 '보다 깊은 지혜'를 얻는다는 것은 성자의 등인으로 인하여 이생(異生)의 지혜와는 차별이 생겨나기에 '보다 깊은 지혜'를 얻는다고 한 것이다.
'장애를 제거'한다는 것은 2가지 장애(번뇌장과 소지장)를 제거한다는 것으로 이것은 자립논증학파의 견해에 기인한다.

3) 정진각지(brtson 'grus yaṅ dag byaṅ chub kyi yan lag, 精進覺支)

이 각지의 정진력은 보살의 지위를 부단히 향상시킨다. 우리 범부는 성불하기까지 무수한 시간이 걸리고 광대한 복덕을 쌓아야 하기에, 그것을 보고서 도저히 이룰 수 없을 것 같다고 여기는 게으름에 빠지곤 한다.[156]

그러나 보살은 그렇지 않다. 우주의 무수한 모래에서 그 한 톨을 하루로 계산하여도 삼십 일은 한 달, 열두 달은 일 년이다. 이러한 모래 수만큼의 무수한 시간을 거쳐야만 비로소 부처가 될 수 있다. 이에 보살 또한 응당 게으름 없이 정진하기에 그들의 신심은 부처의 과위에 이를 때까지 오직 불퇴전으로 일관할 뿐이다.

4) 희각지(dga' ba yaṅ dag byaṅ chub kyi yan lag, 喜覺支)

희각지에 이르면 일체법을 행하는 것이 즐겁다. 견도에 이른 보살은 자신의 신체를 기꺼이 보시할 수 있다. 이 때 그의 손이 베어져도 그는 기쁨을 잃지 않으며 그 어떤 불행함도 그에게는 존재하지 않는다. 견도에 이르지 못한 범부의 보살은 자신의 신체를 보시할 수 없는데 아직 희각지를 얻지 못하여 고통의 속박에서 벗어나지 못했기 때문이다. 자신의 신체를 보시한 이가 고통을 느낄 때 신체의 보시를 후회하게 되고 그로 인하여 보시의 공덕을 잃어버려 결국 자신의 신체를 헛되이 낭비한 결과로 이어지게 된다.

---

156 정진의 이품(mi mthun phyogs, 異品)인 나태(le lo, 懈怠)에 1)악행을 탐하는 나태(bya ba ṅan zhen gyi le lo), 2)선법을 미루는 나태(sgyid lug pa' i le lo), 3)자신을 폄훼하는 나태(raṅ la brnyas pa' i le lo) 이 3가지 중에서 3)자신의 폄훼하는 나태가 이에 해당한다.

어느 날 아띠샤 존자께서 거리에서 괴병을 앓고 있는 어떤 한 사람을 보고서 그를 구하고자 하였다. 환자가 말하기를 "저의 병은 치료할 수 없어서, 의사가 인육을 먹어야만 치료가 된다고 하였습니다."라고 하였다. 이 때 존자께서 '내 자신을 희생하여 중생을 구할 수 있는 기회'라고 생각하시고 자신의 몸에서 살 한덩이를 잘라 그에게 보시하셨고 살이 베이는 통증에 기절하셨다. 아띠샤 존자께서 깨어나신 후 병자가 호전된 것을 보고서 기뻐하셨으며 자신의 보시가 병자에게 큰 도움이 되었다고 생각하셨다. 이처럼 아띠샤 존자님과 같은 대성취자들은 자신의 신체를 온전히 보시할 수 있지만, 범부들은 신체를 보시한 후에 대부분 후회하게 되므로 가벼이 신체를 보시해서는 안된다.

중국의 어떤 이는 손가락을 태워 불전에 공양을 올렸는데 만약 그 공양을 후회하지 않는다면 그와 같은 행위를 할 수는 있다. 그러나 금강승에서는 손가락에 수많은 맥풍(rtsa rluṅ, 脈風)이 연결되어 있기 때문에 그러한 행위를 결코 해서는 안된다고 한다. 이종차제 수습 시 온몸의 맥관과 풍이 필요하기 때문에 작은 상처에도 장애가 발생할 수 있다. 금강승 수행에서는 우리의 신체를 부정(不淨)의 대상이 아니라 성취를 이루는 바탕으로 보기에 신체를 손상시키지 말고 잘 보전해야 한다.

5) 경안각지(shin sbyaṅs yaṅ dag byaṅ chub kyi yan lag, 輕安覺支)

견도에 이른 보살은 몸이 매우 가벼워진다. 몇몇의 성자 보살은 심지어 허공을 날 수 있을 정도가 되기도 한다. 허공을 날 수 있다고 하여 반드시 견도위에 도달해야 함은 아니다. 내도뿐만 아니라 일부 외도에도 이런 신통이 있으며, 또한 진언이나 부적 등에 의지해 허공

을 날 수도 있다. 여기서는 단지 경안각지를 얻은 보살만을 말한다.157

6) 정각지(tiṅ ṅe 'dzin gyi yaṅ dag byaṅ chub kyi yan lag, 定覺支)

견도위 보살이 등인에 머물 때 자신의 서원과 깨달음의 위신력158 외에 정세간(snod kyi 'jig rten, 情世間)의 중생과 기세간(bcud kyi 'jig rten, 器世間)의 세계 그 모든 것도 그를 방해할 수 없다. 마음이 하나의 경계에 머무는 상태로 산란이 없어 번뇌와 망상이 일어나지 않는다.

7) 사각지(btaṅ snyoms yaṅ dag byaṅ chub kyi yan lag, 捨覺支)

일체의 차별상(差別相)을 버리고, 모든 대상을 평등하게 대하며, 마음이 한쪽에 치우치지 않는 것을 의미한다. 견도위 보살이 등인에 이르면 지극한 환희에 머무르게 되지만159, 그는 이러한 환희를 포기하며 그 어떠한 희열도 탐하지 않는다.

견도 보살의 칠각지는 전륜성왕의 칠보(七寶)와 같다. 염각지는 금륜보(金輪寶)와 같아서 아직 끊어지지 않은 장애를 대치하고, 택법각지는 백상보(白象寶)와 같아서 적론자(敵論者)의 망분별(妄分別)을 배격하며, 정진각지는 감마보(紺馬寶)와 같아서 모든 일을 신속히 성취시킨

---

157 심지어 내도에서조차 근주정(近住定)에 이른 범부의 수행자도 허공을 날 수 있는 경우가 있다. 이것은 경안의 힘에 의한 것인데, 경안은 선정의 본정(本定)을 완전히 성취하지 못한 근주정의 수행자에게서도 일어나기에 때문에 가능한 것이다.
158 '서원의 힘'은 '이타(利他)를 성취하는 힘'이며, '깨달음의 힘'은 '자리(自利)를 성취하는 힘'이다.
159 따라서 견도위 보살의 지위인 초지(初地)를 환희지(歡喜地)라 이른다.

다. 희각지는 마니주보(末尼珠寶)와 같아서 수행자에게 법의 희열을 가득 채우고 마음에서 원하는 바를 뜻하는 대로 성취시킨다. 경안각지는 마치 옥녀보(玉女寶)와 같아서 수행자의 몸과 마음을 기쁨으로 채워준다. 정각지는 마치 주병신보(主兵臣寶)와 같아서 수행자에게 공덕이 자재하고 양연(良緣)이 뜻하는 바대로 일어난다. 사각지는 주장신보(主藏臣寶)와 같아서 수행자가 탐착을 일으키지 않고 마음에서 생각하는 것들이 이루어진다.

6. 견도 보살의 공덕

　보살은 견도위에 도달하고서 부처님을 볼 수 있는데 불신(佛身)의 본유(mṅon dus kyi srid pa, 本有)는 '지혜의 광명'이므로 견도에 이르기 전에는 육안으로 부처님이 보이지 않는다. 견도위 이상의 보살은 부처님의 32상 80종호의 장엄상(莊嚴相)인 보신을 볼 수 있다.
　보살은 견도위에 도달하고서 부처님의 정토로 천이(遷移)할 수 있다. 정토로 천이하는 것은 반드시 견도에 도달해야 함은 아니다. 예전에 티베트에서는 금강승의 공행불모(mkha' 'gro ma, 空行佛母) 수행을 하였던 린포체 중에 육신 그대로 정토에 천이한 경우도 있었지만 그들이 견도에 이른 것은 아니었다.
　견도의 보살은 찰나의 가지(加持)를 백겁으로, 백겁의 가지를 찰나로 변화시킬 수 있다. 이는 매우 희유하고 범부로서는 부사의한 것이다.

　예전에 라싸의 쎄라(se ra) 사원에 16세의 젊은 승려가 있었는데 드레풍(데붕)('bras spuṅ) 사원의 뒷산에서 쇠똥을 찾아 불을 피웠다. 당시 많은 수행자들 드레풍 사원 뒷산의 동굴에서 수행하였는데 어린 승려가 쇠똥을 찾았을 때 한 노승이 동굴에서 나와 어린 승려에게 차를 마시라고 불렀다. 그들은 우유차를 마시며 하루종일 수다를 떨었고 해 질 무렵이 되자 어린 승려는 "오늘은 당신과 얘기하느라 쇠똥을 줍지 못해 이만 돌아가야합니다."라고 말했다. 그러자 노승이 "네가 지금 어디로 돌아간다고?" 되묻자, "저는 쎄라 사원으로 돌아가요."라고 대답하였다. 노승은 "쎄라 사원에는 너의 집이 없어."라고 하자 "어떻게 제 집이 없을 수 있나요, 저는 돌아가야해요."라고 대답하였고, 노승은 다시 "차라리 여기서 살거라. 이미 오랜 시간이 지났어. 쎄라 사원엔 너의 집이 없어."라고 하였다. 어린 승려는 노승이 무슨 말을 하는지 이해하지 못한 채 쎄라 사원으로 돌아갔다. 어린 승려가 쎄라 사원으로 돌아왔을 때 사원 전체가 변한 것을 발견하였다. 그는 너무 기이하다고 생각했다. 그리고 집에 돌아왔을 때 아까 그 노승이 자기 집에 살고 있는 것을 발견하고 노승에게 "당신이 왜 제 집에 살고 있나요?"라고 물으니, 노승은 "여긴 내 집이야."라고 대답하여 서로 말다툼이 일어났다. 노승은 "나의 스승은 이 방에서 사셨어. 스승이 돌아가신 후에 이 방을 나에게 남기셨어. 이 방은 이미 백 년이 넘었어."라고 하자, 어린 승려는 "어떻게 그것이 가능해요? 나는 오늘 아침에 나가서 돌아왔는데."라고 대답하며 두 사람은 계속 말다툼을 이어 갔고. 다른 승려들은 그들이 다투는 소리를 신경쓰지 않았다. 116세의 한 노승이 이 사실을 듣고 "가서 한번 보자."고 하였다. 이 노승은 젊은 승려를 보고서 매우 놀랐다. 왜냐하면 동굴에서 온 노승과 젊은 승려는 동갑내기에 같은 지역 출신으로 함께 동반 출가하였던 좋은 벗이었기 때문이다. 116세의 노승은 어린 승려에게 말하였다. "백 년 전에 당신이 길을 잃었고, 쎄라 사원의 승려 모두 당신을 찾으러 떠났소. 당신을 보살펴 준 노승도 몇 년 동안 당신을 찾으러 갔었고, 결국 모두 당신이 어디에 있는지 모르고, 당신이 죽었다고 생각하여 당신을 위해 경을 읽고 천도하였소."

원래 드레풍 사원의 뒷산 동굴에 있던 이 노승은 대성취자 '도람빠 외쎌 도제'라 불렸고 그는 백년의 가지를 하루로 바꾸었다. 견도위 보살에 도달하고서 이러한 공덕이 있으므로, 한 순간의 가지를 백 년, 수 천년의 가지로 바꿀 수 있다. 견도 보살의 신통은 백 겁의 생멸을 볼 수 있다. 백 겁 전후의 세계가 어떻게 변하는지 확실하게 볼 수 있다.

견도위 보살은 한 찰나에 백 개의 화신을 나툴 수 있고, 백 명의 중생을 제도하며, 백 가지 법문을 설할 수 있고, 백 가지 다른 선정에 들 수 있으며, 만약 적멸에 들기 원치 않으면 백 겁을 세간에 머물 수 있다. 앞서 언급했던 대성취자 도람빠 외쎌 도제께서는 원적에 들지 않으셨다. 원적에 들지 않으셨기에 선연이 있는 이들은 이렇게 원적에 들지 않은 분들을 뵐 수 있을 것이다. 까담파의 '게셰 벤궁걀(dge bshes 'ban guṅ rgyal)'께서도 원적에 들지 않으셨는데 예전에 어떤 이는 이 선지식을 직접 뵌 적이 있었다. 견도 이상의 보살을 볼 수 있으려면 큰 복덕자량을 갖추어야 한다. 복덕자량 없이는 성자위의 보살을 만날 수 없고, 만나더라도 볼 수가 없다.

일전에 나는 내 제자인 소남 갸초와 함께 드레풍 사원 뒷산에 있는 '꾼켄 쟘양 셰바(kun mkhyen 'jam dbyaṅ bshad pa)'께서 폐관수행 하시던 동굴에 가서 절을 올린 적이 있다. 린포체께서는 그 동굴에서 32년간 폐관수행을 하셨다. 우리는 동굴 안에서 한 재가자를 만났는데 그는 자신의 이름을 '돌룽 따시'라고 하였다. 이 동굴에서 오랫동안 살았고 사귀의를 수천만번 염송하였다 한다. 나는 구들 위에 얇은 이불 하나만 있는 것을 보았다. 다른 것은 아무것도 없었고 그 생활과 처지가 몹시 고생스러워 보였다. 나는 이 동굴에서 육자진언 만 번을 염송하고서 사방을 향해 절을 올렸다. 그런 다음 우리는 앉아서 그와 대화를 나누었는데 그는 나에게 『남돌락짱(ram rim rnam grol lag bcaṅs, 掌中解脫論)』160이라는 경전 한 권을 주었다. 그는 이 경전을 인쇄하여 배포하면 중생에게 큰 이익을 가져다 줄거라 하였고, 나는 너무나 기쁜 마음으로 이 전적을 가슴에 품고 돌아갔다. 돌아와서 내가 스승이신 상뽀 라마께 이것에 대해 말씀을 드렸는데 그는 의아해하며 그 동굴은 비어있는 상태인데 이미 엊그제 갔다 왔다고 하셨다. 스승께서 이렇게 말씀하시는 것을 듣고서 나도 조금 이상하다고 느껴 다음 날 스님 한 명을 보내어 동굴을 확인하였다. 그는 돌아와서 "동굴에 아무도 없고, 그 어떤 흔적도 없어요."라고 하였다.

만약 그가 대성취자라면 우리는 평범한 모습으로 만나더라도 알아차리지 못했을 것이다. 나는 적정처로 돌아온 후 그 동굴 수행자가 건네주었던 '남돌락짱'을 인쇄하여 티베트 각지의 큰 스승들에게 보냈다. 현재도 티베트에서는 이런 일들이 왕왕 있는데, 앞서 설명했던 견도위 이상의 보살은 원적에 들지 않고 어디선가 머물고 계시다는 것이다. 그들에게는 어디에 있든 그곳이 정토이다.

---

160 『남돌락짱』은 14대 달라이라마의 수석 개인교사였던 용진 티장 린포체께서 저술한 도차제에 관한 논전이다.

제6장
보살 수도(修道)

"시고 공중무색 무수상행식 무안이비설신의 무색성향미촉법(是故 空中無色 無受想行識 無眼耳鼻舌身意 無色聲香味觸法)"

이 경문 구절의 드러난 의미로는 색수상행식 오온 모두 자성이 없다는 뜻이다. 수도 보살의 공성의 등인에는 승의제의 공성만 있을 뿐 세속제는 사라진다(隱沒). 그러므로 색, 수, 상, 행, 식이 없고, 안, 이, 비, 설, 신, 의가 없으며, 색, 성, 향, 미, 촉, 법도 없다.
숨겨진 의미로는 대승 보살의 '수도(sgom lam, 修道)'이다.

공성을 현량으로 깨닫는 찰나의 순간 견도에 진입한다. 보살은 견도에 머무는 시간이 조금은 길다. 왜냐하면 대승 보살은 많은 자량을 쌓아야하기 때문이고, 반면 성문승의 견도는 찰나에 지나간다. 견도의 보살은 구생소지장(俱生所知障)을 끊기 시작하면 동시에 수도로 진입한다.[161]

---

[161] 앞서 설명했듯 견도에서 번뇌장과 소지장을 동시에 끊는 것은 유식학파와 중관자립학파의 견해를 따르는 것이다. 특히 소지장이 분별과 구생 2종으로 나뉘는 것은 중관자립학파 중에서도 유가행자립학파의 견해를 따르는 것으로, 견도에서는 분별번뇌장과 분별소지장만이 존재하므로 구생의 장애를 끊기 시작하는 순간 수도에 진입한다.

1. 보살 수도(修道)

초지(初地)부터 10(十地) 보살이 수도에 속한다.[162] 그래서 초지 보살부터 10지 보살까지 각 다른 단계가 존재한다. 수도 단계에서는 구생번뇌장과 구생소지장을 끊어야 하며, 수도에서의 제거대상은 수소단(sgom spaṅ, 修所斷)은 대중소(大中小) 3가지 분류에서 다시 3가지 분류로, 마지막은 다시 2가지 분류로 하여 10가지 분류로 나눈다.

대(大)의 세 단계: 대대(大大), 대중(大中), 대소(大小)

중(中)의 세 단계: 중대(中大), 중중(中中), 중소(中小)

소(小)의 세 단계: 소대(小大), 소중(小中), 소소(小小)

그 중 가장 작은 소소(小小)는 다시 소소대(小小大)와 소소소(小小小)로 나뉜다.[163]

초지 보살: 대대(大大)[164]

2지 보살: 대중(大中)

3지 보살: 대소(大小)

4지 보살: 중대(中大)

---

162 초지에는 견도와 수도 2가지 모두 존재한다. 최초 수도의 무간도(無間道) 등인에서는 아직 초지의 단계이며 해탈도에 진입하는 순간 2지(二地)에 도달한다.
163 일반적으로 수소단은 9단계로 나누는데 이것은 해당 수도에 이르기 위해 제거해야 할 수소단을 기준으로 분류한 것이고, 여기에서 분류한 방식은 해당 수도에서 제거해야 할 수소단을 기준으로 하여 10단계로 나누었다.
164 초지 보살은 견도 전체와 수도 일부가 포함되어 있다. 견도 후득지에서 다시 무간도의 등인에 진입할 때 최초의 수소단을 제거하기 시작하는데, 수소단을 제거하기 시작했기 때문에 수도이지만, 아직 2지 이구지에는 이르지 못하였기 때문에 초지 환희지이다. 해탈도에 이르렀을 때 비로소 대대(大大)의 수소단을 완전히 제거하여 이구지에 이른다.

5지 보살: 중중(中中)
6지 보살: 중소(中小)
7지 보살: 소대(小大)
8지 보살: 소중(小中)
9지 보살: 소소대(小小大)
10지 보살: 소소소(小小小)[165]

견도 보살은 분별번뇌장과 분별소지장을 끊은 이후에 공성의 선정[166]에서 비로소 수도위에 오를 수 있다.

중관자립학파는 초지부터 10지 보살까지 등인의 선정 중에 해당 등위에 오를 수 있고, 10지 보살이 부처의 과위에 이르려 할 때도 등인의 선정[167]에서야 무상정각을 깨달을 수 있다고 주장한다. 또한 초지 보살은 견도에서 112가지 분별번뇌장과 108가지 분별소지장을 끊는다고 여긴다.

귀류논증학파의 관점에서 8지(八地) 이하는 번뇌장을 끊는 단계이고, 8지부터는 소지장을 끊는 단계이다.

보살 수도의 등인에는 무간도와 해탈도가 있다.
무간도에서 구생번뇌장과 구생소지장을 끊을 수 있다. 초지보살

---

165 9지 선혜지에서 소소대(小小大)를 제거하여 10지 법운지에 이르고, 법운지의 최후상속무간도(rgyun mtha' i bar chad med lam)에서 소소소(小小小)를 제거함으로써 부처의 과위에 이른다.
166 초지(初地) 최후의 무간도 등인이자, 최초 수도의 무간도 등인이다.
167 최후 상속의 무간도

부터 10지 보살까지 모두 수도위에 포함되는데, 초지 보살은 초지 견도 보살과 초지 수도 보살로 구분된다.

    십지(十地)의 각 단계에 오르는 보살은 특별히 십바라밀(十波羅蜜)인 보시(布施), 지계(持戒), 인욕(忍辱), 정진(精進), 선정(禪定), 반야(般若), 방편(方便), 원(願), 역(力), 지(智) 바라밀을 초지 보살부터 십지 보살까지 모두 닦아야 한다.

1) 초지 보살인 환희지(rab tu dga' ba'i sa, 歡喜地)에서는 십바라밀을 닦는 것 외에 보다 특별하게 보시바라밀(sbyin pa'i phar phyin, 布施波羅蜜)을 닦는 것이 요구된다.[168] 수행자가 초지 보살에 이르기 전에는 보시가 불가능한 부분이 있다. 예를 들면, 자신의 몸, 친자녀, 가까운 벗 등을 보시한다는 건 어떤 수행자들에게는 어려운 일이다. 초지에 들어선 이후부터 보살은 원하는대로 무엇이든 보시할 수 있으며, 보시에 후회하는 마음은 존재하지 않는다. 만일 초지 보살이 출가자라면 자신의 가사는 보시물에 포함시킬 수 없다.

2) 2지 보살인 이구지(dri ma med pa'i sa, 離垢地)에서는 십바라밀을 닦는 동시에 보다 특별하게 지계바라밀(thsul khrims kyi phar phyin, 持戒波羅蜜)을 닦는 것이 요구된다.[169] 보살이 2지에 들어서면 꿈에서조차 계

---

168 초지 보살의 경우 십바라밀 전체를 닦지만 그 중 보시바라밀이 특별히 수승하기에 그렇다.
169 2지 보살의 경우 초지 보살과 마찬가지로 십바라밀 중 보시바라밀 역시 특별히 수승하지만, 초지 보살에 비하여 지계바라밀이 특별히 수승하기 때문에 그러한 것이다. 이후의 3지 보살부터 10지 보살에 이르기까지 이러한 방식으로 해

율을 청정히 지킨다.[170]

3) 3지 보살인 발광지('od byad pa'i sa, 發光地)에서는 보다 특별하게 인욕바라밀(bzod pa'i phar phyin, 忍辱波羅蜜)을 닦는 것이 요구된다. 보살이 3지에 들어서면 인욕의 힘이 지극히 높아져서 가령 삼천대천세계의 일체 중생이 보살의 적이 되어 함께 그를 괴롭힐지라도 그는 결코 번민을 일으키지 않는다.

4) 4지 보살인 염혜지('od 'phro ba'i sa, 焰慧地)에서는 보다 특별하게 정진바라밀(brtson 'grus kyi phar phyin, 精進波羅蜜)을 닦는 것이 요구된다. 이 때 보살의 정진력은 특별하여 꿈에서조차 게으름(懈怠)에 떨어지지 않는다.

5) 5지 보살인 난승지(sbyan dka' ba'i sa, 難勝地)에서는 보다 특별하게 선정바라밀(bsam gtan gyi phar phyin, 禪定波羅蜜)을 닦는 것이 요구된다. 5지 보살은 일 찰나에 백만 가지의 다른 선정에 들고 날 수 있는데 이것은 대단히 부사의한 것이다.

6) 6지 보살인 현전지(mnon du rgyur ba'i sa, 現前地)에서는 보다 특별하게

당되는 각 바라밀에 특별히 수승하게 된다.
170 희구지에서 지계바라밀이 특별히 수승한 것에 대하여 『입중론(入中論)』에서는 "그러한 이치로 원만구족하게 공덕을 갖추었기에 꿈에서조차 범계(犯戒)의 염오(染汚)를 제거하였다.(de thsul phun thsogs yon tan dag ldan phyir/ rmi lam du yan 'chal khrims dri ma spans//)(2.1)" 라고 설하였다.

반야바라밀(phar phyin, 般若波羅蜜)을 닦는 것이 요구된다. 6지에 들어서면 보살의 지혜는 지극히 광대하여 이제(二諦)의 지혜는 점차 원만해지고 세속제(世俗諦)의 지혜는 아라한(阿羅漢)을 초월한다.

7) 7지 보살인 원행지(riṅ du soṅ ba'i sa, 遠行地)에서는 보다 특별하게 방편바라밀(thabs kyi phar phyin, 方便波羅蜜)을 닦는 것이 요구된다. 방편바라밀에는 두 가지가 있는데 중생을 제도하는 방편과 부처의 과위를 이루는 방편이다. 7지 이상의 보살은 중생을 제도함에 있어서 어려움이 없다. 왜냐하면 중생을 제도하는 데에 필요한 방편의 지혜와 법문을 두루 갖추고 있기 때문이다. 부처의 과위를 이루는 방편의 지혜는 크고 작은 선업을 쌓아서 모든 유정과 함께 나눔을 다하고, 무상정등각의 회향에 다하기에 그 복덕이 무궁무진하다.

8) 8지 보살인 부동지(mi g.yo ba'i sa, 不動地)에서는 보다 특별하게 원바라밀(smon lam gyi phar phyin, 願波羅蜜)을 닦는 것이 요구된다. 8지 일 때 원력은 부사의하고 대단히 희유하여 서원을 발하는대로 실현하는 것이 가능하다. 예를 들면 어떤 누군가의 바램이 이뤄지길 염원하면 그 원은 그에 상응하여 이루어진다.

9) 9지 보살인 선혜지(legs pa'i blo gros kyi sa, 善慧地)에서는 보다 특별하게 역바라밀(stobs kyi phar phyin, 力波羅蜜)을 닦는 것이 요구된다. 역바라밀은 자체의 광대함에 의해 다른 힘이 파괴할 수 없는 수승하고 현묘한 지혜이다.

10) 10지 보살인 법운지(chos kyi sprin gyi sa, 法雲地)에서는 보다 특별하게

지바라밀(ye shes kyi phar phyin, 智波羅蜜)을 닦는 것이 요구된다. 지바라밀은 모든 법이 공한 표상(空相)임을 요달한 것이다. 일체의 부처님과 여래께서 10지 보살에게 대광명 관정을 전수한 후, 10지 보살은 심신쌍운(sgyu 'od zuṅ 'jug, 心身雙運)을 수습하여 즉시 모든 법을 깨닫고 구경의 아뇩다라삼먁삼보리를 얻게 된다.

2. 팔정도(八正道)

수도위 초지에서부터 십지 보살에 이르기까지 등인에서 출정 이후에 닦는 단계가 후득지인데 이 때 수습 대상은 팔정도('phags lam yan lag brgyad, 八正道)이며 팔정도의 공능은 다음과 같다.

아직 이르지 못한 도는 이르게 하며, 이미 얻은 도는 더욱 원만구족케 한다.

팔정도는 정견(正見), 정사유(正思惟), 정어(正語), 정업(正業), 정명(正命), 정정진(正精進), 정념(正念), 정정(正定) 여덟 가지 이다.

1) 정견(yaṅ dag pa'i lta ba, 定見): 사성제(四聖諦)에 대한 올바른 견해를 갖춘다.

2) 정사유(yaṅ dag pa'i rtog pa, 正思惟): 정사(正思), 정지(正志)라고도 하며, 사성제 등의 불교의 가르침에 대한 올바른 이해와 사유를 한다.

3) 정어(yaṅ dag pa'i ṅag, 正語): 일체 불법의 이치에 맞지 않는 말을 하지 않는다. 부처님께서 설한 것과 같은 도리를 말한다.

4) 정업(yaṅ dag pa'i las kyi mtha', 正業): 청정하고 바른 직업에 몸을 담는다. 일체의 삿된 행위와 그릇된 행동을 끊는다.

5) 정명(yaṅ dag pa'i 'thso ba, 正命): 부처님의 가르침에 상응(相應)하는 청정한 삶, 공정한 삶, 법에 맞는 삶을 산다.

6) 정정진(yaṅ dag pa'i rtsol ba, 正精進): 열반에 이르는 도를 부지런히 정진하여 수습한다. 수도 보살은 불지(佛地)의 무주처열반(無住處涅槃)171을 추구한다. 수도위 이하의 보살의 마음에는 아직 다른 염오가 남아있는데 예를 들면 자량도 보살은 부처의 과위뿐만 아니라 오신통과 청정한 몸을 추구하기도 한다.

7) 정념(yaṅ dag pa'i dran pa, 正念): 사성제 등 불교의 진리를 명료하게 기억한다.

8) 정정(yaṅ dag pa'i tiṅ ṅe 'dzin, 正定): 바르게 선정을 닦는 것으로, 마음을 한 경계에 집중하여 선정 중 사성제의 이치를 관한다.

    팔정도의 소연경은 사성제이다. 등인에서 출정한 이후의 수습은 후득지에 의지해 팔정도를 닦는 것이다. 후득지에서는 제법을 환영과 같이 치환하는 방식을 수습하는데 그것은 다음과 같다. 수행자가 등인에서 출정한 이후 오근(五根)의 경계인 색성향미촉 오경(五境)을 지각할 때 그것이 환영과 같음을 보는 것이다.
    인무아를 관찰할 때 자신의 마음에서 만든 여러가지 '나'가 모두 환영과 같은 것처럼 최후에 존재하는 것은 오직 이름과 개념(名言)에서 가립된 '나'임을 알게 된다. 그 때 진실한 '나'는 결국 이러한 것

---

171 열반을 승(乘)에 의해 분류하면 대승 열반과 소승 열반으로 나뉘는데, 대승 열반은 무주처열반과 같은 의미이다.

이었음을 깨닫게 된다.[172] 그것은 비록 환영과 같지만 선업과 악업을 스스로 만들고, 그 업에서 비롯된 다양한 과보를 받는다. 그러므로 그와 관련된 다양한 연기법 또한 우리 모두 필히 이해하고 승인해야 할 것이다.

---

[172] 존재하는 모든 것은 오직 이름과 개념 뿐이라는 것은 중관귀류학파의 견해를 따른다. 중관귀류학파를 제외한 모든 불교 학파에선 자종만의 가립기반(gdags gzhi, 假立基盤)을 설정하는데 귀류중관학파는 그러한 가립기반조차 부정함으로써 오직 언어와 개념만 남게 되는 것이다.

3. 등지 보살(登地 菩薩)의 공덕

등지 보살의 공덕은 부사의하며, 그것을 세분화할 수 있다. 보살의 과위가 한 계제 오를 때마다 공덕은 천 이백 배 증가하는데, 초지 보살은 일 찰나에 열두 가지 종상(種相)으로 각각 백 배의 공덕이 증가한다. 백 명의 화신을 나투고, 각 화신마다 백 명의 보살 권속에 둘러싸여 있으며, 백 겁의 생멸을 볼 수 있고, 백 가지 세계를 진동시키며, 백 가지 삼매에 들 수 있고, 백 명의 부처님을 친견하며, 백 명의 부처님으로부터 가지를 입는다. 백 개의 불국토에 화현하며, 백 가지 정토에 방문하고, 백 가지 법문을 열며, 백 명의 중생에게 해탈의 기연을 성숙시키고, 세간에 백겁을 머물 수 있다.

열 두 가지 종상의 공덕을 각각 대조하면 2지 보살의 공덕은 천 배, 3지 보살은 십만 배, 4지 보살은 백 구지(bye ba, koṭi, 俱胝)[173], 5지 보살은 천 구지, 6지 보살은 십만 구지, 7지 보살은 십만 나유타(khrag khrig, nayuta, 那由他)[174], 8지 보살은 삼천대천 세계의 미진(微塵)의 수이고, 9지 보살은 삼천대천 세계의 백만 아승지(阿僧祇)의 미진의 수이며, 10지 보살은 불가설(brjod du med pa, 不可說)[175] 불국토의 불가설 미진의 수이다.

---

173 구지는 10의 7승(乘)으로 천 만을 뜻한다.
174 나유타는 10의 11승으로 천 억을 뜻한다.
175 불가설은 말로 표현할 수 없을 만큼의 무한한 수의 단위이다.

우리들은 업과 번뇌가 두텁지만 지금은 오도(五道)를 이해하게 되었다. 이 때 보살의 공덕을 수희(隨喜)하여 조금씩 마음을 일으키면(發心) 큰 복덕을 쌓을 수 있다. 예를 들어 이전에는 금강수보살(phyag na rdo rje, 金剛手菩薩)176을 마음에서 떠올려보면 그저 어렴풋한 모습만 그려질 뿐 어떠한 공덕과 위신력을 갖추었는지 알지 못했다. 하지만 이제는 마음에서 구체적으로 떠올릴 수 있다. 금강수보살의 공덕과 위신력이 어떠한가? 일 찰나의 시간에 삼계의 모래 수만큼의 부처님을 친견하고, 일 찰나에 그만큼의 부처님 정토에 들어갈 수 있으며, 일 찰나에 그만큼의 법문을 설하실 수 있다는 것을 깨닫는 것이 중요하다.

초지에서 10지 보살은 본디 백천 겁 동안 정토에 머무를 수 있지만 어떤 보살은 때때로 세간 삼계에 환신할 수도 있는데 중생을 제도하고자 하는 서원으로 환생하는 것이다. 만약 등지 보살이 삼계에 환생한다면 인간계와 천신계의 왕(主宰者)으로 태어난다. 초지 보살은 철륜왕(lcags kyi 'khor lo can, 鐵輪王)177으로, 2지 보살은 금륜왕(gser gyi 'khor lo can, 金輪王)178으로, 3지 보살은 제석천왕(brgya byin, 帝釋天王)179으로, 4지 보살은 야마천왕(夜摩天王)180으로, 5지 보살은 도솔천왕(兜率天王)181

---

176 한역불교에선 흔히 '대세지보살(mthu chen thob, 大勢至菩薩)'이라고 하는데, 티베트불교에서는 '금강수보살'이라는 명칭을 주로 사용한다.
177 철륜왕은 남섬부주(南贍部州)를 지배한다.
178 금륜왕은 사대부주(四大部洲)를 지배한다.
179 인드라신이라고도 하며 육욕천(六欲天) 중 두 번째 단계인 삼십삼천(三十三天)을 주재하는 천신이다.

으로, 6지 보살은 화락천왕(化樂天王)¹⁸²으로, 7지 보살은 타화자재천왕(他化自在天王)¹⁸³으로, 8지 보살은 소천세계(小千世界)¹⁸⁴의 범천왕(tshaṅ chen, 梵天王)으로, 9지 보살은 중천세계(中千世界)¹⁸⁵의 범천왕(梵天王)으로, 10지 보살은 대자재천왕(dbaṅ phyug chen po, 大自在天王)으로 태어날 수 있다.

예를 들면 티베트에서는 송쩬감뽀(sroṅ btsan sgam po) 법왕은 관세음보살의 화신이고, 티송데우쩬(khri sroṅ de'u btsan) 법왕은 문수보살의 화신이며, 티렐빠쩬(khri ral pa can) 법왕은 금강수보살의 화신이라고 널리 알려져 있다.¹⁸⁶ 이러한 보살들이 티베트인이 되어야 티베트인을 제도할 수 있으며, 이는 불보살께서 중생을 제도하는 하나의 방편이기도 하다.

청나라의 몇몇 황제들도 보살의 화신인 경우가 있다. 예전에 티베트에 룽똑 린포체라는 고승이 있었는데 그는 다음 생에 황제로 태어

---

180 육욕천 중 세 번째 단계인 야마천을 주재하는 천신이다.
181 육욕천 중 네 번째 단계인 도솔천을 주재하는 천신이다.
182 육욕천 중 다섯 번째 단계인 화락천을 주재하는 천신이다.
183 육욕천 중 여섯 번째 단계인 타화자재천을 주재하는 천신이다.
184 사대부주, 해와 달, 수미산(須彌山), 육욕천, 초선범천(初禪梵天)까지의 세계의 수 일천(一千)을 이른다.
185 소천세계의 수 일천을 이른다.
186 티베트에서는 이 3명의 왕을 3대 법왕이라고 이른다. 한국 불교와 관련해서는 특별히 송쩬감뽀 법왕과 인연이 있는데 송쩬감뽀 법왕이 저술한 것으로 알려진 『마니까붐(ma ni bka''bum)』이 고려시대에 원나라를 통해 한국에 전해졌다. 『마니까붐』은 관세음보살의 본존요가 성취법, 티베트 역사, 송쩬감뽀 법왕의 유언 등이 들어있는 보장(寶藏)으로, 이것은 오늘날까지도 한국 불교에서 널리 독송되는 천수경(千手經)의 육자진언(六字眞言)인 '옴마니반메훔' 등으로 그 흔적이 남아있다.

나서 중생을 더 쉽게 제도하길 원했다. 입적에 이르렀을 때 그는 신통으로 관찰하였더니 이미 몇 명의 보살들이 황위를 기다리고 있는 것을 보고서 자신이 황제가 될 수 없는 것을 알고 더 이상 황제가 되려는 마음을 일으키지 않았다.

보살이 황제가 되는 것은 중생을 제도하기 위한 방편이다. 마(魔)도 황위를 얻고자 다투기 때문에 황제가 된 이들 중엔 보살도 있었고 마도 있었다. 원력이 누구보다 강하고 복덕도 누구보다 큰 중생만이 황제가 될 수 있다. 보살은 범부가 가늠할 수 없는 큰 꿈을 꾼다. 예를 들면 초지보살은 사자좌에 올라 육도 중생을 제도하는 꿈을 꾸고, 2지 보살은 무수한 불국토(刹土)에서 무수한 부처님을 친견하고 무수한 신통이 드러나는 꿈을 꾼다.

수도위의 초지부터 10지에 이르기까지 등인의 선정 중에는 공성에 있어서 차이가 없지만 등인에서 출정한 이후의 후득지에서는 차별이 있다. 10지 보살의 마지막 단계인 금강유정(rdo rje lta bu'i tiṅ ṅe 'dzin, 金剛喩定)에서는 모든 장애를 끊을 수 있고 극히 미세한 번뇌장과 소지장이 모두 끊어지기 때문에 두 장애를 끊고서 무간(無間)으로 무학도에 진입하여 부처를 이룬다. 이렇게 일체종지(一切種智)와 사종법신(sku bzhi, 四種法身)을 성취한다.

현교에서 닦는 보살도는 그 길이 더디므로 삼대아승지겁의 자량을 쌓아야 부처가 될 수 있다. 만약 현교의 토대 위에서 밀교를 닦으면 불과의 성취는 보다 신속할 것이다. 밀교의 생기차제(生起次第)를 행할 때 생유(生有), 사유(死有), 중유(中有)의 삼유(三有)에서 부처의 삼신(三身)으로 변화할 수 있다. 특히 원만차제(圓滿次第)를 행할 때 신체의 맥(rtsa, 脈), 풍(rluṅ, 風), 명점(thig le, 明點)을 닦는 것이 요구되는데 신체의 모든 풍을 아와두띠(rtsa dbu ma, avadhūtī) 안으로 융입시켜 아와두띠의 맥결(rtsa 'khor gyi mdud pa, 脈結)을 열고, 맥결을 열게 되면 매우 빠르게 수행을 성취할 수 있기 때문에 밀교에서는 이 몸으로 곧 부처를 이룰 수 있는 것(thse gcig lus gcig la saṅs rgyas pa, 卽身成佛)이다.

사념주, 사정단, 사신족, 오력, 오력, 칠각지, 팔정도를 합하여 삼십칠조도품(byaṅ phyogs so bdun, 三十七助道品)[187]이라고 한다. 삼십칠조도품은 대승과 성문·연각승 공통의 도이며 대승의 부처를 이루기 위해 삼십칠조도품을 닦아야 한다. 성문·연각승의 아라한과 일지라도 삼십칠조도품을 닦아야 하는데 다만 성문·연각승에서 닦는 것과 대승에서 닦는 것에는 큰 차이가 존재한다.

---

187 37보리분법(三十七菩堤分法)이라고도 한다.

제7장
유학도(有學道)

성문·연각승의 오도(五道)와 보살도를 유학도(slob lam, 有學道)라 한다. 번뇌장을 완전히 제거한 측면에서만 보면 성문·연각승의 무학도에서는 더 이상 닦을 필요가 없기에 무학도(mi slob lam, 無學道)라고 할 수 있다. 그러나 두 가지 장애를 모두 제거하는 측면에서 보면 이 때의 성문·연각승의 수행자들은 아직 소지장을 끊지 못하였고 부처를 이루지 못하였기 때문에, 소지장을 끊고 부처의 과위를 얻기 위해서는 부단히 배우며 닦아야 하므로 유학도가 있다고 한다.

제1절 십팔계(十八界)

"무안계 내지 무의식계(無眼界 乃至 無意識界)"

이 경문의 구절은 십팔계(khams bco brgyad, 十八界) 수행을 일컫는 것이다. 안이비설신의(眼耳鼻舌身意) 육근(dbaṅ po drug, 六根)[188]이 색성향미촉법(色聲香味觸法) 외계의 육경(六境)을 만나면 안이비설신의 내계의 육식(六識)이 일어난다. 육근, 육경, 육식을 합하여 십팔계(十八界)라고 한다.

십팔계 수행은 특별한 수습법이다. 안근(眼根)이 아름다운 대상을 볼 때 탐욕의 마음이 일어나지 않도록 주의해야 한다. 마주하고 싶

---

188 육입(skye mched drug, 六入)이라고도 한다.

지 않은 대상을 보거나 자신이 싫어하는 사람을 볼 때 증오의 마음이 일어나지 않도록 주의해야 한다. 평범한(無記) 대상을 볼 때 어리석은 마음이 일어나지 않도록 주의해야 하고, 평범한 사람을 볼 때 애써 외면하거나 보고도 못 본 척 하는 이러한 마음 상태를 '우치(愚癡)'라고 한다.

마찬가지로 이근(耳根)이 다른 이의 찬탄을 들을 때 탐욕을 일으키지 않도록 하고, 욕설을 들을 때 증오를 일으키지 않도록 해야 한다. 비근(鼻根)이 더러운 악취를 맡더라도 혐오를 일으키지 않도록 하고, 아름다운 향기를 맡더라도 탐욕을 일으키지 않도록 해야 한다. 설근(舌根)이 맛있는 음식을 맛보아도 탐욕을 일으키지 않도록 하고, 맛없는 음식을 먹더라도 혐오를 일으키지 않도록 해야 한다. 신근(身根)이 안락(安樂)의 대상과 접촉하더라도 탐욕을 일으키지 않도록 하고, 불편한 대상과 접촉하더라도 혐오를 일으키지 않도록 해야 한다. 십팔계의 수행은 대략 이 정도로 설명할 수 있다.

제2절 십이연기(十二緣起)

"무무명 역무무명진 내지 무노사 역무노사진(無無明 亦無無明盡 乃至 無老死 亦無老死盡)"

이 경문의 구절은 십이연기(rten abrel yan lag bcu gnyis, 十二支緣起)에 대한 설명이다. 성문, 연각, 보살 삼승은 모두 십이연기를 수습하고, 성문 승은 사성제 법문에 의지하여 구경에 이르는 것이 일반적이나 십이연기를 닦아서 아라한과를 증득하는 경우도 있다. 보살승 역시 십이연기를 닦을 수 있다. 삼승에서 십이연기를 주로 수습하여 해탈에 이르는 길은 연각승으로, 십이연기를 응축하여 설한 것이 연각 오도(五道)이다.

십이연기는 무명(無明), 행(行), 식(識), 명색(名色), 육입(六入), 촉(觸), 수(受), 애(愛), 취(取), 유(有), 생(生), 노사(老死)이다.

무명, 행은 전생의 번뇌와 업이고, 식, 명색, 육입, 촉, 수, 애, 취, 유, 생, 노사는 금생의 번뇌와 업, 생, 노사는 내생으로 삼세(三世)에 대한 요약은 이러하다.

십이연기는 "첫 번째(無明), 여덟 번째(愛), 아홉 번째(取)는 번뇌이고, 행(行), 유(有)는 업이므로, 나머지 일곱 가지(識, 名色, 六入, 觸, 受, 生, 老死)는 고통(結果)[189]이다. 열두 가지 법은 이렇게 세 가지로 포섭된다."[190]

---

[189] 원인과 결과 두 가지로 십이연기를 분류하면 업과 번뇌는 원인이고 그것에서 비롯된 고통은 결과가 된다.

라고 설한 바와 같이 번뇌, 업, 고(苦)로 포섭되고, 십이연기를 이해하면 중생이 어떻게 윤회하는지 알게 된다.

1. 무명(無明): 무명 번뇌는 아집으로, 아집에는 분별아집과 구생아집이 있다.

2. 행(行): 행은 업(業)으로, 그것은 윤회의 원인이다. 육도 윤회에서 해탈의 원인을 제외한 다른 업과 복덕[191] 등은 모두 행이다.

3. 식(識): 선, 악업에 물든 마음을 식이라 부른다. 청정한 마음은 식이라 하지 않는다.

4. 명색(名色): 식이 입태(入胎)하고 나서 육입 이전까지로 그 형태가 갖추어지지 못한 단계이다. 입태에는 '업력에 의한 입태(las kyi dbaṅ gis skye ba)'와 '서원력에 의한 입태(smon lam gyi dbaṅ gis skye ba)'로 나뉘는데 이 둘에는 큰 차이가 있다.[192] 더러움에 물든(垢染)[193] 마음은 업력에 의해 입태하고, 청정한 마음은 서원력에 의해 입태한

---

190 Tib: daṅ po brgyad pa dgu nyon moṅs/ gnyis pa bcu pa las yin te/ lhag ma bdun ni sdug bsṅal yin// bcu gnyis chos ni gsum du 'dus//
  용수 보살의 『연기심송(rten 'brel snyiṅ po, Pratītyasamutpāda, 緣起心頌)』

191 선업에는 유루선업(有漏善業)과 무루선업(無漏善業)이 있는데 유루선업이 이에 해당한다.

192 이외에도 '선정력에 의한 입태(tiṅ ṅe 'dzin gyi dbaṅ gis skye ba)'와 '자재력에 의한 입태(dbaṅ 'byor ba'I dbaṅ gis skye ba)'가 있다.

193 '더러움에 물들다(垢染, 染汚).'라는 표현은 '번뇌에 물들다.'와 같은 의미이다.

다. 예를 들어 보살은 범부의 모습으로 화현하여 중생을 제도하는데, 그것은 바로 서원력에 의해 입태하는 것이다.[194]

5. 육입(六入): 태중에서 안이비설신의 육근이 형성되는 단계이므로 '육입'이라 한다.

6. 촉(觸): 출태(出胎) 후, 육입이 여섯 가지 경계(六境)를 접촉하는 것을 '촉'이라 한다.

7. 수(受): 여섯 가지 경계를 접촉하면 감수(感受) 작용이 생기는데 이를 '수'라 한다.

8. 애(愛): 감수 작용에서 고통(苦)과 즐거움(樂)의 분별이 일어나는데, 그 때 즐거움을 택하여 그것을 향유하는 것을 '애'라 한다.

9. 취(取): 즐거움의 감수 작용(樂受)의 향유가 지속되기를 추구하는 것을 '취'라 한다. 사람은 두세 살부터 '애(愛)'의 지속적인 향유를 추구할 수 있다.

10. '애'의 지속적인 향유를 추구하는 과정에서 업(業)을 발생시키는데 이것을 '유'라 한다. '유(有)'와 '행(行)' 모두 업에 해당하는데, '행'은 전생의 업이고 '유'는 금생의 업이다.

---

194 서원력은 초지와 2지에 해당하고, 3지부터 7지까지는 선정력, 삼정지(三淨地)는 자재력으로 입태한다.

11. 생(生): 육도를 윤회하며 거듭 태어나는 것을 '생'이라 한다.

12. 노사(老死): 유정은 태어나는 순간부터 늙어가는 과정으로 변화해 가며 죽음에 이른다. 이것을 '노사(老死)'라 한다.

연각 아라한이 수행할 때 그들은 십이연기법을 사유한다. 무덤 속 백골을 바라보며 그들은 다음과 같이 사유한다.

"이 백골은 어디에서 온 것인가? 뼈가 있다는 것은 누군가가 죽었기 때문이다. 그렇다면 죽음은 어디에서 왔는가? 사람은 태어나는 순간 점점 늙어가며 죽음을 맞이한다."

그런 다음, 계속 사유한다.

"태어남은 어디에서 왔는가? 사람은 왜 태어나는가? 어떻게 태어나는가?"라고 생각하면서 의식, 즉 전생의 마음인 '식(識)' 때문이라는 결론에 이를 것이다.

'식'이 입태하면 '명색'이 되고, 태중에서 육근이 갖춰지면 '육입'이 된다. 출태 후 육입이 여섯 가지 대상(六境)을 만나면 '촉'이 발생하고, 그것에 대한 감수가 일어나면 '수'가 되는 것이다. '촉'에 대한 감수 작용은 차별을 일으켜서 쾌락(樂受)을 좋아하고 고통(苦受)을 싫어하면 '애'이다. 쾌락에 대한 탐착이 일어나 끊임없이 그것을 추구해가면 이것이 '취'이다. 그것을 추구해가는 과정 속에 거듭하여 업을 일으키는 것이 '유', 그 업이 마음을 혼탁하게 물들여 '식'이 된다. 죽음에 이르러 생유(生有)를 이끄는 인업('phen byed kyi las, 引業)[195]이 염오의 '식'을 따라서 입태하면 '생'으로, 선업을 지으면 삼선도에 들어가고, 악업을 지으면 삼악도에 들어간다. 태어난 이후엔 반드시 죽음을 맞이하게 되는데, 그것을 '노사'라고 부른다. '노'와 '사'를

분리하지 않은 이유는 반드시 노화 이후에 죽음을 맞이하는 것은 아니기 때문이다.196

 십이연기는 역으로 추론(反推)하여 사유해 볼 수 있다. '노사'는 '생'으로부터 왔고, '생'은 '유'에서 왔고, '유'는 '취'에서 왔고, '취'는 '애'에서 왔고, '애'는 '수'에서 왔고, '수'는 '촉'에서 왔고, '촉'은 '육입'에서 왔고, '육입'은 '명색'에서 왔고, '명색'은 '식'에서 왔고, '식'은 '행'에서 왔고, '행'은 '업'에서 왔다. '업'은 어디에서 왔는가? '무명'의 번뇌에서 온 것이다. 이렇게 역으로 추론하여 그 이치를 알 수 있다.

 '무명'의 번뇌가 끊어지면 '행'이 끊어지고, '행'이 끊어지면 '식'이 끊어지고, '식'이 끊어지면 '명색'이 끊어지고, '명색'이 끊어지면 '육입'이 끊어지고, '육입'이 끊어지면 '촉'이 끊어지고, '촉'이 끊어지면 '수'가 끊어지고, '수'가 끊어지면 '애'가 끊어지고, '애'가 끊어지면 '취'가 끊어지고, '취'가 끊어지면 '유'가 끊어지고, '유'가 끊어지면 '생'이 끊어지고, '생'이 끊어지면 '노사'가 끊어지면 '윤회'가 끊어지므로, 이것이 '해탈'이다.

 그래서 최초의 '무명'이 끊어지면 그 뒤의 연기법은 모두 끊어진다. '무명'은 모든 번뇌와 업의 근원이며, 일체 고통의 근본 원인으로, 우리 일체 중생의 윤회를 초래하는 근원이다.

---

195 인업은 삼악도와 삼선도로 태어나는 것을 직접적으로 이끄는 업이다.
196 노사(老死)는 티베트어로 '가시(rga shi)'인데, 십이연기에서는 '가시찌릭빠(rga shi ci rigs pa)'라고 하여 '늙음과 죽음 그 어느 것에도 적합한 것'이라는 의미를 찾는다.

제3절 연각도(緣覺道)

　소승의 성자는 연각 아라한과 성문 아라한으로 나뉜다. 십이연기에 의지하여 깨달음을 얻은 후 해탈을 이루면 연각 아라한이라 한다. 연각은 선지식에 의지하지 않고 홀로 머물며 수행하기 때문에 독각(獨覺)이라고도 칭한다.

　연각 자량도에서는 십이연기법을 수행하여 법의 요해를 얻고, 십이연기를 사유하여 출리심(出離心)을 얻는다. 이 출리심을 기반으로 일백겁의 자량을 축적하며, 불퇴전의 신력(信力)으로 연각 아라한과를 목적해 나아간다.

　연각 가행도에서는 부단히 십이연기를 닦으며 무엇이 아집인지 인무아인지 사유하고, 최후에는 인무아를 의공상의 방식으로 깨닫는다.

　연각 견도에 이르면 직관적 바른 인식에 의해 인무아를 깨닫는다.

　견도 이후에 수습을 계속 이어나가면 수도에 이른다.

　십이연기에 의지하여 번뇌를 완전하게 끊고 깨달음을 얻으면 연각 아라한과위에 이르렀다고 한다.

　연각 아라한은 성문 아라한과는 약간의 차이점이 있다. 외형적으로 보면 연각 아라한은 일백 겁 동안 자량을 쌓았기 때문에 육계(肉髻)와 백호(白毫)가 있는 등의 상호를 갖추었지만 성문 아라한에게는 이런 점이 없다.

　증각과 단멸에 있어서 중관자립학파는 연각 아라한은 번뇌장만 끊었을 뿐만 아니라 분별소지장도 끊었다고 여긴다. 그러나 중관귀류학파는 연각 아라한은 번뇌장만 끊었을 뿐 소지장은 끊지 못했다고 여긴다.[197]

수행 시 연각승의 수행자는 단독으로 수행하는 것을 선호하므로 많은 사람이 모인다 하여도 네 명 이하, 보통은 홀로 닦는다. 걷거나, 식사하거나, 수행하거나, 머무는 곳에 있어서도 오직 홀로 있을 뿐이다. 성문승의 수행자는 더불어 수행하기를 선호하여 적어도 네 명 이상의 손 윗 수행자들이 있다는 점이고, 그들의 행동에 있어서 이러한 차이로 서로 구별된다.

일부 아라한은 비록 아라한과를 얻었을지라도 업력의 부사의함은 헤아릴 수 없기에 업의 과보가 남아있을 수 있다. 예를 들어 목건련 존자의 경우가 그러하다. 존자께서는 늘 지옥에 가서 중생을 제도시켰는데, 한번은 외도의 선인(仙人)이 지옥에서 고통받는 것을 보았다. 이 선인은 존자께 아뢰길 "당신이 나의 제자에게 내 집에 숨겨둔 금과 은을 꺼내 석존께 공양올려서 나를 부디 제도시켜달라고 전해주시오."라고 청하였다. 목건련 존자는 그 외도 선인의 집에 돌아가 그의 부탁을 전하였는데, 선인의 가족과 제자들은 그 말을 듣고 매우 화가 나서 "당신은 이곳에 와서 우리의 스승을 모욕하고 우리의 가르침을 폄하하였소."라고 말하며 목건련 존자를 쫓아가서 때렸다. 목건련 존자는 부처님 제자 중 신통제일로 불리며 신통을 드러내면 외도들은 도망치곤 했지만 업력은 부사의하기에, 전생에 부모에게 욕설을 퍼부었던 업에 의해서 이 때 존자는 신통을 잊어버렸고 결국

---

197 여기서 언급한 중관자립학파는 유가행중관자립학파이다. 경부행중관자립학파의 경우 성문·연각승은 오직 번뇌장만 끊을 수 있을 뿐 소지장은 끊을 수 없다 주장하며, 소지장에 있어서도 거친 소지장(분별소지장)과 미세한 소지장(구생소지장)으로 나누지 않는다. 이러한 경부행의 논리는 중관귀류학파 역시 동일하게 주장하는 바이다.

비참하게 구타를 당하였다.

원력(誓願力)에 있어서 성문의 원력은 부처님을 뒤따라서 수행하여 부처의 권속이 되었다. 연각은 이와는 다른데, 자량도에 진입하기 전 항상 큰 서원으로 발하기를 "나는 그 누구에게도 의지하지 않고 해탈을 얻을 것이며, 스승을 구하지 않을 것이다."라고 한다. 이 원력에 의해 부처님이 살아계실 때 연각은 이 세상에 오지 않고, 불법이 있을 때에도 오지 않고, 불법이 존재하지 않을 때 비로소 세상에 출현한다. 석존께서 탄생하기 전 인도의 바라나시에선 오백명의 연각 아라한이 존재했었다. 부처님께서 입태하실 때 33천의 천신들이 아라한에게 부처가 인간 세상에 나실 것이라고 하자, 아라한들은 "부처님의 광명은 태양과 같고 우리들은 반딧불의 빛과 같아서 세상은 우리를 필요로 하지 않으니 우리들은 입멸에 들자."하며 적멸에 들어버렸다. 적멸에 들 때 허공에서 입좌(入坐)하여 가사와 발우는 바라나시에 떨어졌고, 몸은 자연스럽게 분소(焚燒)하였으며, 산화된 유골 역시 바라나시에 흩어졌다.

석존의 교법은 5,500년간 존재하는데, 현재는 이미 2,500년이 지났으므로 앞으로 3천여 년이 지나면 불법은 사라져버릴 것이다. 말법시기가 되어야 연각들이 출현할 것이다. 불법은 이미 사라졌고 한 구절의 경문도 없는데 연각으로써 어떻게 아라한과를 이룰 수 있는가. 그것은 원력에 의지하여 성취하는 것으로, 원력은 부사의하기 때문에 우리 범부는 그 위력을 감히 헤아릴 수 없다. 원력으로 말미암아 연각은 죽은 이의 유골을 보고서 십이연기를 역으로 추론(反推)하여 사유하게 되는데 궁극에 이르러 윤회의 근원인 무명의 번뇌를 찾게 될 것이다. 그리고는 끊임없이 원력과 백 겁의 자량에 의지하여 인무아를 깨달아 번뇌장을 끊고 아라한과를 얻는다.

제4절 공성을 깨닫는 것(證悟)의 어려움

연각 아라한은 원력과 자량에 의지하여 공성을 깨닫는다. 성문 아라한은 문(聞), 사(思)의 지혜로 공성을 깨달으며, 보살은 지관쌍운에 의지하여 공성을 깨닫는다. 윤회로부터의 해탈에서도, 부처를 이루어 중생을 제도하기 위해서도 공성을 깨달아야 하지만, 공성을 이해하고 깨닫기란 매우 어렵다.

첫째로, 공성을 설명하는 것이 어렵다.
불법이 가장 흥성했을 때 인도의 날란다 사원에서는 수만 명의 승려들이 있었고, 그 중 학식을 갖춘 빤디따(paṇḍita, 大學者)가 수천 명 있었다. 경전을 변론할 때 일반적인 경전의 주제는 변별할 수 있었지만 공성에 관한 법을 변론할 때에는 알아들을 수 있는 사람이 점점 줄어들었고 종국엔 몇 명의 빤디따만이 남게 되었다. 그만큼 공성은 그 의미를 이해하기가 매우 어렵다.

용수 보살께서 중관이취육론(中觀理聚六論)을 저술하여 불타의 연기성(緣起性)이 공성의 바른 견해임을 널리 알렸지만 많은 교파의 논사들은 용수의 이취육론을 반박하였다. 그들은 모두 빤디따였지만 그들조차도 용수 보살께서 설한 바가 무엇인지 제대로 알지 못했다.

다른 위대한 스승들께서 설한 공성에 대한 해설은 이보다 더 적다. 밀라레빠 존자의 스승이신 마르빠 존자께서 설한 공성은 마하무드라(phyag rgya chen po, mahā-mudrā, 大手印)인데 그 분량이 두세 장의 종이에 불과하다. 예리한 근기(利根)는 이해할 수 있지만, 둔한 근기(鈍根)는 그것을 이해하기가 매우 어렵다. 구루 빠드마쌈바와(蓮花生大師)께서 공성을 설한 것도 종이 몇 장일 뿐인데 이는 공성에 대한 해설을 그 누구도 쉽게 이해하지 못했기 때문인 것으로, 위대한 스승들께서도 공성에 대해선 그다지 많은 법문을 남기지 않으셨다.

쫑카빠 대사 시대에 이르러, 대사께서『람림첸모(lam rim chen mo)』를 저술하실 때 문수보살께서 현신하시어 "그대는 공성에 대하여 보다 광대하게 설명해야 한다. 더 많은 사람들이 이해할 수 있도록 해야 한다."라며 부촉하였다. 그리하여 쫑카빠 대사는 공성에 관한 논전을 여럿 저술하였는데 두꺼운 분량의 다섯 권의 공성에 관한 논서[198]가 있으며 그 내용과 깊이도 지극히 수승하다. 대사께서는 여러 해에 걸쳐 공성을 설하였으며 티베트 전역에서 가장 심오하게 공성을 설한 분으로 많은 이들이 공성을 깨달을 수 있도록 이끌어주었다.

둘째로, 공성을 이해하기가 어렵다.
『반야심경』에서는 십이연기가 공성이며 일체가 무자성이라고 설하였다. 상일자재(常一自在)한 무명의 번뇌는 없다. 무명의 번뇌는 영원 불멸하지도 않고, 독립적으로 존재할 수도 없으므로, 단멸할 수 있는 것이다. 공성의 지혜에 의해 아집을 깨뜨릴 때 중론의 관점에 따라서 아홉 가지 논리 등으로 이해할 수 있어야 한다.

무진실성(無眞實性)을 성립시키는 아홉 가지 논증인(因)(bden med

---

198 『람림첸모(lam rim chen mo)』,『당에렉쎄닝뽀(draṅ ṅes legs bshad snyiṅ po)』,『쎄르텡(gser phreṅ)』,『우마짜쎄 릭빼갸쵸(dbu ma rtsa shes rigs pa'i rgya mtsho)』,『우마공빠랍쎌(dbu ma dgoṅs pa rab gsal)』이 있다. 이 중 『쎄르텡』은 『현관장엄론』에 대한 주석서로써 현관장엄론은 공성을 직접적으로 설한 것이 아니라 은의인 현관차제(現觀次第)로 설한 논전이다.

sgrub byed kyi gtan tshig dgu)은 다음과 같다.[199]

1)오종인(五種因), 2)칠종인(七種因), 3)이일다인(離一多因), 4)금강설인(金剛屑因), 5)파유무생인(破有無生因), 6)파사변생인(破四邊生因), 7)파사구생인(破四句生因), 8)대립가득인(對立可得因), 9)연기인(緣起因)

1) 오종인(rnam lnga'i gtan tshigs, 五種因)

'여래' 유법(有法),

진실로 성립하지 않는 이유는?

자신의 가립기반(假立基盤)인 오온과 하나가 아니고, 자신의 가립기반인 오온으로부터 다른 본성이 여럿이 아니고, '여래'에게 오온이 진실한 의지처로 존재하지 않고, '여래' 또한 오온을 진실하게 의지함이 없고, 자신의 오온과 본성에 의해 갖추어지지 않았기 때문이다.

2) 칠종인(rnam bdun gyi gtan tshigs, 七種因)

'나' 유법,

진실로 존재하지 않는 이유는?

자신의 가립기반인 오온과 진실한 하나가 아니고, 그것과 진실한 여러 본성의 다른 것이 아니고, '나'에게 진실한 오온이 의지처로 없고, '나' 또한 진실한 오온을 의지함이 없고, '나'는 오온을 진실로 갖춘 것이 아니고, 오온이 화합한 정도가 진실로 '나'가 아니고, 진

---

199 이 아홉 가지 논증인은 '꾼켄 쟘양 셰바(kun mkyen 'jam dbyaṅs bzhad pa)'의 『파르친타쬐(phar phin mtha' dpyod, 般若辦析)』, 제1장 일체종지에서 설하고 있다.

실로 오온의 형태 또한 '나'가 아니기 때문이다.

3) 이일다인(gcig du bral gyi gtan tshigs, 離一多因)
    '기도과(基道果)' 유법,
    진실로 성립하지 않는 이유는?
    진실로 성립하는 하나와 진실로 성립하는 여럿 중 그 어느 것으로도 성립하지 않기 때문이다.

4) 금강설인(rdo rje gzegs ma'i gtan tshigs, 金剛屑因)
    '사물' 유법,
    승의(勝義)로 생기지 않는 이유는?
    자신으로부터 생기지 않고, 다른 이로부터 생기지 않고, 자타 모두에게서 생기지 않고, 무인(無因)으로부터 생기지 않기 때문이다.

5) 파유무생인(yod med skye 'gog gi gtan tshigs, 破有無生因)
    '새싹' 유법,
    승의로 생기지 않는 이유는?
    자신의 원인일 때 존재하던 승의에서 생기지 않았고, 자신의 원인일 때 존재하지 않았던 승의에서 생기지 않았기 때문이다.

6) 파사변생인(mtha bzhi skye 'gog gi gtan tshigs, 破四邊生因)
    '사물' 유법,
    승의로 생기지 않는 이유는?
    이미 승의로 존재한 것에서 생기지 않고, 이미 승의로 존재함 없는 것에서 생기지 않고, 그 두 가지 다 인 것에 조차 생기지 않고, 그 두 가지 다 아닌 것에서조차 생기지 않기 때문이다.

7) 파사구생인(mu bzhi skye 'gog gi gtan tshigs, 破四句生因)

'새싹' 유법,

승의로 생기지 않는 이유는?

승의로 오직 하나의 원인에서 결과가 여럿이 생기지 않고, 여러 원인에서 오직 하나의 결과가 생기지 않고, 여러 원인에서 여러 결과가 생기지 않고, 오직 하나의 원인에서 오직 하나의 결과가 생기지 않기 때문이다.

8) 대립가득인('gal zla dmigs pa'i gtan tshigs, 對立可得因)

'사대원소' 유법,

승의로 생성되는 본성이 없는 이유는?

이미 만들어진 것(byas pa)이기 때문이다.

9) 연기인(rten abrel gyi gtan tshigs, 緣起因)

'보병' 유법,

진실로 성립하지 않는 이유는?

연기이기 때문이다.

1), 2), 3)은 '본성(ngo bo)을 관찰한 것' 이고,

4)는 '원인(rgyu)을 관찰한 것' 이며,

5)는 '결과('bras bu)를 관찰한 것' 이고,

6), 7)은 '원인과 결과 모두(rgyu 'bras gnyis ka)를 관찰한 것' 이며,

8)은 '제법(chos tham cad)을 관찰한 것' 이고,

9)는 '양극단을 여의는 논리의 왕(mtha' gnyis sel ba'i rigs pa'i rgyal po)'으로 분류된다.[200]

만약 이 논리들을 명확하게 이해할 수 있다면 공성의 이해가 비교적 쉬워질 것이다. 아홉 가지 논리 중 '연기인'이 매우 중요하다. 일체 사물은 모두 연기인 것으로, 인연이 화합하면 존재하는 것이고, 인연이 분리되면 존재하지 않는 것이기 때문에, 사물에는 그 특성을 규정지을 만한 자성이 없다.

마지막으로, 공성을 깨닫기가 매우 어렵다.

쫑카빠 대사께서 이 아홉 가지 논리로 공성을 인도하실 때 셰랍 쎙게(rje btsun shes rab seṅ ge)[201] 존자께서 바로 공성을 깨달았다. 존자께서 당시 선정에 들었을 때 선정 속에는 오직 공성만 있었을 뿐 세속제는 없었다. 일체 사물이 사라져 자신조차 찾지 못하자 그는 두려움을 느꼈고 두 손으로 가사 끝자락을 꼭 쥐고 있었다. 그 때 쫑카빠 대사께서 이 모습을 보시고는 "그대는 세속제를 찾아야 한다."라고 하셨다. 이 말을 듣고서 존자께서는 공성에 대한 두려움을 떨쳐버릴 수 있었는데 공성의 선정 중에는 세속제를 찾을 수 없기 때문이다.

---

200 '무진실성을 성립시키는 아홉 가지 논증인(bden med sgrub byed kyi gtan tshig dgu)'의 각 내용과 분류법은 원문에 기술되어 있지 않아서 추가로 본문에 수록한 부분이다. 이 내용들을 각주로 달기에는 너무 길어서 본문에 추가하는 것으로 하였다.

201 제쭌 셰랍 쎙게(AD 1388~1445)는 규메(rgyud amad, 下密院) 사원의 창건 조사이다.

티베트에서 대성취자 중 한 분인 도제 외쎌 린포체가 계셨는데 주로 동굴에서 수행하였다. 그는 공성을 깨달은 후 그 어떤 것도 찾을 수 없었고 자신조차 찾을 수 없는 것을 보고 두려움에 휩싸인 채 큰 동굴 바위 안에서 자신을 찾아 헤매이며 자신이 어디에 있는지 소리쳤다. "난 어디에 있지… 난 어디에 있는거지…" 한 젊은 양치기가 그를 보고 말하기를 "바위 속을 뚫고 들어간 것은 바로 당신 아닌가요?" 그 소리를 들은 후 출정을 하고 나서야 비로소 마음이 놓이게 되었다. 공성의 선정 중에서는 '진정한 나'를 찾을 수 없고, 우리 상상 속의 '부서질 것 같은 나'조차 찾을 수 없다.
　쫑카빠 대사께서 이전에 드레풍 사원에서 경을 강론하셨는데 공성을 깨친 많은 선지식들이 중앙 불전에 올라갈 때 정문으로 걷지 않고 벽을 통과하여 자유로이 출입하였다고 한다. 이것은 공성을 깨달은 후에야 비로소 가능한, 공성의 공덕에 의한 능력이다.

제5절 사성제(四聖諦)

"무고집멸도(無苦集滅道)"

고, 집, 멸, 도를 사성제 또는 사제(四諦)라고 하는데 이 구절은 고집멸도가 무자성이라는 것이다. 삼승의 모든 수행자는 사제를 닦아야 하고, 성문에게 있어서 주요 수행의 법문이다. 이 구절의 숨은 의미는 '성문승의 오도(五道)'이다.

사제에는 차제가 있는데, '유경자(有境者)의 현관(現觀) 차제(yul can mṅon rtohs kyi rim pa)'와 '인과의 진의(眞意) 차제(rgyu 'bras don gyi rim pa)'이 두 가지이다. 고, 집, 멸, 도는 현관 차제이고, 집, 고, 도, 멸은 인과 차제이다. 먼저 여기에서 사제를 인과 차제에 의해 설명하여 인과 차제를 이해하게 되면 자연스럽게 현관 차제도 이해하게 될 것이다.

사제의 인과 차제는 '집'에 의해 '고'가 생기고, '도'에 의해 '멸'이 생긴다. 혹은 '집'은 '고'를 낳고, '고'는 '도'를 낳고, '도'는 '멸'을 낳는다. '고'를 알게 되면 '고'에 대한 혐오가 일어나 육도 윤회를 벗어나고자 하는 출리심이 생기게 되는데, 이것이 즉 '고통(苦)으로 인해 그것에서 벗어날 길(道)이 생기는 것'이다. 출리심은 '도'이며, '도'를 수습하면 번뇌를 '멸'할 수 있기 때문이다. 그리하여 해탈을 얻는 것은 곧 '도(道)에 의지하여 적멸(滅)이 생기는 것'[202]이다.

---

[202] 집(集)과 고(苦)는 인과관계가 성립하지만, 도(道)와 멸(滅) 사이엔 논리적으로 인과관계가 성립하지 않는다. 인과관계는 유위법('dus byas kyi chos, 有爲法)

1. 집(集)

'집(kun 'byuṅ, 集)'은 고통의 원인으로, 즉 번뇌와 업 두 가지이다. 큰 번뇌의 범주에선 여섯 근본 번뇌(六根本煩惱)와 스무 가지 수번뇌(二十隨煩惱)가 있다. 보다 미세한 번뇌는 팔만 사천 가지가 있다. 죄업(kha na ma tho ba, 罪業)에는 2가지 있는데 차죄(bcas pa'i kha na ma tho ba, 遮罪)와 성죄(raṅ bzhin gyi kha na ma tho ba, 性罪)가 있다. 차죄는 범계(犯戒)를 통해 짓는 죄업이고, 성죄는 '집제(集)'를 통해 짓는 십악업(mi dge ba bcu, 十惡業)의 죄업이다.203

2. 고(苦)

'집(集)'의 과보는 '고(sdug bsṅal, 苦)'이다. 수행을 할 때 첫째, 먼저 고통을 감수(感受)해야 하고, 그 다음에 고통의 근원을 찾아내야 한다. 그 근원을 끊어내고(見道) 생사의 윤회에서 벗어나도록 거듭 수도(修

이자 무상한 법(mi rtag pa, 無常)에 적용될 뿐 무위법('dus ma byas kyi chos, 無爲法)이자 유상한 법(rtag pa'i chos, 有常)에는 적용되지 않는데, 멸제(滅)는 무위법이자 유상한 법이기 때문에 '적멸이 생긴다.'라는 표현은 논리적으로는 맞지 않다. 다만 멸제는 도제(道)에 의해 얻게 되는 소득법(thob bya, 所得法)이기에 용어상의 분류(sgras brjod rigs kyi sgo nas dbye ba)에서 결과에 해당하는 이계과(bral abras, 離繫果)로 명명할 뿐이다.

203 차죄는 불도에 입문하여 계율을 수지한 불교도에게 적용되는 죄업으로 내도(內道) 불공(不共)의 죄업이며, 성죄는 계율과 관계없이 그 자체로 죄업이 성립하는 본래의 죄업이기에 내외도(內外道) 공통의 죄업이다.

道)에 매진한다.204

고통에는 여러 가지가 있다. 인간에게는 여덟 가지 고통(八苦)이 있는데 생로병사 네 가지 고통과, 애별리고(sdug pa daṅ bral ba, 愛別離苦), 원증회고(mi sdug pa daṅ 'phrad pa, 怨憎會苦), 구부득고('dod pa btsal kyaṅ mi rnyed pa, 求不得苦), 오취온고(nye bar len pa'i phuṅ po lṅa, 五取蘊苦)205이며, 그 외에 오고(五苦)206와 삼고(三苦) 등이 있다. 삼고는 아래와 같다.

1) 고고(sdug bsṅal gyi sdug bsṅal, 苦苦)

고고는 고통 속의 고통이다. 예를 들면, 삼악도의 고통과 질병의 고통 등이다. 육도 전체에 고통이 있다. 지옥계에서는 춥거나 뜨거운 고통이 있고, 아귀계에서는 굶주림과 갈증의 고통이 있으며, 축생계에서는 서로 잡아먹는 고통이 있고, 인간계에서는 여덟 가지 고통이 있으며, 천신계에서는 죽음의 징조에 대한 고통이 있다.

2) 괴고('gyur ba'i sdug bsṅal, 壞苦)

괴고는 즐거움이 변하여 괴로움이 되는 것이다. 예를 들어 여행을 가는 것은 본디 즐거운 것이지만, 많이 걷고 다리가 아프다면 그 즐거움이 고통으로 변하기도 한다. 음식을 먹는 것도 본디 즐거운 일이지만 많이 먹다보면 그 즐거움 역시 고통으로 변하기도 한다. 이러한 것이 변하는 고통(變苦)이고, 육도 전체에 괴고가 있다.

---

204 고통의 근원을 끊어내는 것은 견도이고, 거듭 수도에 매진하는 것은 수도이며, 생사의 윤회에서 벗어나는 것은 도의 구경에 이른 무학도이다.
205 오음성고(五陰盛苦)라고도 함
206 생로병사 4가지 고통을 하나로 묶어서 팔고를 다섯 가지 고통으로 분류한 것

3) 행고(khyab pa adu byed kyi sdug bsṅal, 行苦)

행고는 곧 온고(phug po'i sdug bsṅal, 蘊苦)207인데, 보통 사람은 이 고통을 느끼기 어렵기 때문에 상대적으로 알기가 쉽지 않다. 오온을 취하는 것은 행고이다. 만약 고통이 물이라면 오온은 물그릇으로 고통을 담는 그릇이다. 오온은 현세 고통의 그릇일 뿐만 아니라 내세 고통의 원인이기도 하므로, 내세의 고통도 현세의 오온이 원인으로 비롯되어 일어난다.

행고는 진정으로 경험되는 고통이 아니고, 오온으로 심신이 이뤄지고서 발생하는 고통이다. 눈이 있어야 눈과 관련된 고통이 있고, 몸이 있어야 병이 난다. 색온으로 예를 들면, 우리 몸이 아프면 번뇌가 생기고 질병과 고통이 생긴다. 이 번뇌를 끊지 못하면 다음 생에 어떠한 고통의 원인이 된다.

수온은 고락을 감수(感受)한다. 즐거움은 누락(漏樂), 안락(安樂), 승락(勝樂), 대락(大樂), 묘락(妙樂)으로 나눌 수 있다. 누락은 무상(無常)한 낙, 안락은 무량한 낙, 승락은 번뇌를 끊는 낙, 대락은 낙공무별(樂空無別)의 낙, 묘락은 영원한 낙이다. 우리 범부의 낙은 모두 누락이라고, 이런 무상한 낙은 많은 고통을 야기하기에 행고이기도 하다.

색, 수, 상, 행, 식 오온은 모두 고통을 초래하므로 행고이다. 우리 생애의 대부분의 번뇌도 오온에 의해 일어나고, 전생의 번뇌와 고통 역시 오온에 의해 일어나는데, 이는 모두 행고에 속한다.

우리의 오온은 유루(有漏)의 몸이기 때문에 유루 근취(zag bcas nye bar

---

207 고고와 괴고에게 있어서 온고는 그들을 담는 그릇(snod)이 되고, 행고에게 있어서 온고는 그것의 자성(raṅ bzhin)이 되기 때문에 행고가 곧 온고이기도 하다.

len pa, 有漏近取)의 원인은 업과 번뇌이다.208 불보살과 아라한의 몸은 이와 같지 않은데, 예를 들어 세존의 신체는 일반적인 육신의 몸으로 보이지만 사실은 지혜 광명의 몸으로 마치 태양과 같다. 우리는 태양 빛 아래에서 어떠한 것이 발생하더라도 고통은 없을거라는 것을 알고 있다. 행고를 이해하는 것은 쉽지 않다. 중생의 업과 번뇌는 쉼 없이 유전(流轉)하고, 고통과 고통의 원인 또한 끊임없이 유전하며, 더불어 거듭하여 변화하기에 명확한 관찰이 매우 어렵다.

꾼켄 잠양 셰바(kun mkyen 'jam dbyaṅs bzhad pa)의 제2대 환생이신 직메 왕뽀(dkon mchog 'jigs med dbaṅ po) 린포체께서 200여 년 전 라브랑 사원(bla braṅ bkra shis 'khyil)의 승원장이었다. 한번은 린포체께서 실링(zi liṅ, 西寧)에서 라브랑사로 돌아올 때 걸렸던 7일 동안 행고를 관찰하였다. 사원에 도착하여 린포체께서 상수 제자에게 말씀하시길, "7일 동안 관찰하고서 행고를 깨달았지만 아직 그 깨달음이 완전하지 않구나." 라고 하였다.

행고를 깨닫고서 생사의 윤회에서 벗어나고 싶다는 마음이 일어나면 그것이 바로 출리심으로, 육도윤회를 벗어나고자 하는 마음이다.209 고고에서 벗어나고자 하는 마음은 출리심이라 할 수 없다. 그

---

208 루(zag pa, 漏)는 눈물, 콧물, 땀 등의 분비물과 대소변 등의 배설물로 몸에서 나오는 깨끗하지 못한 물질을 의미하며, 업과 번뇌를 소연(所緣)하거나 상응하여 더러움(漏)이 증가되는 법이 유루(有漏)이다. 그래서 업과 번뇌로 이루어진 우리 중생의 오온을 유루근취온(zag bcas nye bar len pa'i phuṅ po, 有漏近取蘊)이라고 한다.
209 행고를 통해 고통의 본질을 깨달으면 윤회계에 머무는 것에 대한 환멸(幻滅)이 일어나고, 윤회계에 대한 환멸이 일어나지 않으면 출리심 역시 일어나지 않는다. 윤회계의 본질이 고통임을 자각하지 못하면 해탈을 구하는 마음 역시 일어나지 않기 때문이다.

러한 마음은 축생계의 중생에게도 존재하기 때문이고, 괴고에서 벗어나고자 하는 마음 역시 출리심이라 할 수 없다.

용진 예세 걜첸(yoṅs 'dzin ye shes rgyal mthsan)[210] 린포체께서 말씀하시길 "인생은 고통스러울 뿐이다. 인생의 고통을 깊이 사유해보면 근본적으로 살아가야 할 이유가 전혀 없다는 것을 발견할 것이다."라고 하였다. 오직 단 하나의 이유만 있는데, 그것은 육도 중생이 부처를 이루도록 살아가는 것이다. 그러한 이유가 없다면 살아가는 것은 무의미함만 남을 뿐이다.

다만 우리 범부는 그렇지 않기에 살아가야 할 수많은 이유를 만든다. 그러나 인생의 고통을 면밀히 살펴보면 중생의 삶으로 살아가야 할 어떠한 이유도 없음을 이내 알 수 있다. 유일한 이유는 오직 해탈과 성불뿐이다.

3. 도(道)

'도('gog pa, 道)'는 해탈의 방법, 도법(道法)이다. 앞에서 설명한 자량도, 가행도, 견도, 수도는 모두 해탈의 방법이고, 삼십칠조도품은 바로 도법을 말한다. 성문 해탈의 도법은 주로 사성제이다. 성문은 사제법문을 닦을 때 먼저 고성제를 사유하고, 그 고통의 근원을 찾아서 어떻게 해탈할 것인지 사유한 다음, 다시 성문승의 자량도, 가행

---

210 용진 예세 걜첸(AD 1713-1793)은 8대 달라이라마 쟘뺄 갸초('jam dpal rgya mthso)의 수석교사였다.

도, 견도, 수도를 닦아서, 마지막 무학도에 이르러 아라한과를 얻는다.

4. 멸(滅)

'멸('gog pa, 滅)'은 해탈, 열반, 무학도이다.[211]

---

211 멸제에는 유학도의 멸제와 무학도의 멸제가 있는데, 유학도의 멸제의 경우 견도와 수도의 해탈도가 이에 해당한다. 무학도의 멸제는 '원만멸(yoṅs su rdzogs pa'i 'gog pa, 圓滿滅)'이라 하여, 아라한과에 귀속되는 무학도의 성자로 제거 대상(所斷)을 남김없이 다한 멸을 뜻한다.

제6절 부처님의 말씀을 남김없이 섭수한 성문

성문 아라한은 주요하게 수습한 학처는 사성제이다. 부처님께서 설한 대승의 가르침을 듣고서 스스로 닦지 않고 다른 이에게 여실하게 전하여 성문 아라한이라 한다.

예를 들면 아난 존자가 석가모니 부처님 앞에서 『대품반야경』 등의 경을 듣고는 다른 이에게 그대로 전하였다. 다른 교법은 스스로 닦지 않고 오직 사성제만 닦는 이를 성문이라고 한다. 석가모니 부처님의 제자들 대부분은 성문 아라한이다. 사리자, 목건련, 아난 존자(kun dga' bo, Ānanda, 阿難), 가섭 존자('od sruṅ chen po, Kāśyapa, 迦葉) 등이 성문 아라한이다. 그래서 부처님께서 설한 대승 경전 첫머리에 "이 말씀을 내가 들었던 한 때에('di skad bdag gis thos pa'i dus gcig na, 如是我聞 一時)"라는 구절이 있다. 『반야심경』의 여러 판본 중 현장 법사와 구마라습 대사의 역본을 제외한 다른 판본의 머릿부분에는 모두 이 구절이 있다.

부처님께서 『반야심경』을 설하실 때는 수많은 보살들과 아라한 권속들이 뛰어난 지혜로 한 구절도 빠짐없이 결집하였다. 부처님의 입열반(sku mya ṅan las 'das pa, 入涅槃) 전후로 많은 아라한들도 부처님을 따라서 입적하였다. 부처님 입멸 전에는 사리자와 팔만 아라한이 입적하였고, 부처님 입멸 후에는 목건련과 칠만 아라한도 함께 입적하였다. 성문 아라한들은 부처님께서 열반에 드시는 것을 보고는 이 세상에 더 이상 있고 싶지 않다고 계속하여 입적하였다.

그렇게 시간이 흐른 후 부처님의 수제자인 가섭 존자는 "부처님께서 설한 가르침이 경전으로 집결되기 전에는 한 명의 아라한도 입적을 불허한다." 하시고는 오백 아라한들을 회합하여 그들이 부처님 앞에서 들은 모든 법을 결집해 나갔다.

『반야심경』은 아난 존자의 구술에 의하여 전해졌다. 아난 존자께서는 "이 말씀을 내가 들었던 한때에('di skad bdag gis thos pa' i dus gcig na, 如是我聞 一時)"라고 하셨는데, 이는 내가 부처님 앞에서 직접 들었을 때 그러하였다는 의미이다.

'한때(dus gcig, 一時)'는 세 가지 다른 의미가 있다.

첫 번째 의미는, 찰나에 들었다는 뜻인데 부처님께서 『반야심경』을 설하셨을 때 아난 존자와 같은 이근자(利根者)는 찰나에 듣고 기억했다는 의미이다.

두 번째 의미는, 한 찰나에 『반야심경』의 법문을 듣고, 다음 찰나에 다른 법문을 들었다는 것으로, 아난 존자가 다문제일(maṅ thos mchog tu gyur pa, 多聞第一)의 아라한이라는 의미이다.

세 번째 의미는, 아난 존자는 단 한 차례만 들어봤다는 것으로, 이는 정법을 만나기 어렵다는 의미이다.

제7절 삼승(三乘)의 네 가지 유학도

사성제 말하는 '도(道聖諦)'는 삼승의 자량도, 가행도, 견도, 수도를 가리킨다. 수행자는 이 네 가지 도를 닦는 단계에서는 아직 완전히 해탈하지 않았기 때문에 계속 배우며 수습해야 한다.

이 네 가지 유학도를 거치면 더 이상 수습할 도가 없는 무학도에 이른다. 이 때 성문·연각승 수행자는 해탈하여 아라한과에 이르고 대승 수행자는 부처의 과위에 이르러 부처가 된다.

문사수의 관점에서 조명하면 네 가지 유학도는 불법에 대한 청문, 분별선택, 체득(體得), 수증(修證) 등 서로 다른 단계가 있다.

1. 법현관(法現觀)

법현관(chos mṅon rtogs, 法現觀)은 십이분교(gsuṅ rab yan lag bcu gnyis, 十二分教)를 듣고 명언공상의 현관을 따라서 문사(聞思)를 주요로 결택(gtan la 'bebs pa, 決擇)하여 승해(mos pa, 勝解)와 청정한 신해(mṅon par yid ches pa, 信解)를 얻는 단계를 의미한다.

자량도는 법현관이다.[212] 신해지(dad pa'i sa, 信解地)라고도 하는데 이

---

212 '자량도'의 정의를 '법현관'이라 하므로 '자량도'와 '법현관'은 상호편충(khyab mnyam, 等遍)관계가 성립한다.
213 신(dad pa, 信), 정진(brtson 'grus, 精進), 염(dran pa, 念), 정(tiṅ 'dzin, 定), 혜(shes rab, 慧)

는 신(信) 등의 다섯 경계213에 대하여 정확한 관점을 갖게 한다는 뜻이다. 순해탈분(thar pa cha mthun, 順解脫分)이라고도 하는데, 그 의미는 번뇌장을 끊고 멸제를 증득하는 것을 따르는 분위도(gnas skabs kyi lam, 分位道)라는 것이다.

출리심을 일으키면 자량도에 들어간다. 행고에서 해탈하려는 마음과 진정으로 성문 아라한 과위를 추구하는 마음이 결합되면 성문 출리심이라 한다.

행고에서 해탈하려는 마음과 진정으로 연각 아라한 과위를 추구하는 마음이 결합되면 연각 출리심이라 한다.

행고에서 해탈하려는 마음과 진정으로 부처의 과위를 추구하는 마음이 결합되면 대승 출리심이라 한다.214

성문의 법현관은 성문 자량도이다. 출리심을 바탕으로 해탈을 추구하면서부터 성문 자량도에 진입한다. 성문 자량도는 하품, 중품, 상품으로 나뉜다. 또한 비량의 자량도, 현량의 자량도, 확정을 마친 자량도로 분류할 수도 있다. 비량의 성문 자량도는 무아를 이제 이해하기 시작한 단계이고, 현량의 성문 자량도는 자량도에 이르고서

자량도에서는 이 다섯 경계에 대하여 정확환 관점을 갖는 것이지 온전한 수습에 들어가는 것은 아니고, 가행도에서 다섯 경계에 대한 온전한 수습에 들어간다.

214 삼승 공통의 출리심은 윤회의 고통에서 벗어나고자 하는 마음인데, 성문·연각승의 발심과 대승 발심의 근본적인 차이는 궁극적 목적이 자신에게 있는지 이타행에 있는지에 따라서 아라한과 부처라는 서로 다른 목적지를 추구하게 되는 것에 있다. 공통의 출리심은 그것이 아라한의 결과를 이끌어내는 직접적 원인이 되지만, 부처의 과위에 이르는 직접적 원인은 보리심에 있기에 대승 발심은 공통의 출리심과 더불어 이타행을 이루기 위한 부처의 서원인 보리심이 추가로 전제된다.

오신통을 얻을 수 있는 단계이며, 확정을 마친 자량도에서는 인무아를 확실하게 이해한다.[215]

연각의 법현관은 연각 자량도이다. 연각 자량도 역시 하품, 중품, 상품으로 나뉜다. 연각의 아라한은 자량도에서 시작하여 백겁의 자량을 쌓아야 하므로, 원만한 연각은 오랜 시간이 필요하다. 성문승은 이렇게 많은 자량을 쌓을 필요가 없기 때문에 성문 아라한은 비교적 짧은 시간에 성취를 이룬다.[216]

대승의 법현관은 바로 보살 자량도이다. 부처의 과위를 추구하는 첫 번째 길은 대승 자량도이고, 대승의 법현관은 출리심뿐만 아니라 보리심 또한 필요하다. 보리심을 일으키기 시작하면서부터 대승 자량도에 들어선다. 대승 자량도 역시 하품, 중품, 상품으로 나뉜다. 무수한 겁의 자량을 쌓아야 하기 때문에 매우 오랜 시간이 걸린다. 대승 자량도에는 보리심, 법희정(法喜定), 오안(五眼) 등이 있고, 매우 큰 원력이 있지만 성문과 연각승의 자량도에는 이러한 것이 없다.

2. 의현관(意現觀)

의현관(don mnon rtogs, 意現觀)은 법현관 이후 수행을 거듭하여 의공상의 현관으로 무아를 깨닫는 것을 의미한다. 가행도는 의현관이고,[217]

---

215 인무아를 확실하게 이해함으로써 문혜(聞慧)를 오득한다.
216 종의에 따라서 해석이 다르지만 성문 아라한과를 이루기 위한 최소한 시간은 3생, 내지는 한 생이 걸린다.
217 앞서 자량도의 경우처럼, '가행도'의 정의를 '의현관'이라 하므로 '가행도'와 '의현관'은 등편(等遍)관계가 성립한다.

순결택분(ṅes 'byed cha mthun, 順決擇分)이라고도 한다.

가행도는 난위, 정위, 인위, 세제일법으로 나뉜다. 가행도에 이르기 전에는 선정과 지혜를 동시에 닦는 것이 불가능한데, 자량도에서 가행도로 진입하면서부터 정혜쌍수가 시작된다.

성문의 의현관은 성문 가행도이다. 난위, 정위, 인위, 세제일법 네 차제로 나뉘어지는 것 외에 하품, 중품, 상품으로도 분류할 수 있다. 성문 가행도에서는 주로 인무아를 수습하는데, 성문 자량도에서 인무아의 공성을 닦고서 몸과 마음의 경안을 얻은 선정[218]에 이르렀을 때 성문 가행도에 들어간다.

연각의 의현관은 연각 가행도이다. 이 또한 앞서 언급한 것과 같이 네 차제로 나뉘어지지만 연각의 세제일법은 그 시간이 너무 짧아 찰나에 지나가고 연각 견도에 들어선다.

대승의 의현관은 보살 가행도이다. 마찬가지로 난위, 정위, 인위, 세제일법 네 차제로 나뉘고, 각 차제에서 다시 하품, 중품, 상품의 세 차제로 나뉜다. 대승 가행도의 시간은 매우 길기 때문에 무수한 겁의 자량을 쌓아야 한다. 성문과 연각승의 가행도는 대승과는 조금 다른데, 그 중 세제일법은 찰나에 지나가기 때문에 세 단계의 세부 차제로 나눌 수 없다.

---

[218] 최초로 심신의 경안을 얻은 선정을 초선정(bsam gtan daṅ po, 初禪定)이라 한다. 경안은 초선정 이전 사마타를 성취할 때 얻게 되고 일곱 단계 작의(yid byed bdun, 七作意)의 근주정(bsam gtan daṅ po'i nyer bsdogs bdun, 初禪近住定)을 거쳐 본정(bsam gtan daṅ po'i dṅos gzhi, 初禪本定)에 이른다.
경안은 몸의 경안인 신경안(身輕安)과 마음의 경안인 심경안(心輕安)으로 나뉘는데, 신경안은 신체의 측면에서 수승한 가벼움과 안락의 감각이고, 심경안은 마음의 측면에서 심일경성을 걸림없이 안립할 수승한 심소법이다.

3. 제현관(諦現觀)

　제현관(dben pa mṅon rtogs, 諦現觀)은 진실한 법의 성품(chos nyid, 法性)을 깨달음을 의미한다. 견도는 곧 제현관이고, 견도는 세 차제로 나뉘는데 견도 무간도, 해탈도, 후득지이다.
　견도 후득지에서는 사성제의 열여섯 가지 행상(dben bzhi' i rnam pa bcu drug, 四諦十六行相)을 관할 수 있는데, 그 내역은 다음과 같다.
1) 고성제의 4행상: 무상(mi rtag pa, 無相), 고(sdug bsṅal ba, 苦), 공(stoṅ pa, 空性), 무아(bdag med pa, 無我)
2) 집성제의 4행상: 인(rgyu, 因), 집(kun 'byuṅ, 集), 생(rab skye, 生), 연(rkyen, 緣)
3) 멸성제의 4행상: 멸('gog pa, 滅), 정(zhi ba, 靜), 묘(gya nom pa, 妙), 리(ṅes 'byuṅ, 離)
4) 도성제의 4행상: 도(lam, 道), 여(rig pa, 如), 행(sgrub pa, 行), 출(ṅes 'byin, 出)

　성문 견도는 성문 무간도, 해탈도, 후득지로 나눌 수 있는 것을 제외하고서, 팔인(bzod pa brgyad, 八忍)과 팔지(shes pa brgyad, 八智)로도 나눌 수 있다.
　성문은 견도에 들어서면 인무아의 공성을 현량으로 깨닫고, 분별번뇌장을 끊을 수 있다. 그 중 욕계의 분별번뇌장은 40종이 있고, 색계와 무색계는 각각 36종이 있어서 합하여 112종이다.
　연각 견도 또한 분별번뇌장을 능히 제거한다.
　보살 견도는 분별번뇌장과 분별소지장을 제거한다.

4. 후현관(後現觀)

후현관(rjes la mṅon rtogs, 後現觀)은 견도위에 도달한 이후 거듭 팔정도를 수습하는 현중 진리의 도(bden pa mṅon sum du rtogs pa'i lam)를 의미한다.

수도는 곧 후현관이고, 수도는 세 차제로 나뉘는데 수도 무간도, 해탈도, 후득지이다.

성문의 후현관은 성문 수도로 16종의 구생번뇌장을 능히 제거한다. 강과 약, 거칠고 미세함에 따라 이 16종의 구생번뇌장은 9종 또는 81종으로 나뉜다.

9종으로 나누는 것은 먼저 대품 번뇌의 3종으로 대대, 대중, 대소. 중품 번뇌의 3종으로 중대, 중중, 중소. 소품 번뇌의 3종으로 소대, 소중, 소소이다.

81종으로 나누는 것은, 욕계 구생 번뇌는 9종, 색계와 무색계 각각 36종이다.

또한 삼계 구지(khams gsum sa dgu, 三界九地)의 선정에도 81종이 있다. 욕계에 9종, 색계 사정려(四靜慮)의 초선정, 이선정, 삼선정, 사선정에 36종, 무색계 사무색정(四無色定)의 공무변처(nam mkha' mtha' yas, 空無邊處), 식무변처(rnam shes mtha' yas, 識無邊處), 무소유처(ci yaṅ med pa, 無所有處), 유정천(srid rtse, 有頂天)에 36종이다.

구생번뇌장은 총 81종이 있다. 성문의 수도 무간도에서 81종을 각 품의 무간도 선정(等引)에 대응하는 1종의 번뇌를 끊고서 동일한 계제, 동일한 상속등류(相續等類)로 해탈도에 진입하는 선정을 81종의 번뇌를 모두 제거할 때까지 반복한다. 앞의 80종은 수도에 속하며 마지막 81번째를 제거할 때 수행자는 최후 상속의 금강유정(rdo rje lta bu'i tiṅ ṅe 'dzin, 金剛喩定)에 의지하여 무색계 유정천의 81번째의 번뇌를 끊고 아라한과를 증득한다. 그러므로 제81품의 성문의 수도 해탈도는 성문 무학도에 속한다.

연각의 후현관은 연각 수도이다. 연각 수도 또한 세 가지로 나뉘는데 수도 무간도, 해탈도, 후득지이다. 연각 수도에서는 번뇌장을 끊을 수 있는데, 중관자립논증학파에서는 구생번뇌장뿐만 아니라 거친 소지장(she sgrib rags pa)도 제거할 수 있다고 본다.[219]

대승의 후현관은 보살 수도이다. 보살 수도 또한 세 가지로 나뉘는데 수도 무간도, 해탈도, 후득지이다. 보살 수도에서는 구생번뇌장과 구생소지장을 모두 제거한다.

---

219 중관자립학파 중에서도 유가행자립학파가 이와 같이 주장한다.

제8절 대소승의 차이

부처님께서는 중생을 제도하기 위해 삼전법륜(chos kyi 'khor lo rim pa gsum, 三轉法輪)을 굴리시었고, 각기 다른 근기의 중생에 맞추어 그에 맞는 다른 법문을 설하셨다. 중생이 해탈의 발심이 다르면 그에 따라 얻는 과위도 다르고, 수습하는 학처가 다르기 때문에 불법은 다시 대승과 소승으로 나뉜다. 소승은 초전('khor lo daṅ po, 初傳法輪)인 사제법륜(bden bzh'i chos khor, 四諦法輪)을 주요하게 닦으며, 대승은 삼전법륜 전체를 닦는다. 그 중 주요하게 닦는 것은 중전법륜('khor lo gnyis pa, 中轉法輪)인 무상법륜(mthsan nyid med pa'i chos 'khor, 無相法輪)이다.[220] 대소승은 여러모로 다른 점이 있으니 여기서 요약하여 다루고자 한다.

1. 발심(發心)의 차별

먼저 대소승 공통으로 출리심이 있어야 한다. 출리심은 육도의 윤회에서 벗어나고자 하는 마음이다. 소승에서 출리심 없이 해탈할 수 없고, 대승에서 출리심 없이 부처가 될 수 없다. 대소승 모두 공통된 출리심의 바탕 위에 그에 상응하는 법을 닦아야 비로소 각자의 과위

---

[220] 중전법륜에서 설한 중심 경전은 『대품반야경(sher phyin gyi mdo, 般若經)』 계통이고, 최후법륜('khor lo tha ma, 最後法輪)은 분별법륜(legs par rnam par phye ba'i chos 'khor, 分別法輪)이라 하며 여기서 설한 중심 경전은 『해심밀경(mdo sde dgoṅs 'grel, 海深密經)』이다.

를 얻을 수 있다.

출리심 외에도 대승에는 대자대비심[221], 보리심이 있지만 소승 아라한에는 이것들이 없으며, 증상의요 또한 없다.

대자대비에는 두 가지가 있다. 하나는 어머니와 같은 대자대비이고, 다른 하나는 아버지와 같은 대자대비이다. 아이에게 있어서 어머니의 자비와 아버지의 자비는 차이가 있다. 어머니의 자비는 자식을 오직 사랑으로 아끼는 것이고, 아버지의 자비는 자식에 대한 사랑뿐만 아니라 큰 책임감을 짊어지는 것으로 비유한다.

만일 부모가 너무나 아끼고 사랑하던 아이가 강물에 빠진다면 어머니는 강가에서 울부짖으며 다른 사람에게 도움을 청하겠지만, 아버지는 주저없이 강물에 뛰어들어 자식을 구할 것이다. 대승의 수행자라야 이러한 아버지와 같은 대자대비가 있는 것이고, 소승에는 이러한 대자대비는 없다.[222] 대소승 모두 어머니와 같은 대자대비는 있다고 한다.

증상의요는 용감하게 육도 중생의 제도를 책임지는 마음이다. 범부뿐만 아니라 소승 아라한에도 이러한 마음은 없다.

---

[221] 대자대비심은 대자애심(byams pa chen po, 大慈愛心)과 대비심(snyiṅ rje chen po, 大悲心)이 결합된 단어이지만 여기서 언급된 대자대비심은 대비심을 의미하며, 자애를 따로 언급하지 않는 한 통상적으로 자비심이라 하면 대비심을 지칭한다.
[222] 소승 수행자에게 증상의요가 있다면 그는 더 이상 소승 수행자가 아니라 대승 수행자이다.

2. 서원(誓願)의 차별

대승의 보살은 부처를 이루어 중생을 제도하고자 하는 지극히 큰 서원을 일으킨다. 예를 들어 초지 보살은 육도 중생을 위하여 십만 가지의 서원을 일으키고, 2지 보살은 백만 가지의 서원을 일으킨다. 소승 아라한에게는 이렇게 크고 광대한 서원이 없다.[223]

3. 과위(果位)의 차별

대소승은 수행에서 추구하는 과위에 차별이 있다. 대승은 부처의 과위를, 소승은 아라한의 과위를 추구한다. 대승 불과위(佛果位)의 지혜와 방편은 소승 아라한과위의 그것과는 비할 수 없을 만큼 높고 광대하다.

대승 수행의 목적은 자리(raṅ don, 自利)와 이타(gzhan don, 利他)이니, 자신에게 있어서 정등정각을 이루는 목적(自利) 외에 육도 중생을 제도하는 목적(利他)이 있다.

소승은 자신의 제도를 중심으로 하여 육도 윤회의 고통에서 스스로 벗어나는 것을 목적한다. 소승 아라한도 경전을 설법하고 중생을 제도하지만 대승의 교화 범위에 비하면 지극히 협소하다.

다른 면에서 대승은 복덕자량과 지혜자량을 함께 쌓아가며 닦는

---

[223] 소승 아라한에게 이처럼 크고 광대한 서원이 있다면 그는 더 이상 소승 아라한이 아니라 대승 보살이다.

데, 소승은 지혜를 주로 수습한다. 공성을 깨달아 인무아를 증득하면 해탈에 이른다.

　대소승의 차이는 대략 이와 같다.

제8장
무학도(無學道)

제1절 멸(滅)

사성제 중 멸('gog pa, 滅)은 해탈, 열반, 무학도이다.[224] 무학도는 이미 장애를 모두 끊어버렸기 때문에 더 이상 닦을 필요가 없다는 의미이다. 무학도에는 성문, 연각, 대승 무학도가 있다.

성문 무학도를 제거 대상(所斷)의 단멸방식으로 분류하면(span bya spoṅ thsul gyis phye na) 두 가지가 있는데, 점단 아라한(dgra bcom mtar gyis pa, 漸斷阿羅漢)과 돈단 아라한(dgra bcom cig car ba, 頓斷阿羅漢)이며, 두 아라한 모두 번뇌장을 남김없이 제거하였다.

성문승에서 수습하여 아라한과를 성취함에 있어서 반드시 오랜 시간이 걸리는 것은 아니므로 3~4년 안에 아라한과를 얻는 이도 있고, 한 생 동안 아라한과를 얻는 이도 있으며, 2생 또는 3생을 거쳐 아라한과를 얻는 이도 있다.[225]

연각 무학도에서는 번뇌장을 끊고 팔지보살과 같은 장엄상을 갖춘다.

대승 무학도에서는 두 장애를 끊고서 부처의 사신(sku bzhi, 四身)을 증득하고 원만한 복덕과 방편을 지니고 있다.

---

[224] 무학도의 멸제는 유학도와 무학도를 모두 포함한 일반적인 멸성제가 아니라 소단(所斷)을 남김없이 모두 제거한 '원만멸(yoṅs su rdzogs pa'i 'gog pa, 圓滿滅)' 이기에 여기에서의 '멸'은 '원만멸'을 뜻한다.

[225] 최소 한 생에 아라한과를 얻을 수 있는 것은 중관귀류학파의 견해이며, 그 외의 다른 학파에서는 최소 3생 이상을 닦아야 아라한과를 얻을 수 있다고 본다.

제2절 아라한과(阿羅漢果)

"무지역무득(無智亦無得)"

"지(ye shes, 智)"는 지혜를 말한다. 성문, 연각, 보살 삼승의 지혜가 바로 '지(智)'이며, "무지(ye shes med, 無智)"는 지혜도 자성이 없다는 뜻이다.

"득(thob pa, 得)", 수행으로 얻은 과위를 일러 '득'이라 하는데, '무득(ma thob pa, 無得)'이라고 하는 것은 수행의 최후에 증득한 연각 아라한과 성문 아라한, 부처의 과위 또한 무자성이라는 것이다. 여기에서 앞 문장을 연결하여 "무고집멸도(無苦集滅道)"가 이어지는데, 이것은 주로 소승 아라한의 지혜와 깨달음을 말하는 것이다.

아라한과를 얻으면 팔만 사천 번뇌를 끊고서 팔만 사천 가지의 즐거움을 얻는데, 이 때 모든 범부의 즐거움을 합쳐도 한 명의 아라한의 즐거움에는 미치지 못한다.

보살에게도 이러한 즐거움이 있지만 보살은 중생을 제도하기 위해 그러한 즐거움을 버리고 부처를 이룰 때까지 수행을 거듭한다. 아라한은 이러한 적멸의 즐거움(zhi ba'i bde ba)을 향수하며 오직 멸정(zhi ba'i dbyins su snyoms par zhugs pa, 滅定)에 머물기를 좋아한다. 아라한이 이러한 멸정의 안락에서 깨어나기는 매우 어렵다.[226] 일체 여래께서 일

---

[226] 성문과 연각의 아라한은 원하는 대로 적멸계(zhi ba'i dbyins)에 머무를 수 있고, 머무는 기간은 수겁에 달하기 때문에 적멸에서 깨어나도 그 습기에 의해 거듭 적멸로 들어가려 한다.

시에 손가락을 튕겨 아라한을 불러야 출정시킬 수 있고, 출정 후에는 다시 일체 여래께서 아라한이 대승에 들어가도록 격려하고 재촉해야 하며, 대승에 들어간 이후에도 아라한은 습기에 의해 자연스럽게 멸정에 들어가 오랜 시간 선정 속에 머물곤 한다. 심지어 수백 겁, 또는 수만 겁의 시간이 흐른 이후에 멸정에서 깨어난다. 이런 식으로 반복하여 시간을 허비하기 때문에 아라한은 부처를 이루기가 어렵다.

아라한은 선정에 들지 않을 때에는 다른 사람들을 구제하는데, 신통으로 바로 알 수 있고 그리하여 중생을 능히 지킬 수 있다. 멸정에 들어가면 이 점이 달라지는데, 선정 속의 아라한은 육도 중생의 고통도, 세간의 일도 볼 수 없게 된다.

석존께서 열반에 드신 후 아사세(Ajātaśsatru, 阿闍世)왕이 부처님을 잃은 슬픔에서 벗어나지 못하자 가섭 존자께서 왕을 위해 직접 왕궁으로 향하였다. 아사세왕은 코끼리를 타고 와서 존자를 맞이하였는데, 존자를 뵌 순간 크게 감격하고서 절을 올리려 코끼리 위에서 뛰어내리자 가섭 존자는 신통으로 그를 받아주었고 왕에게 "앞으로 이러지 마십시오. 너무 위험합니다. 다행히 제가 선정에 들지 않았었습니다."라고 하였다.

부처와 보살 모두 아라한과는 그 능력이 다르다. 부처는 선정에 들지라도 자재하여 신통을 나툰다. 보살은 공성의 선정에 들어서면 세속제는 볼 수 없지만 서원력으로 중생이 구하는 바를 여의로 성취시킨다. 아라한은 선정 중에 신통을 발휘할 수 없고, 중생을 구할 수도, 도울 수도 없다. 소승 오도는 여기서 설명을 마친다.

제3절 대승 무학도

"이무소득고(以無所得故)"

이 구절은 대승의 무학도이다. 대승 무학도에서는 무상정등보리(bla na med pa yaṅ dag par rdzogs pa'i byaṅ chub, anuttarā-samyak-saṃbodhiḥ, 無上正等菩提)를 성취하여 부처를 이루었다.

"무소득(ma thob pa, 無所得)", 대승 수행자가 성취한 부처의 과위 역시 자성이 없고, 불법승 모두 자성이 없다는 뜻이다.

부처를 이룬 후 부처의 부사의한 신구의 공덕을 얻는다.

1. 부처님 몸(佛身)의 공덕

부처님의 법상(mthsan bzaṅ po, 法相)은 간단하게 설명하면 불신(佛身)이다. 부처님의 상(相)은 매우 장엄하여 부처님께서 경을 설하실 때 눈을 깜박이지 않고 보는 사람도 있고, 설법을 마쳤는데도 여전히 보는 사람도 있다. 백년을 바라보아도 모자랄 정도로 부처님 몸의 공덕(sku'i yon tan)은 심히 장대하다.

부처님의 신체는 삼십이상(mthsan bzaṅ po sum cu so gnyis, 三十二相) 팔십종호(dpe byad brgyad cu, 八十種好)의 장엄상(莊嚴相)이다. 상(mthsan bzaṅ po, 相)은 그것을 지닌 자가 대장부(skyes bu chen po, uttamapuruṣa, 大丈夫)임을 뜻하며, 호(dpe byad, 好)는 그 안에 공덕을 갖추고 있다[227]는 의미이다.

용수 보살은 『중관보만론(dbu ma rin chen phreṅ ba, 中觀寶鬘論)』에서 부처

님 상호의 공덕을 설하였다.[228] 성문과 연각 아라한의 복덕, 그리고 다함이 없는(無盡) 세간의 복덕을 합하여 그것의 10배를 곱하면 불신(佛身)의 한 모공상(毛孔相)을 성취하고, 전체 모공상의 복덕의 100배를 이루어야 한 종호(種好)를 성취하며, 80종호의 복덕의 100배를 이루어야 한 법상(法相)을 성취하고, 32상의 복덕의 1,000배를 이루어야 부처의 백호상(zhal mdzod spus brgyan pa'i mthsan bzaṅ, 白毫相)을 성취하며, 백호상 복덕의 100,000배를 이루어야 육계(dbu gtsug tor daṅ ldan pa'i mthsan bzaṅ, 肉髻相)을 성취하고, 육계상 복덕의 1,000조배를 이루어야 범음성상(gsuṅ thsaṅs pa'i dbyaṅs 'dra ba'i mthsan bzaṅ, 梵音聲相)을 성취할 수 있다.

또한 부처님 상호의 각 부분에는 불법의 공능이 있다. 육계와 모공에는 지혜의 공능이 있어서 모든 법의 행상을 명확하게 관할 수 있다. 따라서 부처님의 신체는 두루 편만하여 모든 경계를 알 수 있으며 부처님의 말씀과 부처님의 뜻이 그와 동시에 두루 편만하게 미친다. 그래서 "온 세계는 부처의 몸에 비춰지고, 부처의 몸은 온 세계를 두루 비춘다."라고 말씀하셨다.

불신의 비밀은 부사의하다. 예를 들어 불타의 육계(佛頂)는 위로 우러러 볼 때 네 손가락 높이로 보이지만 실제 높이는 헤아릴 수 없다. 『불설여래부사의비밀대승경(de bzhin gshegs pa'i gsaṅ ba bsam gyis mi khyab

---

227 불신(佛身)을 공덕을 다른 중생들이 이해하도록 나타낸 장엄이기에 그렇다.
228 『중관보만론』에서는 다음과 같이 설하였다.
"수업 겁 동안 한결같이 쌓은 선업으로도 부처님의 터럭 하나조차 생기게 할 수 없다네.(bskal ba bye ba brgya phrag ni/ gcig tu bsags pa'i dge bas kyaṅ/ saṅs rgyas ba spus nyag gcig kyaṅ/ bskyed par nus pa ma yin no//)" (2.100)

pa bstan pa, 佛說如來不思議祕密大乘經)』에 따르면 한 지력(持力) 보살이 신통력으로 무량세계를 날아 올라갔으나 끝내 정수리 꼭대기(肉髻)를 보지 못하고 지쳐서 돌아왔다고 한다.

부처님의 몸은 '투명하게 맑은 광명을 자성으로 갖는 무지개 몸 (dwaṅs gsal 'od kyi raṅ bzhin can gyi 'ja lus)'으로 그 빛은 눈부시게 비춘다. 『비나야경('dul ba luṅ, 毘奈耶經)』에서는 이와 같은 불신에 대해 세 가지 비유로 찬탄하였다.

> 불은 몸의 형태에 따라 둘러쌓여 머무는 것과 같고,
> 불꽃은 버터로 가득 채워진 것과 같으며
> 버터등은 황금 등잔(燈盞)에 놓은 것과 같다.[229]

부처의 몸에서 뿜어져 나오는 각각의 광명은 수없는 유정과 중생의 근기를 성숙시키고 해탈시키며, 모든 중생 앞에서 부처는 그들이 받아들일 수 있는 색신의 형태로 화현하고, 그들이 이해할 수 있는 언어로 설법한다. 또한 사람들이 불신을 뵐 때 불신을 이루고 싶은 생각을 들게 하고, 불신이 되는 복덕자량을 추구하여 자량을 쌓게 하는 것도 불신의 사업 공덕이다.

불타의 법의(法衣)는 언제나 좌우로 손가락 네 마디 정도 신체에서 떨어져 있지만 가까이서 부처님을 뵈러 온 사람들은 부처님 몸의 윤곽을 분명하게 볼 수 있다. 불타의 두 발은 땅에 닿지 않았지만 법륜

---

[229] Tib: me lus kyi dbyibs su 'dug pa lta bu/ me lce mar gyis gtams pa lta bu/ mar me gser gyi snod du bzhag pa lta bu//

이 새겨진 발자취를 뚜렷하게 남길 수 있다. 만약 부처님께서 길을 걷다가 개미 등의 중생이 발밑에 들어가면 그들은 7일간 대락에 잠겼다가 천신계로 왕생한다.

2. 부처님 말씀(佛語)의 공덕

부처님 음성에는 64가지의 어공덕(語功德)이 있다. 쫑카빠 대사께서 인용한 『제자품(bden pa po'i le'u, 大寶積經 諦者品)』에서는 다음과 같이 설하였다.

> 온 세상의 일체 중생들이
> 한 순간에 의심에 관하여 질문하여도
> 그들 하나 하나 앞에서 그만큼의
> 몸과 말씀을 한 순간에 드러내어
> 행하시지만 분별 또한 적멸에 이르게 하시네.[230]

석존께서 경전을 설하실 때 가까이서 들으면 음성이 크지 않고 멀리서 들으면 음성이 작지 않아 음성의 크기가 동일하게 들린다. 중생이 부처님 말씀을 들으면 구절 구절마다 자신의 번뇌를 찌르는 것과 같아서 모든 말씀을 받아들이게 된다. 특별한 것은 서로 다른 종족이 한 자리에서 설법을 들어도 각자 자신에게 익숙한 언어로 들리는 점이다. 티베트인이 설법을 듣게 되면 티베트어, 중국인이 설법을 듣게 되면 중국어로 들린다. 근기가 다른 사람이 서로 다른 문제로 여쭈어도 부처님은 동시에 그에 대한 회답을 주실 수 있기 때문

---

[230] Tib: 'jig rtan kun gyi sems can thams cad kyis/ dus gcig nyid du the thsom don zhus kyaṅ/ de dag re re'i mdun du'aṅ de snyed kyi/ skyu daṅ gsuṅ gi bkod pa dus gcig tu/ mdzad pa mdzad kyaṅ rtog pa nyer zhi ba//

에 그들 각자 자신의 질문에 대한 답을 들을 수 있다.
부처님에게는 이와 같은 부사의한 어공덕이 있다.

3. 부처님 뜻(佛意)의 공덕

부처님은 대지혜, 대자비, 능력이 원만한 의공덕(意功德)이 있다.

1) 부처님 자비의 공덕
　대자대비, 부처님의 자비의 공덕을 의미한다. 부처님은 육도 중생을 모두 평등하게 보시고, 모든 중생을 아끼신다. 불타의 대자비심은 우리들의 그것과 다르다.
　『백오십찬(brgya lṅa bcu pa, 百五十讚)』에서 설하기를

> 이 일체 중생은
> 차별없이 번뇌의 속박에 묶여있다.
> 당신은 중생의 모든 번뇌를
> 해방하기 위해, 오랫동안 대비심(大悲心)을
> 지켜오셨네.[231]

　우리 범부는 일반적으로 고통받는 중생을 보아야 비심이 일어난다. 때로는 비심이 있을 때도, 없을 때도 있고, 비심이 커지거나 감소하기도 한다. 그리고 부처님은 중생의 고통을 늘 지켜보기 때문에 대비심이 부단하며 끊임없이 중생을 제도한다. 이것이 부처가 갖춘 비공덕(悲功德)이다.

---

[231] Tib: 'gro ba 'di dag thams cad ni/ khyad med nyon moṅs rnams kyis bciṅ/ khyod ni 'gro ba'i nyon moṅs dag/ dgrol slad yun riṅ thugs rjes bsdams//

2) 부처님 지혜의 공덕

　대지혜, 부처님의 지혜의 공덕을 의미한다. 모든 연기의 이치, 모든 경계를 부처님은 능히 알 수 있다. 불타의 지혜는 언제나 어디서나 그 어떤 장애없이 일어난다.

　『찬응찬(bsṅags 'os bsṅags bstod, 讚應讚)』에서 설하기를

> 세존께는 모든 시간에 포섭되는 법과
> 일체 상(行相)이 마음의 소행처(所行處)가 되네.
> 장중(掌中)의 여감자(餘甘子)처럼
> 당신 마음의 소행처가 되네.
> 모든 법이 동(動)과 부동(不動)을 갖추었고
> 하나와 여럿 각각에
> 허공에 바람이 불듯
> 당신 마음에 걸릴 바는 존재하지 않네.232

　앞의 네 구절은 일체 유위법은 연기에 의한 것임을 부처님께서 명확하게 보시는데 마치 손안에 든 여감자(skyur ru ra, amalaki, 餘甘子)233를

231　Tib: 'gro ba 'di dag thams cad ni/ khyad med nyon moṅs rnams kyis bciṅ/ khyod ni 'gro ba'i nyon moṅs dag/ dgrol slad yun riṅ thugs rjes bsdams//

232　Tib: bcom ldan dus kun gtogs pa'i chos/ rnam kun thugs kyi spyod yul gyur/ lag mthil skyur ru ra lta bur/ khyod kyi thugs kyi spyod yul gyur/ chos rnams g.yo daṅ mi g.yo bcas/ gcig daṅ sna thsogs so so la/ mkha' la rluṅ dag rgyu ba bzhin/ khyod kyi thugs dag thogs mi mṅa'a//

233　크기는 포도알보다 크고 자두보다 작은 정도이며, 신맛이 매우 강하고 투명한 연두색을 띤 열매로 주로 약재로 쓰인다. 불교에서는 약사여래의 3대 약재 중 하나이다.

보는 것과 같이 매우 명확하게 볼 수 있다는 의미이다. 이것은 부처님 마음의 소연경이다.

뒤의 네 구절은 일체법, 즉 기세간과 정세간 등의 모든 법을 부처의 의식으로 관할 때 마치 허공에 바람이 불 듯 조금의 막힘도 없이 모든 것을 아시며 한 점의 의혹조차도 없다는 의미이다.

3) 부처님 능력의 원만함

부처님의 의공덕(意功德)에는 부처님 능력의 원만함도 포함된다. 부처님의 능력은 불가설(brjod du med pa, 不可說)이다. 부처님은 어디에나 계시고 매 순간 유정 중생에게 가지를 내려주시기에 우리가 청정한 신심을 내면 곧 부처님의 가지를 입을 수 있다.

부처의 의공덕은 가장 수승하고 미묘하다. 우리가 불보살께 귀의한 그날부터 불보살께서는 우리 곁에서 그림자처럼 함께하시며 지켜주시고 계심을 우리 모두 알아야 한다. 우리에게 어떠한 고통과 번뇌가 있는지 부처님은 모두 아신다. 부처님께서 이러한 지혜를 갖고 계시는 것은 부처의 의공덕이다. 이뿐만 아니라 매 순간 불멸의 대비심을 갖추고 있는 것 또한 부처의 의공덕이기도 하다. 그 외의 천신, 혹은 아라한의 의공덕이나 신통의 능력에는 한계가 있어 중생의 모든 고통을 알 수 없다. 예를 들어 아라한이 멸정에 들면 중생의 고통을 지각하지 못한다. 일반 세간신들도 개개인의 고통은 알지 못한다. 만약 우리가 위기와 재난을 겪을 때 이러한 세간신들에게 도움을 구하면 설령 그들이 그 어려움을 알게 되더라도 우리를 구할 능력이 반드시 있는 건 아니다. 또한 능력이 있다고 해서 우리를 구할 수 있는 것도 아니다. 보통의 세간신은 대자대비를 갖고 있기 않기 때문에 대자대비의 바탕 위에 위덕과 능력을 갖추고 있으며 우리를 반드시 구원할 수 있는 분은 오직 부처님뿐이다.

제9장
삼사도(三士道)

오도는 모두 삼사도에 포섭되는데 소승 오도는 삼사도 중 중사도에 속한다. 대승 오도는 상사도에 속한다.

삼사도는 또한 공통의 도와 공통적이지 않은(不共) 도로 나뉜다. 하사도와 중사도는 대소승 공통의 도인데 대소승 모두 하사도와 중사도를 수습하기 때문이다. 상사도는 공통의 도가 아니다. 상사도는 오직 대승 수행자만이 수습하는 도이다.

중사도에서는 주로 출리심과 계정혜 삼학을 닦는다. 출리심과 삼학은 대소승이 만나는 수행으로 대소승 공통의 학처이다. 하사도에서 닦는 죽음의 무상함('chi ba mi rtag pa, 死無常), 귀의 발심, 업과 인과 등 또한 대소승 공통의 학처이다.

공통의 하사도는 해탈과 성불을 위하여 닦는 하사도를 말한다. 단지 인간계와 천신계라는 선취(善趣)를 얻기 위해 닦는 하사도는 불공의 하사도이다. 공통의 중사도는 부처의 과위를 목적으로 닦는 중사도인데 단지 아라한과를 얻기 위해 닦는 것은 불공의 중사도이다. 상사도는 불공의 도만 존재한다.

제10장
보살(菩薩)

제1절 보리살타(菩堤薩埵)

"보리살타(菩堤薩埵)"

앞서 설명했듯이 "보리(byaṅ chub, bodhi, 菩堤)"는 깨달음(rtoga pa)과 단멸(spaṅs pa)을 의미한다. '깨달음'은 '공성을 깨닫는 것'이고, 가장 원만한 깨달음은 부처님의 지혜로 깨닫는 것으로 '일체종지(rnam pa tham cad mkhyen pa, 一切種智)'를 얻는 것이다. '단멸'은 '번뇌를 끊는 것'이고, 가장 철저한 단멸은 번뇌장과 소지장 모두 끊는 것으로 '무주처열반(mi gnas pa'i myaṅ 'das, 無住處涅槃)'을 얻는 것이다.

"살타(sems dpa', sattva, 薩埵)"는 용감함(snyiṅ stobs chen po)을 의미한다. 부처의 지혜와 열반을 추구하는 것 외에 용감하게 육도 중생을 구하고자 하는 마음, 이 세 가지가 결합되면 보리심이고, 하나라도 없어서는 안된다. 어떻게 보리심을 일으킬 수 있는가. 그것은 '인과칠지결'과 '자타평등교환법'을 닦음으로써 일으킬 수 있다. 연각 또한 용감한 마음 가짐을 지녔지만 중생을 제도하고자 하는 보리심이 부족하여 부처를 이루지 못하고 연각 아라한이 되었다.

제2절 십바라밀다(十波羅蜜多)

"의반야바라밀다고(依般若波羅蜜多故)"

보살이 부처를 이루려면 반야의 지혜에 의지해야 한다. 이것이 바로 '반야바라밀다(shes rab kyi pha rol tu phin pa, prajñā-pāramitā, 般若波羅蜜多)'이다.

산스끄리뜨어를 한문으로 음역한 '바라밀다(波羅蜜多)'의 보다 정확한 발음은 '빠라밋따(pāramitā)'이고, 번역하면 '도피안(pha rol tu phin pa, 到彼岸)'이며, 이것을 다시 줄여서 '도(phyin, 度)'로 번역하면 육도(六度), 십도(十度)로 나뉜다. 육바라밀은(phar phyin drug, ṣaṭ-pāramitā, 六波羅蜜多)은 육도(六度), 십바라밀은(phar phyin bcu, daśa-pāramitā, 十波羅蜜多)는 십도(十度)라고 칭하는데, 우리가 여기서 다룰 것은 십바라밀이다. 보살은 바라밀을 수행함과 동시에 초지 보살에서 10지 보살에 이르기까지 서로 다른 바라밀에 의지하여 다른 보살의 과위를 이룬다.

1. 보시바라밀다(布施波羅蜜多)

보시바라밀(sbyin pa'i phar phyin, dānā-pāramitā, 布施波羅蜜多)에는 3가지가 있는데, 재보시(財布施), 법보시(法布施), 무외시(無畏施)이다.

1) 재보시(zaṅ ziṅ gi sbyin pa, 財布施)

가장 큰 보시는 스승과 삼보께 공양을 올리는 것이다. 불상을 조성하는 것 역시 큰 공양에 속하며, 보시바라밀도 여기에 속한다.

우리 범부에게는 재물을 통해 밤낮으로 복을 쌓는 일곱 가지 방법(rdzas las byuṅ ba'i bsod nams bdun, 有依七福業)²³⁴을 비롯한 여러 도행(道行)이 있다.

첫 번째 방법은 수계(受戒)이다. 만약 오늘부터 오계(五戒)²³⁵를 받고 계를 수지하기 시작하면 파계에 이르기 전까지 끊임없이 복덕을 쌓을 수 있다. 계를 도중에 파계하지 않으면 죽음에 이를 때까지 밤낮으로 복을 쌓을 것이다.

두 번째 방법은 불상을 조성하는 것이다. 불상을 세우겠다고 발심한 사람에게는 그런 생각을 하면서부터 복덕이 쌓이기 시작하는데, 불상이 조성되고 나서 얼마나 오래 지속될 수 있느냐에 따라서 밤낮으로 복이 쌓인다.

세 번째 방법은 승려에게 공양을 올리는 것이다. 출가인에게 장기간 공양을 올리면 이 또한 밤낮으로 복을 쌓게 된다.

---

234 유의칠복업의 일곱 가지는 다음과 같다. 1)승가 대중에게 전각(殿閣)을 보시하는 것(dge 'adun gyi sded la gtsug lag khaṅ phul ba), 2)방사(房舍)를 보시하는 것(kun dga' ra ba phul ba), 3)침구(寢具)와 묘의(妙衣)를 보시하는 것(mal stan daṅ gos phul ba), 4)식사 공양이 끊이지 않도록 매일 보시하는 것('thso ba nar ma ni nyin re bzhin bza'a btuṅ phul ba), 5)출가자의 갑작스런 방문에도 음식을 공양하는 것(dge 'dun glo bur du 'oṅs pa la zas phul ba), 6)환자와 간병인에게 필요한 물품을 보시하는 것(nad pa daṅ nad g.yog la yo byad phul ba), 7)태풍과 우천, 기근 시에 음식을 보시하는 것(rluṅ daṅ char pa daṅ mu ge'i dus su bza'a btuṁ phul ba)이다.

235 우바새(dge bsnyen pha, upāsaka, 優婆塞)와 우바이(dge bsnyen ma, upāsikā, 優婆夷)가 받는 다섯 가지 별헤탈계(so sor thar pa'i sdom pa, 別解脫戒)로 불살생(不殺生), 불투도(不偸盜), 불사음(不邪淫), 불망어(不妄語), 불음주(不飮酒)이다.

네 번째 방법은 큰 병이 든 사람을 도와주는 것이다. 그 사람의 일을 도와주고, 시중을 들거나 병을 치료해주며, 돈을 받지 않고 도움을 주거나 혹은 돈을 대신 지불해서 도와주는 것들이 밤낮으로 복을 쌓는 한 방법이 된다.

이와 같은 방법으로 일곱 가지를 비롯하여 여러 가지가 있으며 가난한 사람들에게 재물을 베풀거나 기부와 자선 활동을 하는 모든 행위도 재보시에 속한다.

2) 법보시(chos kyi sbyin pa, 法布施)

스승들이 경전의 가르침을 전하는 것이 법보시이다. 우리 일반인은 아직 법을 설할 능력이 없는데 어떻게 법보시를 할 것인가. 다음과 같은 관상법을 통해서 법보시가 가능하다. 자신이 석가모니불이라고 관상을 하고, 가슴에서 백색 광명이 사방으로 방사되고 그 빛이 육도 중생을 맞이(迎請)한다. 그들이 자기 앞에 무릎을 꿇고 앉아 있으며, 그들을 향해 큰 소리로 『반야심경』을 염송하여 눈 앞의 중생들에게 법음으로 보시를 한다. 염송을 마치면 가슴에서 다시 밝은 빛이 나와 육도 중생을 비추고 그들을 제도시켰음을 관상한다. 이와 같은 관상법도 일종의 법보시이다.

3) 무외시(mi 'jigs pa'i sbyin pa, 無畏施)

중생에게는 여러 공포가 있는데[236] 이러한 공포에서 벗어나도록 구제하는 것이 무외시이다. 무외시의 과보는 건강과 장수이다. 예를

---

236 재난에 대한 공포, 맹수에 대한 공포, 도둑 등 범죄에 대한 공포 등이다.

들어 방생으로 중생의 생명을 구한다면 방생은 무외시일 뿐만 아니라 가장 수승한 보시이다. 왜냐하면 재보시, 법보시, 무외시 세 가지를 모두 갖추고 있기 때문이다.

의사가 재물을 목적하지 않으면 매일 무외시를 행할 수 있다. 매일 사람을 구해주기 때문에 그가 행하는 모든 의료 행위는 무외시가 되는 것이다. 약을 주는 것도 무외시인데 재물을 목적하지 않으면 재보시와 무외시 모두 구족하게 된다. 자신의 돈으로 약을 준비하여 병자에게 주면 무외시와 함께 재보시가 되는 것이다.

그 외에 중생이 도움을 필요로 할 때 앞장서서 도와주는 것도 무외시이다. 예를 들면 늦은 밤 겁 많은 사람을 집에 데려다 준다든지, 누군가 괴롭힘 당하는 것을 보면 그것을 말린다든지 등이다.

2. 지계바라밀다(持戒波羅蜜多)

계율은 모든 공덕을 낳는 토대이다. 계율의 본질은 불선을 끊는 마음(spoṅ sems)이다. 만약 불선을 끊는 의식이 없다면 불선을 행하지 않더라도 계율을 지키는 것이 아니다.[237] 지계바라밀(thsul khrims kyi phar phyin, śīla-pāramitā, 持戒波羅蜜多)에는 섭율의계(攝律意戒), 섭선법계(攝善法戒), 요익중생계(饒益衆生戒) 세 가지가 있다.

1) 섭율의계(攝律意戒)

신구의 삼문을 조복하여 일체 불선업을 짓지 않는 것, 이것이 섭율의계(nyes spyod sdom pa'i thsul khrims, 攝律意戒)이다. 불살생(不殺生), 불투도(不偸盜), 불사음(不邪淫) 세 가지는 신문(身門)으로 행하는 것이고, 불망어(不妄語), 불양설(不兩舌), 불악구(不惡口), 불기어(不綺語) 네 가지는 구문(口門)으로 행하는 것이며, 불탐욕(不貪慾), 불진에(不瞋恚), 불사견(不邪見) 세 가지는 의문(意門)으로 행하는 것으로 이것이 섭율의계이다.[238] 모든 별해탈계는 섭율의계에 속한다.

별해탈계는 여덟 가지(so tar rigs brgyad)가 있는데, 우바이계(bge bsnyen gyi sdom pa, 優婆夷戒), 우바새계(dge bsnyen ma'i sdom pa, 優婆塞戒), 사미계(dge

---

237 실질적으로 계율을 수지하는 신문(身門)과 구문(口門)으로 선법을 행함에 있어서, 먼저 마음의 동기가 되는 사업(smes pa'i las, cetanā-karman, 思業)을 일으키고서 신문과 구문으로 행하는 사이업(bsam pa'i las, cetayitvā-karman 思已業)이 발생하므로 그 본질은 불선업을 끊는 마음(spoṅ sems)에 있다.
238 위 열 가지는 십불선(十不善)을 제거하는 계(mi dge bcu spoṅ gi thsul khrims)라고도 한다.

thsul gyi sdom pa, 沙彌戒), 사미니계(dge thsul ma'i sdom pa, 沙彌尼戒), 식차마나계(dge slob ma'i sdom pa, 式叉摩那戒), 비구계(dge sloṅ gi sdom pa, 比丘戒), 비구니계(dge sloṅ ma'i sdom pa, 比丘尼戒), 소승의 근주계(bsnyen gnas kyi sdom pa, 近住戒)[239]이다.

별해탈계는 주로 신문과 구문을 다스려 조복한다. 비구계 역시 대부분 신문과 구문의 계율이고 의문의 계율의 거의 없다. 예를 들어 타인의 재물을 훔치는 것(偸盜)은 신체를 사용하여 행하는 것이다. 불살생, 불사음 모두 신체에 관한 계율이다. 그 위에 불망어를 더하여 네 가지 근본타죄(rtsa ltuṅ bzhi, 四根本墮罪)는 신문과 구문의 계율이고, 불음주(chaṅ spoṅ ba, 不飮酒) 역시 신문의 계율이다.

보살계와 밀승계는 주로 의문을 다스려 조복한다. 왜냐하면 우리의 마음은 마치 농구공과 같아서 여러 생각들이 끊임없이 튀어나오며 한 곳에 정하지 못하기 때문에 마음의 청정함을 지키기가 어렵다.

계율을 잘 수지하고 지키면 밤낮으로 복덕 자량이 쌓인다. 출가승의 별해탈계와 재가자의 오계는 중생의 계율[240]로 청정하게 수지하면 일생동안 매일 복덕을 쌓을 수 있다.[241]

보살계와 밀승계는 영속(永續)적인 계율[242]로 청정하게 수지하면 세

---

239 소승의 근주계는 오직 재가자만 받는 계율이지만, 대승포살(大乘布薩)에서는 출가자도 근주계를 수지한다.
240 별해탈계는 출리심으로 그 동기를 일으켜서 받는 계율이기 때문에 윤회의 속박에 묶여있는 중생이 별해탈계 수지의 대상이 된다.
241 별해탈계를 수지할 수 있는 기간은 수계를 받은 이후부터 생을 마감할 때까지이다.
242 의문(意門)의 계율이기 때문에 색법인 신문과 구문이 사라져도 의문은 상속(相續)되어 계율이 소멸되지 않으므로 영속적인 계율이다.

세생생 복덕 자량을 쌓아 공덕이 쉼 없이 증장된다.

2) 섭선법계(攝善法戒)

보리심의 서원을 실천하는 일체 선법을 섭선법계(dge ba' i chos sdud pa' i thsul khrims, 攝善法戒)라 이른다. 성자 보살들께서 이러한 섭선법계를 수지하고 계시니 우리 범부들도 뒤따라 배우고 닦아야 한다. 자선, 봉사활동, 방생 등도 모두 여기에 포함된다.

3) 요익중생계(饒益衆生戒)

일체 중생을 널리 이롭게 하는 것을 요익중생계(sems can don byad kyi thsul khrims, 饒益衆生戒)라 이른다. 중생을 이롭게 하는 것은 모두 행할 수 있는데, 예를 들면 지친 이에게 휴식처를 제공하고, 배고픈 이에게 끼니를 제공하며, 괴로움을 겪는 이에게 위로와 안심을 주고, 병든 이를 치료하며, 삶의 길을 헤매는 이들에게 길안내를 해준다.

3. 인욕바라밀다(忍辱波羅蜜多)

인욕바라밀(bzod pa'i phar phyin, kṣānti-pāramitā, 持戒波羅蜜多)에는 세 가지가 있는데, 1)내원해인(耐怨害忍): 타인으로부터 해침을 받고도 되갚음을 생각하지 않는 인욕, 2)안수고인(安受苦忍): 질병이나 재해 등의 고통을 감수(甘受)하는 인욕, 3)제찰법인(諦察法忍): 해를 가하는 행위, 해를 가하는 대상, 해를 가하는 방식 등 삼륜(三輪)에 자성이 없음을 관찰하여 제법의 자성이 공함에 대한 두려움을 이겨내는 인욕이다.

1) 내원해인(耐怨害忍)

내원해인(gnod byed la ji mi snyam pa'i bzod pa, 耐怨害忍)은 다른 사람으로부터 상처받고, 욕을 먹고, 억울해도 참고 견뎌내는 인욕이다. 무슨 연고로 참고 견뎌야 하는가. 이 모든 것은 자기 자신이 전생 혹은 금생에 지은 업이 현현하여 받게 된 과보이기 때문에 그것을 즐거이 받아들인다면 업의 장애는 결국 소멸하게 된다.

초온 지역의 자쿵 사원에서 어떤 라마와 게셰가 서로 마음이 맞지 않아서 이 라마는 게셰를 해하려고 하였다. 한번은 사원 내에서 물건이 도난당했었는데, 라마는 벽보를 써서 사원 대문에 붙였다. 벽보엔 도난당한 물건은 게셰가 훔친 것이라는 내용으로 쓰여있었는데, 정작 게셰는 그것에 대해 일언반구도 하지 않았다. 주변의 모든 이들이 벽보를 보고서 게셰가 도난에 대한 변명을 하지 않았기에 그가 물건을 훔쳤다고 생각하였다. 그 뒤로 2년 후 한 마을 사람이 도난 당한 물건을 사원에 돌려보냈는데, 그가 그 물건을 훔쳐 집에 돌아온 뒤로 언제나 악몽을 시달렸고 결국 스스로 잘못된 행위를 후회하며 사원에 물건을 반납한 것이다. 그제서야 사람들은 게셰가 인욕

수행을 하였다는 것을 알게 되었다.

다른 이로부터 모함을 받고, 억울한 일을 당하더라도 만약 그것을 참고 견뎌낼 수 있으면 능히 큰 업의 장애도 소멸시킬 수 있다. 살아생전 도둑질했던 업까지 제거할 수 있으니, 경전을 제대로 이해한 사람이라면 이것이 업을 제거할 좋은 기회라 생각하며 즐거이 견뎌낼 것이다.

2) 안수고인(安受苦忍)

수법(修法) 혹은 중생을 이롭게 할 때 어떤 고통이 있더라도 모두 참고 견뎌내는 것을 안수고인(sdug bsnal dan len gyi bzod pa, 安受苦忍)이라 한다. 예를 들어 경전을 염송하거나 공통의 수행을 할 때 줄곧 자리를 떠나지 않고 앉아있으면 다리도 아프고, 발도 저리고, 요통이 오는데 이것들을 참고 견뎌낼 수 있는 것, 이것이 안수고인이다.

3) 제찰법인(諦察法忍)

여기서 '제(諦)'는 승의제(勝義諦)를 말한다. 제찰법인(chos la ñes shes kyi bzod pa, 諦察法忍)은 무슨 뜻인가. 불법을 배우고 닦는 과정에서 '이제(二諦)'를 관찰하고, 공성을 수습할 때 큰 어려움들(예를 들면 경론을 배우며 겪는 여러 가지 어려움 등)을 겪게 되는데 이 때 포기하지 않고 견고함을 유지하는 것을 제찰법인이라 한다.

예를 들어 스승께서 경을 설하실 때 어떤 때는 설법이 길 때도 있는데 여기서 여러분이 앉아서 듣다 보면 몸이 저리고 쑤시는 아픔도 모두 참을 수 있어야 한다. 경을 청문하다 얻는 병은 업의 장애를 소멸하는 과정으로 인식해야 한다. 한번은 경전을 법문할 때 법문을 시작한 날 감기가 걸린 적이 있는데, 법문을 마칠 즈음 감기도 나아졌다. 이것이 바로 업장을 소멸시킨것이다. 설령 다시 고통이 발생하여도 인욕으로 견뎌내야 한다. 이것이 바로 인욕의 수법이다.

4. 정진바라밀다(精進波羅蜜多)

정진은 나태함을 없애고, 동시에 불선업을 짓는 것을 막을 수 있다. 정진바라밀(brtson 'grus kyi phar phyin, vīrya-pāramitā, 精進波羅蜜多)은 세 가지가 있는데, 피갑정진(披甲精進), 섭선법정진(攝善法精進), 요익중생정진(饒益衆生精進)이다.

1) 피갑정진(披甲精進)
선법(善法)을 행하거나 불법을 배울 때 전쟁터에서 갑옷을 입은 병사처럼 위험을 두려워하지 않고 용감하게 앞으로 나아가 모든 인연을 파제(破除)하는 정진을 피갑정진(go cha'i brtson 'grus, 披甲精進)이라 한다.

2) 섭선법정진(攝善法精進)
육바라밀의 토대 위에 가행 정진(sbyor ba'i brtson 'grus) 하는 것을 섭선법정진(dge ba'i chos sdud pa'i brtson 'grus, 攝善法精進)이라 한다. 범부에겐 이 정진이 없으며 성문과 연각의 아라한에게도 없다.

3) 요익중생정진(饒益衆生精進)
요익 중생은 하나의 계율이며, 중생을 이롭게 하는 측면으로 향하는 정진을 요익중생정진(sem can gyi don bya ba'i brtson 'grus, 饒益衆生精進)이라 한다. 정진바라밀을 닦을 때 '무상관' 부터 닦아야 하는데, 무상함의 이치를 깨닫고 마음에 삶의 무상함에 대한 염상(念想)이 떠오르면 물 흐르듯 자연스럽게 저절로 정진하게 된다.

5. 선정바라밀다(禪定波羅蜜多)

간단하게 설명하면, 육바라밀 중 몸과 마음이 모두 심일경성으로 선정에 드는 것을 선정바라밀(bsam gtan gyi phar phyin, vīrya-pāramitā, 精進波羅蜜多)이라 한다. 선정을 성취하면 희유한 능력과 많은 공덕을 얻는다. 선정에는 현법낙주정(現法樂住定), 인발공덕정(引發功德定), 요익중생정(饒益衆生定)이 있다.

1) 현법낙주정(現法樂住定)

현법낙주정(mthoṅ chos la bder gnas kyi bsam gtan, 現法樂住定)은 신경안과 심경안을 얻어 안락에 주하는 선정으로, 선정을 성취한 이후의 공덕이다.[243]

만약 신경안의 선정에 이르면 몸은 극도로 가벼워지고 편안해진다. 나의 스승이신 깰상 최좀(skal bzaṅ chos 'dzoms) 린포체께서는 이미 젊은 시기에 선정을 성취하셨는데 몸이 매우 가벼워서 90세가 넘어서도 일어설 때 손으로 바닥을 짚지 않고 한번에 일어나셨다. 초온 지역은 일조가 강해서 스승께서 머리를 천으로 두르고 거리를 나설 때 그의 뒷모습을 본 사람들은 그의 가벼운 걸음걸이를 보고 젊은 승려라고 착각하기도 하였다.

---

243 대개 몸과 마음의 경안은 구주심(九住心)을 거쳐 위빠사나를 성취할 때 얻게 되는데, 위빠사나를 성취한다고 해서 반드시 경안을 얻게 되는 것은 아니다. 예를 들어 무색계의 천신은 위빠사나를 성취하였지만 그들에게는 경안이 존재하지 않는다. 무색계는 신체가 존재하지 않기 때문에 신경안은 존재할 수 없으며, 마음의 낙수(樂受)도 존재하지 않기 때문에 심경안도 존재할 수 없다.

2) 인발공덕정(引發功德定)

인발공덕정(yon tan mṅon par sgrub pa'i bsam gtan, 引發功德定)은 선정의 토대 위에 신통 등의 공덕을 수습하는 선정이다.

한번은 한 시주자가 부처님께 공양을 올리려하는데 시주자의 집에서부터 석존께서 머무시던 곳까지의 거리가 60킬로미터 이상 떨어져 있었는데 어떻게 갈 것인가. 바로 신통력을 사용해서 가는 것이다. 부처님께서는 아난 존자에게 "신통력이 있는 제자는 가고, 신통력이 없는 제자는 남으라."라고 말씀하셨다. 신통력의 유무를 어떻게 살필 수 있는가. 석장('khar gsil, 錫杖)이라는 나무 지팡이가 있는데, 이는 출가자의 자구(yo byad, 資具) 중 하나이다. 아난 존자는 석장을 들고 비구 앞에 가져가는데 석장을 잡은 비구는 자신에게 신통이 있음을 증명해야 하고 이로써 부처님과 함께 갈 수 있다. 석장을 잡지 않으면 갈 수 없다. 석장을 나눌 때 어떤 이는 선정은 있지만 신통이 없던 출가자였다. 그는 부처님과 동행하고 싶어했고 그 자리에서 바로 신통을 닦아서 찰나에 신통력을 얻게 되었다. 그리고 그는 석장을 잡고서 부처님과 함께 신통력으로 시주자의 집으로 날아갔다.

3) 요익중생정(饒益衆生定)

요익중생정(sems can don byed kyi bsam gtan, 饒益衆生定)은 선정의 능력으로 중생을 이롭게 하는 것으로, 다른 이에게 가지(加持)를 주고, 일의 성취 등을 도와주는 것이다.

6. 지혜바라밀다(智慧波羅蜜多)

지혜의 본질은 관찰대상에 대한 감별능력과 선악을 구별하는 능력으로, 즉 관찰 대상의 시비(是非), 선불선(善不善) 등을 판별하는 능력이다. 지혜바라밀(shes rab kyi phar phyin, prajñā-pāramitā, 般若波羅蜜多)은 승의해지혜(勝義解智慧), 세속해지혜(世俗解智慧), 요익중생해지혜(饒益衆生解智慧)로 나눌 수 있다.

1) 승의해지혜(勝義解智慧)

승의해지혜(don dam shes pa'i shes rab, 勝義解智慧)는 공성을 깨닫는 지혜로, 연기성의 공함을 깨닫는 지혜를 말하며, 이것은 곧 제법의 본질을 대한 지혜이다.

연기성의 공함에 대해서는 각 학파의 종의가 다른데 겔룩파에서 중관의 견해는 용수보살의 중관이취육론(dbu ma rigs tshogs drug, 中觀理聚六論)을 근거로 따른다. 석존께서는 재세시에 삼전법륜(chos kyi 'khor lo rim pa gsum, 三轉法輪)을 굴리시었는데 중관이취육론은 중전법륜('khor lo gnyis pa, 中轉法輪)인 무상법륜(mthsan nyid med pa'i chos 'khor, 無相法輪)을 토대로 한다. 겔룩파의 중관의 견해는 다른 학파의 종의가 원만하게 융합되어 있기 때문에, 승의제의 견해와 지혜의 견해에 있어서 최승이고, 최후의 구경이며, 최상의 원만을 갖추었다.[244]

---

[244] 여기서 언급된 다른 학파는 티베트의 종파인 닝마, 까규, 싸꺄 등이 아니라 인도의 불교 철학의 4대학파를 의미한다. 티베트의 모든 종파는 인도 학파의 종의를 통합, 판석하는 작업을 하였고, 그들 모두 종의의 정점에 중관학파의 견해를 최상으로 두고 있다. 겔룩파 역시 인도 학파의 종의를 통합, 판석하는 작업

2) 세속해지혜(世俗解智慧)

세속해지혜(kun rdzob shes pa'i shes rab, 世俗解智慧)는 대오명학(rig gnas che ba lṅa, 大五明)과 소오명(rig gnas chuṅ ba lṅa, 小五明)245의 지혜를 말한다. 예를 들어 대오명의 세분류인 성명(sgra rig pa, śabdavidyā, 聲明), 공교명(bzo rig pa, śilpa, 工巧明), 의방명(gso ba rig pa, cikitsā, 醫方明), 인명(gtan tshig rig pa, hetu, 因明), 내명(naṅ don rig pa, adhyātma, 內明)은 모두 세속해지혜에 포함된다.

부처가 되려면 모든 학문에 통달해야 한다.246 더 많이 배우면 배울수록 중생을 제도하는데 큰 도움이 된다.

3) 요익중생해지혜(饒益衆生解智慧)

요익중생해지혜(sems can gyi don shes pa'i shes rab, 饒益衆生解智慧)는 중생이 금생과 내생에 복덕을 쌓고, 선을 행하고 불선은 끊으며, 업의 장애를 제거하는 등의 방법과 중생을 위해 헌신하고 사업하는 지혜를 주는 것이다.

을 하였는데 그 해석과 논리 구조에 있어서 가장 치밀하고 수승하다는 평가를 받는다.
245 수사학(snyan ṅag, 修辭學), 사조학(mṅon brjod, 辭藻學), 운율학(sdeb sbyor, 韻律學), 극장학(zlos gar, 劇場學), 성상학(skar rtsis, 星象學)
246 이에 대해 미륵보살의 『대승경장엄론(mdo sde rgyan, 大乘經莊嚴論)』에서는 다음과 같이 설한다. "오명학에 힘쓰지 않으면 최상의 성자라 할지라도 일체종지를 얻지 못하기에, 그러므로 다른 것을 조복하여 섭수(攝受)하고, 스스로 모든 종상(種相)을 요해하기 위해 거기에 힘쓴다네.(rig pa'i gnas lṅa la brtson pa ma byas na/ 'phags mchog gis kyaṅ thams cad mkyen nyid mi 'gyur te/ de lta bas na gzhan dag thsar bcod rjes bzuṅ daṅ / dag nyid kun shes bya phyir de la de brtson byed/)"

중생에게 일을 가르칠 때 어떤 일이 선한 일이고 어떤 일이 나쁜 일인지 먼저 스스로 판별하는 능력이 있어야 한다. 이런 지혜가 없다면 본래 중생을 위해 좋은 일은 한다는 것이 종국에는 나쁜 일이 되어버리는 경우도 있다.

7. 방편바라밀다(方便波羅蜜多)

　중생을 제도할 때 서로 다른 근기의 중생에 맞춰 각기 적합한 방편의 법문으로 인도하는 것이 바로 방편바라밀(thabs kyi phar phyin, upāya-pāramitā, 方便波羅蜜多)이다.

　우리 같은 범부에게는 삼사도(skyes bu gsum, 三士道)의 보리도차제(byaṅ chub lam rim, 菩堤道次第)가 가장 적합한 법문 중 하나인데 이것이 방편 법문이다. 차제에 따라서 한 걸음씩 수습해 나가면 반드시 성취를 이룰 것이다. 만약 어떤 사람이 전생이나 금생에 이미 출리심을 얻었다면 그에게 하사도를 설할 필요가 없고, 중사도 혹은 상사도에서부터 시작하면 된다. 이것이 그 사람에게 가장 맞는 방편 법문이다. 만약 조작되지 않은 견고한 보리심을 갖추었다면 삼사도를 하나하나 밟지 않고도 곧바로 금강승의 이종차제를 설할 수도 있다.

　그 외에도 다른 방편 법문이 있다. 어떤 사람이 전생에 관세음보살 수법을 닦은 적이 있는데 만약 그가 금생에도 이 수법을 계속 이어갈 수 있도록 가르친다면 관세음보살의 가지력을 얻고 성취를 이룸에 있어서 누구보다 빠를 것이다. 숙명통(sṅon gnas rjes dran gyi mṅon shes, 宿命通)을 갖춘 스승은 제자가 전생에 아미타불 수법을 닦았는지, 문수보살 수법을 닦았는지 볼 수 있고, 금생에도 이 본존 수행을 계속 수습해갈 수 있도록 가르친다면 그는 비교적 쉽게 배우고 닦을 수 있다. 이것이 방편 법문이다.

8. 원바라밀다(願波羅蜜多)

원바라밀(smon lam gyi phar phyin, praṇidhāna-pāramitā, 方便波羅蜜多)은 어떤 의미인가. 중생을 고통을 보고서 보살은 서원을 일으킨다. 예를 들면, 보살은 아귀 중생을 보고서 그들이 매일 음식을 취할 수 있기를 서원한다. 육도 중생이 모두 뜻하는 바대로 되기를 서원한다. 모든 중생의 의식주가 부족하지 않기를 서원한다. 서원력은 부사의하다. 보살의 서원력은 수행이 깊어짐에 따라 그 계제가 상승하고, 서원의 위력은 갈수록 증가하며, 서원의 수 또한 많아지고, 구경에 이르러 이 모든 것이 실현될 것이다.

까담파의 스승 게셰 뽀또와(dge bshes po to ba)께서는 어릴 때부터 자주 서원을 세우곤 하였다. 누군가가 걷고 있는 모습을 보면 그는 "당신이 무사히 평안하게 도착하길 바랍니다."라고 말을 건넸으며, 걸인을 보면 배불리 먹고 따뜻하게 입기를 기도하였다.

우리는 보통 자신의 적을 향해서는 그들 뜻대로 되지 않기를 희망한다. 그가 영원히 성공하지 않기를 바란다. 하지만, 보살은 그렇지 않다. 보살에겐 적이 없기 때문이다. 그래서 어떤 스승은 자신의 서원을 "저의 복덕, 보살이 원하시는 바 모두 이뤄지게 하소서."하고 보살을 향해 회향한다.

『입보리행론』에서는 다음과 같이 설하였다.

> 보살들께서
> 중생의 이로움 마음에 품는대로 이루어지게 하소서.
> 보호주께서 생각하시는 그 어떤 것도

중생에게 또한 맞닿게 하소서.247

보살의 서원이 실현되면 중생은 고통을 여의고 안락을 얻게 된다.

9. 역바라밀다(力波羅蜜多)

역바라밀(stobs kyi phar phyin, bala-pāramitā, 力波羅蜜多)의 역(stobs, 力)은 법력(法力) 또는 공능(nus pa, 功能)을 의미한다. 역에는 두 가지가 있는데, 사택력(so sor rtog pa'i stobs, 思擇力)과 수습력(bsgoms pa'i stobs, 修習力)이다. 사택력은 혜력(shes rab kyi stobs, 慧力), 수습력은 정력(tiṅ ṅe 'dzin gyi stobs, 定

---

247 Tib: byaṅ chub sems dpa' rnams kyis ni/ 'gro don thugs la dgoṅs 'grub shog/ mgon po yis ni gaṅ dgoṅs pa/ sems can rnams la' ṅ de 'byor shog// (10.49)

248 1. 처비처지력(gnas daṅ gnas min mkhyen pa'i stobs, 處非處智力),
2. 업이숙지력(las kyi rnam par smin pa mkyen pa'i stobs, 業異熟智力),
3. 종종계지력(khams sna thsogs mkyen pa'i stobs, 種種界智力),
4. 종종승해지력(mos pa sna thsogs mkyen pa'i stobs, 種種勝解智力),
5. 근승렬지력(dbaṅ po sna thsog mkyen pa'i stobs, 根勝劣智力),
6. 변취행지력(thams cad du 'gro ba'i lam mkyen pa'i stobs, 遍趣行智力),
7. 정려해탈등지등지염정지력(bsam gtan daṅ rnam par thar ba daṅ tiṅ ṅe 'dzin daṅ snyoms par 'jug pa daṅ kun nyon daṅ rnam byaṅ daṅ ldan pa tham cad mkyen pa'i stobs, 靜慮解脫等持等至染淨智力),
8. 숙주수념지력(sṅon gyi gnas rjes su dran pa mkyen pa'i stobs, 宿住隨念智力),
9. 사생지력('chi 'pho ba daṅ skye ba mkyen pa'i stobs, 死生智力),
10. 누진지력(zag pa zad pa mkyen pa'i stobs, 漏盡智力)

力)을 말한다. 역은 다양한 방식으로 드러나는데, 오력(stobs lṅa, pañca-balāni, 五力), 십력(stobs bcu, daśa-tathāgatabala, 十力)[248]등이 있으며, 공능은 중생을 제도하고 교화하는 능력의 바탕에서 체현된다.

10. 지바라밀다(智波羅蜜多)

대지혜는 등지 보살 이상에서 닦는다. 지바라밀(ye shes kyi phar phyin, jñāna-pāramitā, 智波羅蜜多)에는 수용법락지(chos la loṅ spyod pa'i ye shes, 受用法樂智)와 성숙유정지(sems can smin par byed pa'i ye shes, 成熟有情智)가 있다.

수용법락지는 제법의 특성과 공통성(共性), 불공성(不共性)에 완전히 통달하는 지혜의 능력이다. 성숙유정지는 일체 중생의 소양과 자질을 관찰할 수 있고, 증상에 대치할 수 있는 지혜의 능력이다.

제11장
내윤회(內輪廻)

"심무가애 무가애고(心無罣碍 無罣碍故)"

해탈과 성불이 없는 한 거듭하여 육도에서 윤회한다. 윤회의 원인에는 직접인(dṅos rgyu, 直接因)과 간접인(brgyud rgyu, 間接因)이 있다. 윤회의 간접인은 탐진치 삼독의 번뇌로 특히 무명으로 인해 일어나는 탐욕과 분노이다. 윤회의 직접인은 업(業)으로, 신구의 삼문에 의해 만들어진 업은 업력에 이끌리게 되며, 이렇게 형성된 윤회를 내윤회(skye ba'i 'khor ba, 內輪廻)[249]라고 한다.

중생에겐 팔만사천 가지의 번뇌가 있고, 번뇌의 근원은 탐진치 삼독이며, 번뇌장은 윤회의 간접인이다.[250] 그러나 번뇌장은 업의 장애를 일으키고 업은 윤회를 일으켜 그 업이 윤회의 직접인이 되도록 만든다. 해탈을 얻으려면 번뇌장과 업의 장애를 제거해야 한다. 번뇌장을 끊고 업을 짓지 않으면 더 이상 윤회는 하지 않는다. 여기서 말하는 마음의 "가애(sgrib pa, 罣碍)"는 바로 번뇌와 업이다.

---

249 여기에 더불어 중생이 윤회하는 외부적 터전이 되는 기세간(snod kyi 'jig rten, 器世間)을 외윤회(snod kyi 'khor ba)라고 한다.
250 번뇌장의 정의는 다음과 같다. "번뇌를 갖춘 그 모든 무지(無知)이자 해탈을 가로막는 장애."

제1절 번뇌

번뇌에는 여섯 가지 근본번뇌(六根本煩惱)와 스무 가지 수번뇌(二十隨煩惱)가 있다.251

1. 6근본번뇌(rtsa ba'i nyon moṅs pa drug, 六根本煩惱)

6근본번뇌는 탐(貪), 진(瞋), 무명(無明), 만(慢), 의(疑), 견(見)이다.

1) 탐('dod chags, rāga, 貪)

'탐'은 좋아하는 대상을 탐하는 것이다. 탐욕이 있으면 마음이 심일경성에 머물 수 없고 평정을 유지할 수 없다. 무착(thogs med, Asaṅga, 無著) 보살의 『대승아비달마집론(mṅon pa kun btus, 大乘阿毘達磨集論)』에서 다음과 같이 설하였다.

> 탐(貪)은 무엇이냐 하면, 삼계를 애착하는 것으로, 고통을 일으키는 유업자(有業者)이다.252

---

251 6근본번뇌와 20수번뇌 모두 심왕(gtso sems, 心王)에 상응하여 일어나는 심소(sems byuṅ, 心所)에 해당한다.
252 Tib: 'dod chags gaṅ zhe na/ khams gsum pa yi rjes su chags pa ste/ sdug bsṅal bskyed pa'i las can no//

여섯 가지 근본번뇌 중 '탐'을 첫 번째로 꼽는 이유가 있다. 6근본번뇌를 다시 수렴하면 탐진치 삼독이 되는데, 그 중에서 '탐'은 우리를 윤회의 고통에 빠뜨리는 근본이 된다. 따라서 탐을 단멸하면 윤회의 속박에서 벗어날 수 있다.

2) 진(khoṅ khro, pratigha, 瞋)

'진'은 성내고 증오하는 마음(瞋恨)으로, 좋아하지 않는 것이나 다른 대상을 미워하는 것이다. 이는 다른 존재를 향한 미움과 함께 해를 가하려는 마음을 갖게 된다. 원수나 경쟁상대를 마주하게 되면 마음이 극도로 분노하고 상대에게 위해를 가하고 싶어진다. 때로는 유정이 아닌 대상에게도 '진'이 일어나는데, 예를 들면 화가 나서 컵을 깨는 등이다.

모든 번뇌 중에서 '진'은 가장 맹폭한 것으로 일체 선근을 파괴하고, 삼악도에 떨어뜨리는 주요 원인이다. '진'이 일어나면 마치 기름에 불이 붙는 것과 같아서 그것을 막을 겨를이 없고, 누겁(累劫) 동안 쌓아온 선근의 복덕이 괴산(壞散)되어 그 과실은 매우 심각하다. 세간의 살생이나 쟁투도 대부분 '진'에 의해 유발되고, 전쟁도 일으켜 수많은 생명이 목숨을 잃어버리기도 한다.

어떻게 '진'을 단멸할 수 있을까. 항상 인욕을 힘써 닦아야 한다. 『입보리행론』에서는 다음과 같이 설하였다.

> 완고한 중생은 허공과 같아서
> 그들을 모두 조복한다는 것은 다가올 수 없는
> 일이기에
> 성내는 마음 이 하나를 조복한다면

         모든 적을 조복한 것과 같다네.253

　이 뜻은 다음과 같다. 세상에는 완고하여 길들여지지 않는 중생들이 허공처럼 헤아릴 수 없을 정도로 많은데 어찌 그들을 모두 조복할 수 있겠는가. 하지만 내 안의 '성냄'을 적멸할 수 있다면 마치 외부의 적을 모두 조복하는 것과 같다.
　이에 대해 『입보리행론』에서는 다음과 같음과 같이 설하였다.

         증오와 같은 죄가 없고,
         인욕과 같은 고행이 없다네.254

　그래서 '진'의 허물에 사로잡히지 않도록 그 대치로 인욕 수행을 해야 한다.

3) 무명(ma rig pa, avidyā, 無明)
　제법의 실상을 모르는 것을 '무명'이라 한다. 연기성의 공함을 알지 못하고, 육도 윤회를 알지 못하며, 번뇌, 고통의 인연, 인무아, 법무아를 알지 못하는 것 모두 무명의 번뇌에 속한다.
　예를 들어 날이 어두워졌을 때 길바닥의 노끈을 보고서 뱀으로 착각하여 두려워하는 것은 무명의 번뇌에 관한 전형적인 비유이다. 사

253　Tib: sems can mi srun nam mkha' bzhin/ de dag gzhom gyis yoṅ mi laṅ/ khro ba'i sems 'di gcig bcom na/ dgra de thams cad choms daṅ 'dra// (5.12)
254　Tib: zhe sdaṅ lta bu'i sdig pa med/ bzod pa lta bu'i dka' thub med//

물의 실체를 제대로 보지 못했기 때문에 아집이 생겼고, 한번의 집착으로 많은 번뇌와 고통이 야기되었다.

무명에는 인아집(gaṅ zag gi bdag 'dzin, 人我執)과 법아집(chos kyi bdag 'dzin, 法我執)이 있다.255 이 두 아집을 제거하면 다른 번뇌는 자연스레 소멸되기 때문에 무명은 모든 번뇌의 근원이다.

4) 만(ṅa rgyal, māna, 慢)

'만'은 '아만'으로, 거만하고 자만하며, 남을 업신여기는 것이다. 예를 들어, 자신이 조금 배웠다고 해서 스스로를 대단하게 여기고, 자만이 생겨 상대방을 향해 우월감을 드러낸다. 혹은 재물이 조금 있다고 해서 자신을 장자(長者)로 보는 것도 아만의 표현이다.

늘상 아만을 품고 있으면 그는 내생에 결코 좋은 과보를 받지 못하는데, 노비나 하인처럼 타인의 시중을 드는 사람이 될 수 있다. 불선업을 쌓아 노비로 태어나는 경우를 보자면 이러하다. 전생에 지은 업으로 악도에 떨어졌다가 다시 사람으로 태어나서 업이 성숙되는 성인이 될 때 이전의 그 업이 완전히 소멸되지 않아 노비나 하인이 되는 것이다.256 현생에서 불행해 보이는 하인의 삶을 사는 이는 어느 생에 거만한 삶을 살았을 수도 있다.

---

255 무명의 분류 방식은 여러가지가 있지만 이것은 케듭 땐다르와(mkhas grub bstan dar ba)의 『우마타쬐(dbu ma mtha' dpyod, 般若辨析)』에서 분류한 방식이다.
256 업의 성숙이 다음 생 이후부터 일어나 받게 되는 업을 순후수업(lan graṅs gzhan la myoṅ 'gyur gyi las, 順後受業)이라 한다.

5) 의(the thsom, vicikitsā, 疑)

'의'는 '의혹'으로, 불신하는 것이다. 불법의 바른 이치, 선악의 업력, 세간 일체의 사실을 의심으로 믿을 수 없게 하여 선업행의 문을 막고 사견을 일으켜 무의미한 시비와 악업을 낳는다.

'의혹'은 성취에 있어서 가장 큰 장애이다. 비록 수행의 정진에 매달릴지라도 마음 속에서는 진짜로 인과가 있는지 점점 의심의 싹이 트기 때문에 성취에 장애를 일으키는 것이다. 선업을 지은 후에도 과연 경전에서 설하시는 만큼의 큰 과보가 있는지, 악업을 지으면 정말 악의 과보가 있는지 등의 '의혹'을 거두지 못한다. 그러면, 선근의 복덕은 생기기 어려워지고 그리하여 수행은 갈수록 어려워져 결국 성취가 불가능해진다.

인과는 헛되지 않으며 모든 사람에게 공평하게 적용된다. 불교를 배우는 사람도, 선한 사람도, 악의 과보를 받을 수 있다. 이것은 과거의 악업이 현재 성숙되어 과보를 낳은 것이다. 그러므로, 우리는 그러한 단편만을 보고서 불법을 배우는 것에 의심을 일으켜서는 안된다. 불법을 배우는 데도 악과를 받을 수 있다고 해서 불법의 배움을 무가치하게 생각하지도 말아야 한다. 불법을 배우는 사람은 설령 악의 과보가 드러나더라도 제도받을 기회가 있다. 예를 들면 불치병에 걸린 사람이 부처님의 명호를 염송하고, 오체투지를 하며 방생 등을 통하여 완치되는 경우가 그러하다. 또 어떤 선량한 사람은 전생의 업력으로 금생에 가난과 질병을 갖게 되었는데, 불법을 배운 후 삼보의 가지에 힘입어 고통에서 벗어나 서방정토에 왕생할 수도 있다.

이와는 반대로 많은 악인은 악의 과보가 출현하면 제도받을 수 있는 기회를 놓친다. 어떤 사람은 온갖 악행을 저지르면서도 편안하게 살아가는데 이것은 그의 전생의 복이 있기 때문이다. 비록 그가 금생에는 많은 악행을 저질렀지만 전생의 복덕이 매우 커서 그것이 아직 소진에 이르지 않았기에 그러한 삶을 계속 유지할 수 있는 것이다. 결국 복이 다하면 필연적으로 고통을 겪고, 악도에 떨어질 수 밖에 없다. 그래서 인과법에 대하여 불필요한 의혹을 품거나 오해를 해서는 안된다. 인과는 부사의하므로 단편적으로 이해할 수 있는 것이 아니다.

공성을 직관적 인식이 아니라 추론적 인식에 의해서 깨달았다 할지라도 공성을 깨달은 이후로는 더 이상 인과에 대해 의혹을 갖지 않는다. 공성을 깨달으면 인과응보에 대한 이해가 깊어지고 의혹없는 믿음으로 인과를 신해(信解)하기 때문이다.

「연기주(rten 'brel snyiṅ po'i gzuṅ sṅags, 緣起呪)」에서는 다음과 같이 설하였다.

> 옴, 일체 존재하는 모든 법은 원인에 의해 생겨났다.
> 원인, 그것들은 여래께서 설하셨다네.
> (고통의) 원인 (그것들의) 모든 멸함을
> 대사문(大沙門)께서 설하셨도다, 쓰와하.[257]

부처님께서 연기성이 공함을 설하실 때 만유는 연기에 의한 것이고 그것은 곧 인과라고 하셨다. 모든 사물이 독립적으로 존재하는 것은 없으며 상호 의존적이라는 것을 우리는 알고 있다. 한 개의 컵을

---

[257] Skt: oṃ ye dharmā hetu prabhavā hetun teṣāṃ tathāgato hyavadat teṣāṃ cayo nirodha evaṃ vādī mahāśramaṇaḥ svāhā

보더라도 그것을 구성하는 많은 재료로 이뤄졌으며 그 구성 요소는 단일하지 않다.

그와 동시에 제법은 여소유성(如所有性)으로 모두 공성이고, 무자성이며, 무상한 것이다. 매 순간 찰나로 변화하지만 우리가 알아채지 못할 뿐이다. 공성을 깨닫고 나면 이런 것들이 명징해지고, 무상함의 이치를 깨닫고 나면 공성의 증각에 가까이 머무는(近住)는 상태에 이른다.

인과의 체계를 보다 심오하고 광대하게 이해할수록 공성을 깨닫는데에 있어서 큰 조력이 된다. 연기성의 공함을 진정으로 이해하는 사람은 인과에 대한 의문을 갖지 않는다. 그러나 바른 이해에 도달하지 못한 사람은 뜻대로 일이 되지 않는 상황을 마주할 때 의문을 일으킬 수 있기 때문에, 평소에 부지런히 문사(聞思)를 닦아 공성의 이해에 보다 가까이 도달하도록 하여야 의혹을 한 점이라도 더 끊을 수 있다.

일상에서 흔히 볼 수 있는 작은 의심조차 그 허물이 크다. 가까운 벗, 가족과 나누는 정(情)도 오래가지 못한다. 특히 법의 형제들의 경우 함께 해탈을 향해 나아가는 인연이기 때문에 의심이 만들어내는 균열의 번민은 그 해악이 크다. 법의 인연은 승의적 대의로 함께하기 때문에 서로에 대한 신뢰와 책임감이 부여되고 법을 통해 서로 의지할 수 있는 관계가 되어야 하는데, 만약 사소한 일로 불만을 품고 근거없는 의심을 하게 된다면 그 믿음과 정은 깨져버리고 만다.

6) 견(lta ba, dṛṣṭi, 見)

'견'은 '악견(lta ba ṅan pa, 惡見)', '비정견(非定見)'으로, 내도의 교리에서 어긋난 견해를 말하며, 괴취견(壞聚見)258, 변집견(邊執見), 사견(邪見),

견취견(見取見), 계금취견(戒禁取見), 이 다섯 가지로 분류한다.

(1)괴취견('jig tshog la lta ba, 壞聚見)
'괴('jig, 壞)'는 오온이 무상한 것임을 의미하고, '취(tshog, 聚)'는 오온의 화합을 의미한다. '견(lta ba, 見)'은 오온을 '자신(自我)'와 '자신의 소유(我所有)'의 관점으로 인식하는 것을 의미한다. 이러한 견해는 비정견으로서 괴취견이라 한다. 자신의 신체와 대상을 '자아'과 '아소유'로 집착하며, 이러한 집착에 의해 허구로 만든 '나'를 진실된 자아로 받아들인다. 이렇게 진실된 자아로 집착할 때 상견(rtag lta, 常見)으로 왜곡되다, 상변(常邊)에 떨어지다, 유변(有邊)에 집착하다, 라고 말한다.

공성을 깨닫기 전 대부분의 사람들은 유견, 혹은 상견을 갖고 있고, 공성을 유상(有常)으로 집취하는 견해를 갖고 있는 사람은 적다. 공성을 이해할 때 양극단에 떨어지지 않고, 가장 올바른 것이 중도의 견해임을 깨닫게 된다.

(2)변집견(mthar 'dzin pa'i lta ba, 邊執見)
변집견의 '변(mtha', 邊)'은 상변(rtag mtha', 常邊) 혹은 단변(chad mtha', 斷邊)을 의미한다. '집('dzin pa, 執)'은 제법의 존재에 대하여 유상함으로 집착하거나, 존재하지 않는 단절로 집착함을 의미한다.

---

258 앞에서는 살가야견(薩迦耶見)이라고 기술하였고, 일반적으로 유신견(有身見)이라는 용어로도 쓰고 있으나, 여기서는 티베트어 용어 해설로 인하여 티베트어인 '직촉('jig tshogs)'의 의미를 직역한 표현을 사용하였다.

공성을 헤아리는 과정에서 두 가지 극단적 비정견이 생길 수 있다. 하나는 제법이 존재한다면 그것들이 영원해야 한다는 집견인데 이것은 상변에 떨어진 것이고 상견이라고도 한다. 다른 하나는 만약 제법이 무상하다면 어떠한 사물도 반드시 존재하지 않는다는 집견인데 이것은 단변에 떨어진 것이고 단견이라고도 한다.

단견을 집취하는 사람은 악취공에 떨어지기 쉽고, 심할 경우 전생과 내생의 후속 결생(nyiṅ mtshams sbyor ba, 結生)을 인정하지 않으며, 제법이 공하면 아무것도 존재하지 않는다고 생각한다. 그러므로 비정견 중 가장 위해가 큰 것이 단견이다.

비정견인 변집견과는 달리 우리의 정견은 중도를 지향하는 중관의 견해이다. 그 요지는 다음과 같다. 제법과 보특가라는 유상하거나 존재하지 않는 것이 아니다. 그것들은 무상하면서 존재하는 것이다.

(3) 사견(log par lta ba, 邪見)

사견은 부정확하고 그릇된 인식이다. 예를 들면 바른 법과 인과를 믿지 않는 것, 선악의 공능과 과보가 뒤바뀐 것 등이 사견에 해당된다.

(4) 견취견(lta ba mchog tu 'dzin pa'i lta ba, 見取見)

견취견의 첫번째 '견(lta ba, 見)'은 앞에 설명하였던 괴취견, 변집견, 사견이다. '취(mchog tu 'dzin pa, 取)'는 집착을 내려놓지 못하는 것으로, 앞서 세 가지 비정견에 대해 진실이라고 집취하는 것이다. 이 견해는 '결과가 아닌 것을 결과로 헤아리는 것(非果計果)'으로, 자신이 과위를 증득한 것이 아닌데, 망집(妄執)으로 과위를 증득하였다고 착각

하는 것이다.259

(5)계금취견(tshul khrims daṅ brtul zhugs mchog tu 'dzin pa'i lta ba, 戒禁取見)
　계금취견은 외도에게만 존재하는데 계취견(戒取見)과 금취견(禁取見) 두 가지로 분류된다.

(ㄱ)계취견(tshul khrims mchog tu 'dzin pa'i lta ba, 戒取見)
　어떤 외도들은 세상의 주재자는 대자재천왕(tshaṅs pa chen po, 大自在天王) 혹은 대범천왕(dbaṅ phyug chen po, 大梵天王)이니, 해탈을 위해 주재자께 충심을 다해야 한다고 생각한다. 충심을 다하는 방식은 자신의 목숨을 스스로 끊거나, 자신의 딸, 연인, 심지어는 은인까지 죽이는 것이다. 이것을 계취견이라 한다. 그릇된 망견에 의거해 형성된 계이며, 이러한 계는 삿된 계일 뿐이다.

(ㄴ)금취견(brtul zhugs mchog tu 'dzin pa'i lta ba, 禁取見)
　금취견은 외도들의 금행(brtul zhugs, 禁行)에 있어서 잘못된 인식과 행동을 의미한다. 예를 들면 어떤 외도들은 나체인 상태여야만 해탈할 수 있다고 하여 하루종일 나체로 지내고, 어떤 외도들은 온종일 한쪽 다리로만 서 있으며, 동틀녘부터 해질녘까지 줄곧 태양만 바라보면서 이렇게 행하여야 해탈할 수 있다고 생각한다. 어떤 외도들은 우

---

259 비정견을 정견으로 집취하였기 때문에 과위가 아닌 것을 과위로 착각하는 양상이 나타난다. 예를 들면 자성이 존재한다고 집취하는 이가 진아(眞我)를 얻어 과위를 증득했다고 착각하는 것이 이와 같다.

계(牛戒), 견계(犬戒), 계계(鷄戒) 등을 지키는데 그들은 신통력이 있어서 어떤 닭과 개가 죽은 후 승천하는 모습을 보고서 해탈한 줄 알고는 매우 부러워한다. 그러나 그들은 이러한 동물이 승천한 것은 자신의 인과보응 때문이라는 것을 이해하지 못한채 동물의 일부 다른 행동 습성 때문에 해탈하였다고 생각하여 각 동물의 특정 행동 양식을 자신에게 요구한다. 예를 들면 계계를 지키는 것은 매일 닭과 같이 한 다리로 서는 것이고, 우계를 지키면 소가 머리를 숙여 풀을 먹는 것과 같은 모습 등이다. 이러한 것들이 금취견에 해당된다.

2. 20수번뇌(nye ba'i nyon mons pa nyi shu, 二十隨煩惱)

수번뇌는 수면(隨眠)의 번뇌, 수혹(隨惑)이라고도 하며, 근본번뇌의 그 지말(枝末)로 포함되어 일어나는 번뇌이다. 수번뇌는 20가지로 분(忿), 한(恨), 부(覆), 뇌(惱), 질(嫉), 간(慳), 광(誑), 첨(諂), 교(憍), 해(害), 무참(無慚), 무괴(無愧), 혼침(惛沉), 도거(掉舉), 불신(不信), 해태(懈怠), 방일(放逸), 망념(失念), 부정지(不正知), 산란(散亂)이다.

1) 분(khro ba, krodha, 忿)

'분'은 눈 앞의 대상을 향해 화를 직접적으로 표출하는 마음(心所)으로, 눈 앞에서 자신의 마음과 상반되는 대상과 마주하는 정경(情景)에 '분'이 나타난다. 예를 들면, 마음에 들지 않는 사람, 물건, 환경, 상황 등을 마주하게 될 때 진에가 증폭하여 크게 화가 일어나는 것이 '분'이다. '분'이 일어나는 대상에는 9가지(kun nas mnar sems kyi dṅos po dgu, 嫌隙九事)가 있고, 이것을 다시 세 종류로 나눈다.

(1) 이전에 나를 해친 적이 있고, 현재에 나를 해치고 있으며, 미래에 나를 해칠 대상.
(2) 이전에 나의 친척과 친구를 해친 적이 있고, 현재에 해치고 있으며, 미래에 해칠 대상.
(3) 이전에 나의 원수를 이롭게 한 적이 있고, 현재에 이롭게 하고 있으며, 미래에 이롭게 할 대상.

'분'에 대하여 어떻게 대치할 것인가. 화가 일어나면, 화를 내었던 지난 과오를 많이 생각하거나 혹은 인욕수행을 통해서 그것을 대치한다. 먼저 원을 세운다. "나는 오늘 인욕 수행을 해야 한다. 만약 다른 사람이 나를 욕하고 원망하여도 나는 결코 화를 내지 않을 것이다.' 이렇게 발원하면 화의 대치에 효과적일 것이다.

2) 한('khon 'dzin, upanāha, 恨)

혐극구사(嫌隙九事)의 대상이 마음에 떠오르면 나를 해쳤던 일, 그 상처를 잊지 못하고 끊임없이 생각하게 되어 복수까지 하게 되는 그러한 마음 상태를 '한' 이라고 한다.

'분' 은 눈 앞에 나타난 사람, 일, 사물에 대하여 화가 일어나는 마음이라면, '한' 은 과거에 발생했던 사람과 일에 대하여 화가 일어나는 마음이다.

3) 부('chab pa, mrakṣa, 覆)

'부' 는 죄를 감추는 것이다. '부' 자체는 말과 행동으로 지은 업은 아니다. 이전에 지은 악업에 대해서 자신의 재물과 명예(myed bkur, 名利)를 위해 고의로 자신의 과실을 숨겨서 다른 사람이 모르게 하는 마음이다. '부' 의 가장 큰 위해는 바로 죄업을 없앨 수 없다는 것이다. 죄업을 없애려면 자신의 죄업을 말로써 드러내고 참회해야 한다. 죄악을 숨기면 그 업은 매일같이 배로 늘어난다. 그래서 우리는 가능한 한 자신이 기억할 수 있는 죄업을 불보살전과 스승 앞에서 말로 드러내어 참회해야 한다.

4) 뇌('tshig pa, pradāśa, 惱)

'뇌' 는 초조함과 괴로움을 견딜 수 없는 마음으로, 눈 앞에 자기 뜻대로 되지 않거나 화가 나는 상황에 대해 초조하고 안절부절하여 견딜 수 없는 상태의 마음이다. '분'과 '한'이 계속 커지면서 그것들이 원인이 되어 마음이 편치않고 짜증이 나며 화가 나는데, 번민을 견딜 수 없어 물건을 던지거나, 욕설을 하고 때릴 정도로 화를 내기도 하여 그 번민은 더욱 커진다. 인욕 수행으로써 '뇌'를 대치할 수 있다.

(5) 질(phrag dog, irṣyā, 嫉)

'질'은 다른 이의 외모, 건강, 재산, 즐거움, 성공, 공덕 등에서 자신보다 우월한 것을 보면 견딜 수 없이 화나 나서 불안감과 함께 평정을 잃어버리는 마음을 말한다.

자신보다 부족한 사람에 대해 쉽게 일어나는 번뇌는 '만'이고, 자신보다 나은 사람에 대해 쉽게 일어나는 것은 '질'이다. '질'의 대치력은 자애를 닦는 것이고, '질'은 자애가 없다는 표현이다. 어떤 이가 자애심이 있다면 그는 다른 이를 질투하지 않는다. 그 외에도 자주 수희(隨喜)를 닦는 것도 질투를 대치할 수 있다.

6) 간(ser sna, mātsarya, 慳)

'간'은 인색으로, 자신의 그 어떤 소유물도 아까워하여 굳게 쥐고 있는 마음이다. '간'은 '탐'에서 생겨나지만 '인색'과 '탐욕'은 서로 다른 차이가 있다. '탐'은 바라고 구하는 것이 많지만 탐욕이 있다고 하여서 반드시 인색한 것은 아니다. 탐욕이 있는 사람은 끊임없이 자신의 재산이 늘기를 바랄 뿐이다. 그러나 다른 사람이 베품을 원할 때 기꺼이 보시할 수도 있다. 오히려 공덕과 복덕에 대한 욕망이 크기 때문에 자발적인 보시를 하기도 한다. 반면 '간'은 자신의 것을 남에게 주기 아까워하며 인색한 사람은 그것에 욕심을 부리는데 그들은 본디 어떠한 것도 쓰는 것을 아까워하기 때문이다. 심지어 자신의 재물을 자신에게 쓰는 것조차도 아까워하고, 타인과 공유하지도 않는다.

7) 광(sgyu, māyā, 誑)

'광'은 두 가지로 나뉘는 심소인데, 하나는 허위로 과장하여 위선적으로 거짓된 언행을 하는 것이다. 다른 하나는 능력과 공덕이 없는데 있는 것처럼 언행을 꾸미는 것이다. 그 목적은 자신의 명리를 도모하는 데에 있다.

예를 들면 원래 능력이 없는데도 능력이 있는 척하며 일을 처리한다든지, 공덕이 없는데 있는 것처럼 말과 행동을 한다든지, 신통이 없는데 신통이 있는 척을 한다든지, 경전의 가르침을 전할 수 없으면서 가장하여 법을 설하는 이 모든 것들이 죄가 크다.

8) 첨(g.yo, śāṭhya, 諂)

'첨'은 타인에게 신임을 얻기 위해 아첨하는 것이고, 자신의 과실을 숨겨 재물과 명예가 손상되지 않도록 하는 마음이다. 간단히 말해서 '첨'은 마음이 정직하지 않고, 명리를 위해서 다른 사람에게 아첨하는 것이다. '첨'과 '광'은 둘 다 명리를 추구하지만 서로 다른 점이 있다. '광'은 명리를 취하기 위해 다른 이를 기만하는 것이고, '첨'은 명리를 보존하기 위해 타인에게 아첨하는 것이다.

9) 교(rgyags pa, mada, 憍)

'교'는 자신의 용모, 신분, 부, 학문, 지위 등이 구족할 때 마음으로 흡족해하며 우월하다고 생각하는 마음이다. 그런 마음의 태도는 다른 이를 업신여기고, 그들의 장점을 보지 못하며, 교법과 성자를 비방하기 쉽다.

　세상에는 자신보다 용모의 장엄이 아름답고, 종족이 고귀하며, 부유하고, 학문이 깊으며, 지위가 높은 이들이 얼마든지 많은데 이러한 부분을 자주 떠올리면 교만한 마음이 쉽게 일어나지 않는다.

　'교'는 6근본번뇌의 '만'과는 다르다. '교'는 자발적으로 일어나는 자아도취적 심리이지만, '만'은 타인과 비교한 후 자신이 타인보다 우월하다는 생각에 그들을 업신여기는 것이다.

10) 해(rnam par 'thse ba, vihiṃsā, 害)

　'해'는 다른 이에게 상해를 직접 가하는 마음이다. 열뇌(熱惱)가 치밀어 오르면 자애와 비민을 상실하여 격한 충동으로 때리고, 살해를 하고, 위협을 가하는 등의 행위로 다른 이를 핍박하는데 그러한 자신은 정작 심리적 쾌감을 느끼기도 한다.

　어떤 이는 죄업이 무겁고 자비심이 없어서 열뇌의 혼란이 없을지라도 이유없이 다른 존재를 해칠 수 있다. 예를 들어 어떤 이가 길가의 개를 만나면 발로 차거나, 이유없이 물건을 파손하는 경우가 그러하다.

　'해'는 타인을 해치는 것이 아니라 결국 자신을 해치는 것이다. 다른 이를 해치려는 마음은 큰 업의 장애가 되며, 그 과보는 종종 누군가가 나를 해친다는 것을 깨닫게 한다. 그래서 다른 이를 해치려는 마음이 떠오르면 즉시 그것을 끊어버려야 한다. 그렇지 않으면 이러한 마음은 역으로 자신을 평생 해칠 수 있다.

11) 무참(ṅo tsha med pa, āhrīkya, 無慚)

'무참'은 자신의 허물에 대해 스스로 부끄러움이 없는 마음으로, 자중함 없이 대담하게 죄업을 짓는다. 우리 불제자들은 스스로를 존중하고 아끼는 마음을 갖으며, 항상 자신을 성찰하고, 과실이 있을 때 즉시 참회할 수 있어야 한다.

12) 무괴(khrel med pa, anapatrāpya, 無愧)

'무괴'는 자신의 허물이 타인의 비난과 비판에 직면하였을 때 부끄러움을 느끼지 않고, 다른 이에게 미안해 할 상황을 두려워하지 않는 마음이다. 무괴한 사람은 염치가 없는 사람이고, 모두가 업신여기는 사람이며, 그 마음으로 악업을 참회할 가능성도 사라지게 된다.

13) 혼침(rmugs pa, styāna, 惛沉)

'혼침'은 수면에 들어가려는 마음의 상태와 같다. 수행 시 충분한 마음의 힘이 없으면 관상하는 소연상(所緣相)을 명징하게 유지하기 어렵다. 흐릿하고 몽롱한 정신 상태로 성취의 장애가 된다.

수행하는 동안 혼침에 빠질 때 불보살의 공덕을 떠올려 마음의 동기를 일으키는 격려를 하면 그 대치로 마음이 맑게 각성된다. 그래도 혼침에서 벗어나지 못하면 자리에서 일어서거나, 찬물로 세수를 하거나, 신체의 일부를 꼬집거나 한다.

닝마파의 많은 스승들은 길게 땋은 머리를 하고 있었는데, 그들은 혼침을 막기 위해 경전 염송 시 땋은 머리를 어딘가에 걸어 두었다가 혼침에 떨어져 머리를 떨굴 때 고정된 땋은 머리가 머리를 잡아당기게 하여 정신을 차리게 했다.

내가 라모 용진 린포체께 법을 배우는 동안 한 젊은 뚤꾸가 자신의 스승과 함께 린포체의 설법을 들으러 왔다. 뚤꾸의 스승은 매우 엄격하였는데, 용진 린포체께서 경전을 강설하실 때 스승은 뚤꾸 뒤에 앉아 있다가 뚤꾸가 혼침에 빠진 것을 보면 바로 꼬집었다. 용진 린포체께서는 때때로 긴 시간 동안 경전을 설하실 때가 있었는데, 6~7시간에 걸쳐 설하시기도 하였다. 뚤꾸의 스승은 멈추지 않고 끊임없이 뚤꾸를 꼬집었다. 이것은 혼침의 대치법으로, 우리도 혼침시에 이처럼 대치를 행할 수 있어야 한다.

14) 도거(rgod pa, auddhatya, 掉擧)

'도거'는 마음이 소연에 안정된 상태로 머물지 못하는 것으로, 마음이 흐트러져 사방으로 분산되는 심소이다. 그래서 도거는 '산란(散亂)'과 같은 양상을 띠고 있지만 차이가 있다. '도거'는 일반적으로 선정을 행할 때 주시하는 소연경에 마음을 고정시키기 못하고, 마음이 이내 다른 곳으로 향하여 과거의 추억을 회상하는 등의 분별 작용을 일으키는 것으로, '탐'의 일종에 속한다. 자신이 '도거'를 인식하여 그것을 대치해야 함을 알면서도, 흐트러지는 마음의 불안정은 쉽게 다스릴 수 없다.

15) 불신(ma dad pa, āśraddhya, 不信)

'불신'은 자신의 마음이 청정하지 못하여 업, 인과에 관한 믿음인 승해신(yid ches kyi dad pa, 勝解信)과, 삼보의 공덕을 믿는 청정신(dang ba'i dad pa, 淸淨信)과, 해탈의 실현을 목적하는 현구신(mṅon 'dod kyi dadpa, 現救信) 등에 대해 제대로 이해하지 못하여 생기는 불신을 말한다. '불신'은 '무명'의 일종에 속하며, 선근은 미약하고, 업장은 두터워 무지하고 우매하기 때문이다. 오직 눈으로 보이는 세간의 인과만 믿고, 보이지 않는 선악의 업과 인과는 믿지 않으며, 삼보의 공덕, 윤회와 해탈도 믿지 않는다. 이러한 불신은 경론을 배워서 나오는 것이 아니라 인과와 윤회 등에 대해서 잘못 이해하고 있는 데에서 비롯되며, 자신의 주장을 견고하게 고집하여 쉽게 뉘우치지 않는다.

인과를 불신하는 것은 참으로 두려워 할 일이다. 왜냐하면 인과를 믿지 않는 것은 곧 자신에 대한 통제력의 상실로 이어지기 때문이다. 통제력이 없으면 어떤 악행도 저지를 수 있기 때문에 보다 큰 고통을 초래할 수 있다. 결국 내생에 확정적 확률로 악도에 떨어져 지옥의 고통을 마주하게 될 것이다.

16) 해태(le lo, kausīdya, 懈怠)

'해태'는 게으름이다. '해태'는 세 가지260 또는 두 가지 측면으로 분류할 수 있는데 여기서는 두 가지로 분류해 볼 것이다. 하나는 선업을 행하기를 싫어하는 게으름이고, 다른 하나는 악업을 행하는 것을 끊지 못하는 게으름이다. 예를 들어 선법을 듣고, 사유하고, 정진하는 것은 기피하면서도, 오히려 호의호식 등의 좋지 않은 점에 대해선 동경하며 그것에 대해 끊기를 꺼려한다.

'해태'를 대치하려면 '죽음의 무상함('chi ba mi rtag pa, 死無常)'과 '가만의 인신난득(dal 'byor rnyed dka' ba, 暇滿人身難得)'의 이치를 깊이 사유하고 통찰해야 한다. 스스로 이렇게 생각해본다. "이렇게 귀한 사람

---

260 해태는 세 가지 분류가 일반적인데 다음과 같다. '악행을 탐하는 나태(bya ba ṅan zhen gyi le lo, 同惡懈怠)', '선법을 미루는 나태(sgyid lug pa'i le lo, 怯懦懈怠)', '자신을 폄훼하는 나태(raṅ la brnyas pa'i le lo, 輕凌懈怠)'이다.

의 몸을 얻었으니 삶을 낭비하지 말고 부지런히 정진해야 한다." 이런 생각을 지속 거듭하다보면 이 이치를 진정으로 이해할 수 있으며, 견고한 신념이 일어난 후에는 애써 노력하지 않고도 자연스럽게 정진에 임할 수 있다. 강박적인 정진은 소용이 없다.

『입중론』에서 다음과 같이 설하였다.

> 어느 때라도 자유자재로 들어가고 (선취의) 적합한
> 곳에 머무르는 것에서
> 만일 이들이 자기 스스로 (악도에 떨어지는 것을)
> 붙잡지 못한다면
> 낭떠러지에 떨어져 타력(他力)에 끌려들게 되고
> 거기에서 이후에 누가 일으켜 구해주겠는가.[261]

그러므로 가만의 사람의 몸을 얻어 아직 악도에 떨어지지 않았을 때 자신을 제도하기 위해 수행의 정진에 힘써야 하며 결코 게을러서는 안된다.

17) 방일(bag med pa, pramāda, 放逸)

'방일'은 방종(放縱)으로, 무엇이든 부주의하게 거리낌 없이 여기는 제멋대로의 마음이다. 예를 들어 어떤 사람이 파계한 것을 보고서 즐

---

261 Tib: gaṅ tshe raṅ daṅ 'jug ciṅ mthun gnas pa/ gal te 'di dag 'dzin par mi byed na/ g.yaṅ sar lhuṅ bas gzhan dbaṅ 'jug 'gyur pa/ de las phyi nas gaṅ gis sloṅ bar 'gyur// (2.5)

거워하고 자신도 그것을 동경하면서, "남들도 파계했는데, 나도 어찌되든 상관없다."는 식으로 생각하는 마음 상태를 '방일'이라고 한다.
 어떠한 것이든 무신경하며, 대수롭지 않게 여기기 때문에 마땅히 닦아야 할 선업을 행하지 않아 복덕은 증장될 수 없다. 번뇌와 죄업에 대해 대치해야 함에도 불구하고 무신경하게 억념에 두지 않고, 그것을 조복하려 하지 않으며, 말과 행위는 탐진치의 힘에 휘둘린다. 그래서 세존께서 방일은 모든 번뇌의 요소[262]이고, 종래의 문사수의 공덕을 감퇴시키며, 탐진치를 날로 증장시켜 영겁의 시간동안 법의 성취를 가로막고, 악도에 떨어뜨린다고 설하였다.

18) 실념(brjed ṅes pa, muṣitasmṛtitā, 失念)
 '실념'은 망념(妄念)이라고도 한다. 이는 정념(正念)을 소실(消失)한 것으로 즉, 선법을 망각한 것이다. 예를 들어 선정을 수습할 시, 스승의 가르침을 잊어버리는 것 등이 '실념'이다.
 '실념'이 일어나는 이유는, 마음이 망념을 좇아 정념을 소실하기 때문이다. 망념은 각종 번뇌가 일으키는 어지럽게 뒤엉킨 마음으로, 대치에 주의를 기울이지 않으면 망념은 점점 커지고 그에 상응하여 기억력(憶念)은 갈수록 퇴보한다.

19) 부정지(shes bzhin ma yin pa, asaṃprajanya, 不正知)
 '부정지'는 신구의 삼문을 행할 때 생각의 맥락이 불분명하고, 사유가 혼탁한 것을 말한다. 어떤 이가 일을 하는 속에서 자신이 무엇

---

262 방일은 탐진치 삼독 모두에 포함되는 번뇌이기 때문이다.

을 하고 있는지 제대로 자각하지 못하는 상태를 부정지라 한다.

20) 산란(rnam par g.yeṅ ba, vikṣepa, 散亂)

'산란'은 대상을 주시하는 수행 시 소연경에서 마음이 흩어지고, 망념의 산만함을 쉽게 멈출 수 없는 마음 상태이다.

'산란'이 발생하는 가장 큰 원인은 '실념'이지만, 실념과는 차이가 있다. '산란'의 원인은 망념의 산만함과 생각이 어지럽게 뒤엉켜 흩어지기 시작하면서 발생한다. 이전 찰나의 대경(對境)을 명징하게 기억하지 못할 뿐만 아니라, 생각 또한 멈추지 않고 무작위로 계속 변화하여 자신도 모르게 이것을 생각하다가 저것을 생각한다. '실념'은 그러하지 않은데 마음이 대상에서 달아나긴 하지만 소연해야 할 무언가를 생각하면 그 마음을 멈출 수 있다. '산란'처럼 마음이 끊임없이 이리저리 분산되는 것은 아니다.

우리의 마음은 잠시도 쉬지 않고 외경에 대해 끊임없이 생각을 일으키고, 그로 인하여 어지럽게 뒤엉킨 내적 산만함이 유발된다. 특히 현대인의 휴대폰 등과 같은 통신수단은 더 많은 산란을 가져왔다. 한 가지 일에 마음을 고정하는 것은 고사하고 한 곳에 단 몇 분간 마음을 고요하게 머물게 하는 것도 불가능해졌다. 여러 가지 염탁에 물든 마음과 다양한 번뇌, 거기에 먹고, 마시고, 자는 것이 더해져서 마음은 근본적으로 안정되지 않는다.

'산란'의 범위는 매우 넓어서 생각이 복잡하게 뒤엉키는 것은 과거와 현재, 미래를 구분하지 않는다. 또한 거기에 대치를 하려는 생각조차도 쉽게 이르지 않는데 그것은 많은 사람들이 그 근원을 알지 못하기 때문이다. '산란' 또한 번뇌의 일종이라는 것을.

제2절 업

'업장(las sgrib, 業障)'은 번뇌에서 비롯되지만 주요한 것은 우리의 신구의 삼문에 의해 짓는다. 업장은 윤회의 직접인(dṅos rgyu, 直接因)으로 차죄(遮罪)263와 성죄(性罪)264로 나뉜다.

'차죄'는 석존께서 제정한 계율을 수지한 사람들이 구속받는 죄업이고, 계율을 수지하지 않는 사람은 여기에 포함되지 않는다. 예를 들면 오후불식(phyi dro'i kha zas spoṅ ba, 午後不食)의 경우, 일반 재가자들은 오후에 식사를 하여도 죄업이 되지 않지만 팔관재계(bsnyen gnas kyi sdom pa, 八關齋戒)를 받은 수행자는 그것을 취할 수 없다. 취하는 순간 계를 범하게 되는 것이고, 이것이 '차죄'이다.

'성죄'는 내외 공통적으로 업장이라고 명명할 수 있는 본래의 죄업이다. 누가 기준을 정할 필요없이 그것을 짓는 모든 이들에게 죄업이 성립된다. 예를 들어 살생을 하면 그 누구라도 죄업이 성립되고, 석존께서 율을 제정하지 않으셔도 죄가 되는 것이다. 통상적인 업장은 열 가지 불선업이 일으키는 업이다. 10불선업(mi dge ba'i las bcu, 十不善業)은 살생(殺生), 투도(偸盜), 사음(邪淫), 망어(妄語), 양설(兩舌), 악구(惡口), 기어(綺語), 탐욕(貪慾), 진에(瞋恚), 사견(邪見)이다.

---

263 불제죄(佛制罪)라고도 한다.
264 자성죄(自性罪)라고도 한다.

1) 살생(srog gcod pa, 殺生)

　죄가 무거운 살생은 아라한을 살해하고, 부모를 살해하며, 사람을 살해하는 것(srog gcod kyi pham pa, 殺生法)이다. 중간 정도의 살생은 거대한 동물을 죽이고, 가벼운 살생은 작은 동물을 죽이는 것이다.

　그 외에 다른 사람으로 하여금 살생을 하도록 만드는 것과 자신이 직접 살생을 하는 것은 업을 짓는 측면에서 다를 바 없고, 다른 사람을 교사(敎唆)하여 살생한 것은 그 죄가 더욱 무겁다.

　『아비달마구사론』에서는 다음과 같이 설하였다.

> 군대 등에서 하나의 목적을 갖고 행하기에
> 모두가 직접적인 행위자와 같이 동일한 업을
> 갖게 된다.[265]

　살생의 과보는 내생에 삼악도에 떨어지고, 금생에는 잦은 병치레와 허약한 체질, 단명의 업보를 받는다.

2) 투도(ma byin len pa, 偸盜)

　'투도'는 다른 이의 물건을 몰래 가져가는 것이다. 만약 주인이 없는 물건이라면 '투도'에 포함되지 않는다.

　죄가 무거운 투도는 삼보의 재물, 귀한 재물 등을 훔치는 것(ma byin len gyi pham pa, 不與取法)이다. 중간 정도의 투도는 가난한 이의 재물을 훔치는 것이고, 가벼운 투도는 적은 재물을 훔치는 것이고, 장사를

265　Tib: dmag la sogs par don gcig phyir/ thams cad byed pa po bzhin ldan// (4.72)

할 때 물건의 수량을 속이거나 근량(斤量)이 모자라는 것이다.

'투도'의 과보는 빈곤으로, 여러 생을 거듭하며 가난을 벗어나지 못한다. '투도'를 끊는 것은 부자의 인(因)이 되고, 지혜와 주변의 조건 등이 부자의 연(緣)이 되어, 이 인연화합으로 부자를 이루게 되는 것이다. 인이 없으면 연의 작용도 일어날 수 없으므로 '투도'를 끊지 못하면 빈곤을 벗어날 수 없다.

'투도'의 또 다른 과보는 재산의 파괴이다. 자신의 물건이 이유없이 사라지거나, 다른 사람이 돈을 훔치거나 사기를 당하는 경우가 많다. 세간계에 도둑이 많아지면 농작물의 수확이 줄어들고, 가뭄, 서리, 우박 등의 재해가 자주 발생할 수 있는데 이는 '투도'의 과보이기도 하다.

3) 사음(log g.yem, 邪淫)

'사음'은 부부 이외의 남녀관계이다. 죄가 무거운 사음은 지옥에 떨어질 수 있다. 사음의 대상이 출가인일 경우 확정적으로 내생에 지옥보를 받는다(mi tshaṅs spyod kyi pham pa, 不淨行法). 중간 정도의 사음은 내생에 아귀보를 받는다. 예를 들면 사음의 대상이 자신과 3대 이내의 친척관계이거나, 혹은 혼인 후 사음하거나, 불상을 모신 성소(聖所) 등에서 부부관계를 맺는 등의 행위가 이에 해당한다. 따라서 침실에 불상을 모시지 않는 것은 바로 이러한 점 때문이다. 작은 사음은 축생도에 떨어질 수 있다.

4) 망어(rdzun smra, 妄語)

'망어'는 탐진치를 동기로 하여 타인을 속이는 말을 하는 것이다. '망어'의 대상은 정상적인 의사소통이 가능한 사람으로, 왜곡되

지 않은 언어의 인식과 이해 능력을 갖고 있는 사람이다.[266]

'망어'에는 여러 종류가 있는데, 가장 죄업이 무거운 망어는 '상인법(mi chos bla ma'i rdzun gyi pham pa, 妄說上人法)'이다. 상인(mi chos bla ma, 上人)은 초선 근주정(bsam gtan daṅ po'i nyer bsdogs, 初禪近住定) 이상의 지위에 포섭되는 공덕을 이르며, 상인법은 자신이 상인의 공덕과 능력이 있다고 타인을 속이는 것이다. 이 '망어'의 과보는 지옥으로 떨어진다.[267] 중간 정도의 망어는 출가자, 부모, 은인 등을 속이는 것이다. 가벼운 망어는 수없이 많은데, 금전 사기, 사람을 속이는 등의 행위로 내생에 악도에 떨어진다.

망어의 과보는 주위에 항상 자신을 속이는 자가 나타나거나, 자신이 말을 믿어주는 사람이 없는 것이다. 이치에 맞는 말을 하여도 아무도 믿지 않는다. 또한 누명을 쓰기도 하는데, 예를 들어 죄를 짓지 않았는데도 누명을 쓰고 감옥에 가는 경우가 그러하다.

따라서 억울한 일을 당했을 때, 우리는 이것이 일종의 과보일 가능성을 인식할 필요가 있다. 마음 속으로 이렇게 되내이며 수습하는 기회로 삼는다. "나는 더 이상 다른 사람을 원망하지 않을 것이다." 그리고서, 자신의 과보를 기꺼이 받아들이는 로종(blo sbyoṅ, 修心)에 들어간다.

---

[266] 언어의 인식과 이해 능력이 왜곡된 사람에게는 '망어'의 업이 직접적으로 일어나지 않기 때문에 그 대상에 해당되지 않는다.
[267] 이것은 네 가지 바라이죄(pham pa bzhi, 四波羅夷) 중 하나에 해당되기 때문이다. 앞서 언급된 살도음에서 가장 무거운 죄업들도 나머지 세 가지 바라이죄에 해당된다.

5) 양설(phra ma, 兩舌)

 '양설'은 이간어(離間語)이다. 가장 죄업이 무거운 양설은 승가에서 서로 다른 무리를 향해 이간질 하는 것으로 결코 이 업을 가벼이 여겨서는 안된다. 이 같은 죄업은 무심코 쉽게 지을 수 있으며, 역으로 그 과보는 매우 혹독하다. 가까운 친척과 벗들의 배신을 초래하면 나이가 들어 아무도 그를 상대하지 않고, 자식들도 돌보지 않아, 결국 홀로 고독한 죽음을 맞이할 수 있다. 이러한 이간질은 조심하고 거듭 조심해야 한다. 재가자들도 이러한 업을 쉽게 지을 수 있다.

 보통 부부나 친구 사이에 이간질 하는 '양설'의 경우, 그 과보는 친지들과 소원해지거나 다툼과 불화가 일어나며 주변 사람들이 화목하게 지내지 못하여 결국 고르지 못한 곳에서 살게 된다.

6) 악어(thsig rtsub smra ba, 惡口)

 '악구'는 거칠고 추악한 말을 하는 것이다. 만약 불보살과 스승에게 '악구'를 하면 내생의 과보는 바로 지옥으로 떨어진다. 이것은 매우 무거운 악구이다. 부모에게 악구를 하는 것도 그 죄업이 심히 무거우니 그에 상응하는 고통스러운 과보가 뒤따르게 된다. 또한 이전에 거친 말을 했기 때문에 역으로 다른 이로부터 거친 말을 듣거나, 목이 자주 쉬거나, 만성 인두염(咽頭炎) 등은 전생의 악구에 대한 과보로 나타나기도 한다.

7) 기어(ṅag kyal, 綺語)

 '기어'는 옳은 것을 그르게 말하는 것이다.[268] 이 사람 저 사람에게 그른 말을 한다. 한 지역에 기어를 하는 사람이 많으면 기이한 일이 발생하는데 과일나무에 열매를 맺을 시기에 열매가 맺지 않거나, 또는 열매를 맺지 않는 계절에 열매가 맺는 일이 생기기도 한다.

기어의 과보는 말의 힘의 가치를 상실하고 그 말이 존중받지도 못한다. 같은 말을 하여도 사람마다 그 효과가 다른데, 기어를 하지 않는 사람의 말에는 훨씬 영향력이 있고 위신이 있어 뭇 사람들을 따르게 한다.

8) 탐욕(brnab sems, 貪慾)

'탐욕'과 '탐'('dod pa, 貪)은 구별된다. '탐'은 반드시 나쁜 것만은 아닌데, 예를 들어 우리가 극락정토 왕생을 간절히 바라기에 거듭하여 아미타불 염불을 하는 것이 이와 같다. 부처가 되기를 간절히 원하여 불법을 배우고, 교법의 성취를 간절히 원하여 법을 수습하는데, 이러한 것에는 좋지 않다고 여길 만한 요소가 없다.

'탐욕'은 무엇인가. 다른 이의 재물을 자신의 것으로 취하고자 하는 욕망을 '탐욕'이라 이른다. '탐욕'에는 다섯 가지 특징이 있다.

(1) 다른 이의 재물인 것(gzhan gyi nor yin pa).

(2) 그것을 생각하는 것(der 'du shes pa).

(3) 그것을 탐하는 것(der 'adod pa).

(4) 취하려는 마음(blan ba' i sems).

(5) 확실하게 취함(len par ṅes pa).

이러한 다섯 가지 특징을 갖추고 있다.

탐욕의 과보는 구하는 바가 이뤄지지 않는다는 것이다. 원하는 것

---

268 앞 선 3가지 구업을 제외한 나머지 번뇌에 물든 모든 구업이 기어에 해당되기 때문에, 번뇌에 물든 언어는 옳은 것을 옳지 않게 말하게 된다.

은 얻을 수 없으며, 반면 싫어하는 사람과 일은 자주 마주치게 된다.

9) 진에(gsod sems, 瞋恚)

'진에'는 열 가지 불선업에서 가장 무거운 죄업 중 하나이다. '진에'는 노여워하고 위해를 가하고자 하는 마음으로, 단 한번의 진에를 일으키는 것만으로도 매우 쉽게 복덕자량을 사라지게 만든다.

가장 죄업이 무거운 진에는 대게 지옥보를 받는다. 예를 들어, 불보살께 진에를 일으키는 것이 그와 같다. 만약 성자 보살에게 진에를 일으키면 일 찰나에 일백 겁에 쌓은 복덕자량이 사라져 버리고[269], 내생에는 지옥에 떨어지며, 일백 겁 동안 지옥에 머문다. 만약 8지 이상의 보살에게 진에를 일으키면 일 찰나에 일천 겁에 쌓은 복덕자량이 소멸하고[270], 지옥에서 일천 겁을 머물러야 한다. 범부 보살에게 진에를 일으키면 일 겁의 복덕자량이 사라지고, 일 겁동안 지옥에 머문다. 그러므로, 불보살께 결코 진에를 일으키면 안된다. 우리는 누가 보살인지 모르기 때문에 이런 악업을 쉽게 지을 수 있다.

만약 자신의 스승에게 진에를 일으키면 일 겁 동안 쌓은 모든 복덕

---

269 이에 대하여 『대장엄법문경(' jam dpal rnam par rol pa' i mdo, 大莊嚴法門經)』에서 다음과 같이 설하였다.
"문수여, 분노라고 하는 것은, 일백 겁에 쌓은 선업을 거의 다 파괴시키기 때문에 분노라고 한다.(' jam dpal khoṅ khro zhes bya ba ni/ bskal pa brgyar bsags pa' i dge ba nye bar 'joms par byed pa de' i phyir/ khoṅ khro zhes bya' o//)"
270 『입보리행론』에서는 다음과 같이 설하였다.
"천 겁 동안 쌓은 보시와, 선서(善逝)께 공양 올린 것 등 선행이라 할만한 모든 것조차 한 번의 분노가 파괴시켜 버리네(bskal pa stoṅ du bsags pa yi/ sbyin daṅ bde gshegs mchod la sogs/ legs spyad gaṅ yin de kun kyaṅ/ khoṅ khro gcig gis 'joms par byed//)." (6.1)

을 잃게 된다.

자신의 은인, 부모, 친척 등에게 진에를 일으키면 수 년의 복덕이 사라져 버린다.

설령 보통 사람에게 진에를 일으켜도 자신이 한동안 힘들게 쌓은 복덕이 사라진다. 이미 회향한 복덕과 공성의 자량을 제외하면 대부분의 복덕, 예를 들면 정례, 염불 등의 세속제의 복덕은 모두 사라진다.

진에는 복덕을 없앨 뿐만 아니라 내적인 독을 유발하여 노화와 용모의 추함이 일어난다. 그러하니 반드시 진에에 대치하거나, 조복할 수 있어야 한다.

10) 사견(log lta, 邪見)

'사견'은 전도(顚倒)된 관념을 집취하는 것이다. 좋지 않은 것을 좋은 것으로 간주하고, 좋은 것을 좋지 않은 것으로 간주한다. 존재하는 것에 대해 존재하지 않는다고 느끼고, 존재하지 않는 것에 대해 존재한다고 느낀다. 이것이 '사견'이고, 전도된 관념이다.

일단 '사견'이 있으면 마주하는 일은 모두 오류가 된다. 사람이 사견을 갖게 되면 성격이 비뚤어지고, 편집증이 심해져 일생을 옳고 그름이 전도된 채로 보내며, 내생에는 지옥에 떨어진다. 자신을 미혹하게 하는 것 외에 타인에게도 영향을 미치며, 자신도 해치고 다른 사람에게도 해를 끼치지만 그것을 깨닫지 못한다. 세상에 사견자가 많아지면 물과 광산자원이 사라진다. 금광, 은광은 서서히 사라지고, 황금은 돌로 변해버리며, 좋은 것은 쇠퇴하거나 소실되는데 이것이 '사견'의 과보이다.

제3절 장애

"무유공포(無有恐怖)"

여기서 '공포(skrag pa, 恐怖)'에는 84,000가지의 마장(bgegs rigs stoṅ phrag brgyad cu rtsa bzhi, 八万四千魔障)을 비롯하여 360가지의 귀신장(gdon rigs sum brgya drug cu, 三百六十鬼神障)과 15가지의 동자장(byis pa'i gdon chen bco lṅa, 十五瞳子障) 등의 장애가 포함된다. 다른 측면에서는 지수화풍의 큰 재난, 현세의 각종 질병, 일자리를 찾지 못하고 늙어 죽는 것 등의 여러 장애가 공포를 불러일으킬 수 있다. 공포의 근원은 번뇌와 업이다. 번뇌를 끊으면 업은 제거된다. 이러한 공포를 유발시키는 인연을 끊어버리면 공포는 스스로 자연스럽게 사라진다.

제4절 4가지 전도(顚倒)

"원리전도몽상(遠離顚倒夢想)"

전도는 비정견(非正見)과 망상으로, 범부의 가장 흔한 망상은 4가지 전도견(phyin ci log bzhi)에 집착하는 것이다.

범부는 무명으로 인하여 세간 일체법의 진실상(眞實相)이 무상(無常), 고(苦), 무아(無我), 부정(不淨)임을 모르고, 4가지 전도견에 집착하는 망상이다. 4가지 전도견은 다음과 같다. 1)무상을 유상으로 집취함, 2)고를 낙으로 집취함, 3)무아를 자아로 집취함, 4)부정(不淨)을 청정으로 집취함.

1) 무상(無相)을 유상(有常)으로 집취함(mi rtag pa la rtag par 'dzin pa)

모든 존재는 무상하고 인생도 무상하다. 내가 영원하다고 여기는 것은 전도된 생각이다. 인생은 무상하고 사람은 언젠가 반드시 죽는다. 게다가 그 죽음엔 기약도 없다. 진시황은 왕이 되고서도 만족하지 못하고 백세까지 살고 싶어서 '임금 왕(王)' 자 위에 '백(白)' 자를 붙여서 '임금 황(皇)' 자가 되었고, '황(皇)' 자는 이렇게 탄생되었다. 이 글자는 무슨 의미를 갖고 있는가. 진시황이 머리가 백발이 될 때까지 왕좌를 누리고 싶다는 의미였지만 그는 백발이 되기 전 이미 죽음에 이르렀다. 무상함을 유상(有常)으로 취하는 것은 전도몽상일 뿐이다.

2) 고(苦)를 낙(樂)으로 집취함(sdug bsnal la bde bar 'dzin pa)

괴고('gyur ba'i sdug bsnal, 壞苦)와 행고(khyab pa adu byed kyi sdug bsnal, 行苦)를 안락의 대상으로 취한다. 예를 들어 음식을 먹는 것으로, 음식을 섭취함으로써 배고픔의 고통이 줄어든다. 범부는 이러한 것을 안락으로 받아들이지만 그것의 본질은 고통이다. 왜 그러한가. 음식물이 뱃속에 들어가 포만감을 느끼게 되면 더 큰 고통이 수반된다. 잘못된 음식을 섭취하여 탈이 나면 식중독같은 복통을 일으키기도 하고, 음식물을 너무 많이 섭취하면 소화 문제와 배변 문제가 발생하며, 건강에 해로운 음식은 여러 질병을 유발할 수 있다. 입안의 음식물에 침을 섞어 잘게 씹고 부수는 그 모양을 직접 본다면 그 누구도 그러한 음식물을 먹으려 하지 않을 것이다. 이것은 면밀히 관찰해보면 알 수 있는 부분으로, 이 모든 것의 본질은 고통이다.

또 다른 예로, 사음의 경우를 보자면, 사음의 쾌락은 무상한 것으로 그 자체가 괴고이고, 이 쾌락이 지나고 나면 보다 많은 감정적, 신체적 고통이 뒤따른다. 그런데 우리는 본질이 고통인 이것을 안락으로 여기기 때문에 전도(顚倒)된 것이라 부른다.

3) 무아(無我)를 자아로 집취함(bdag med la bdag tu 'dzin pa)

우리가 평소에 생각하는 '나'는 마음이 만들어낸 존재하지 않은 행상(行相)으로, 오온에 안립할 '나'는 없으며, 이렇게 증익으로 가립된 '나'는 존재하지 않지만 우리는 항상 진실한 '나'가 존재한다고 여긴다. 이러한 인식이 전도된 생각이다.

4) 부정(不淨)을 청정으로 집취함(mi gtsan ba la gtsan bar 'dzin pa)

몸과 마음은 부정한 것이지만 우리는 그것들을 청정하다고 여긴다. 경전에서 이르기를 신체의 부정에 36가지가 있다고 한다.

외상(外相)에는 12가지가 있는데, 머리카락, 털, 손발톱, 치아, 안지(眼脂), 눈물, 점액, 타액, 대변, 소변, 신구(身垢), 임한(淋汗)이다.

신체기관에도 12가지가 있는데, 피(皮), 부(膚), 혈(血), 육(肉), 근육, 혈관, 뼈, 골수, 지방, 고(膏), 뇌(腦), 막(膜)이다.

내부장기에도 12가지가 있는데, 간, 담낭, 대장, 위장, 비장, 신장, 심장, 폐, 생장(生臟), 숙장(熟臟), 적담(赤膽), 백담(白膽)이다.

이 36가지는 부정한 것으로, 면밀히 관찰해보면 그 부정함을 알 수 있지만 우리는 언제나 관습적으로 부정한 것을 청정한 것으로 여기고 있다. 이 또한 전도된 생각이다. 이러한 전도몽상은 우리 모두 갖고 있다. 이것을 이해하면 우리 삶에서 자신을 너무 집착할 필요가 없는데, 예를 들면 자신은 청정하다고 집착하고, 타인은 부정하다고 혐오하는 것이 그 대상이다. 우리가 지금 그것에서 벗어나지 못한다면 전도된 마음이 있는 한 아무리 뒤바꾸려 해도 그렇게 될 수 없다.

제12장

열반

제1절 네 가지 열반

"구경열반(究竟涅槃)"

'열반(myaṅ ṅan las 'das pa, nirvana, 涅槃)'은 '고통에서 벗어난다'는 의미의 산스끄리뜨어이다. 쉽게 다른 표현으로는 해탈(thar pa, 解脫)을 뜻하기도 한다. 현장 법사는 '원적(圓寂)'으로 번역하였는데 '원만적정(圓滿寂靜)'을 줄인 말이다. 일체의 복덕과 지혜를 두루 갖추었으므로 '원만(圓滿)', 일체의 번뇌와 생사에서 영원히 벗어났으므로 '적정(寂靜)'인 것이다. 열반에는 네 가지 종류가 있다.

1) 유여열반(lhag bcas myaṅ 'das, 有餘涅槃)

아라한이 입적하기 전의 열반을 유여열반이라 한다. 사리자, 목건련과 같은 성자들은 부처님을 처음 뵈었을 당시에는 범부였다. 부처님께서 그들에게 법을 전하시고 수습을 통해 번뇌를 제거하여 결국 아라한과를 증득하였다. 그들이 아라한과를 성취하고서 입적하기 전까지의 단계를 이르러 '유여열반'이라고 한다.[271]

---

[271] 아라한은 번뇌를 제거하여 윤회의 고통에서 벗어날 조건은 갖추었지만 고통 그 자체를 완전히 여윈 것은 아니기 때문에, 유루의 오온이 남아있는 한 고통 역시 남아있으므로 '유여(lhag bcas, 有餘)'라 하는 것이다.

2) 무여열반(lhag med myaṅ 'das, 無餘涅槃)

아라한이 입적에 든 후 여덟 아홉 살 정도의 어린아이와 같이 순수하고 높은 의식의 지혜 광체를 이루면 이것을 '무여열반'이라고 한다. 사리자와 목건련과 같은 아라한을 '무여열반'에 이른 자라 한다.

3) 자성열반(raṅ bzhin gyi myaṅ 'das, 自性涅槃)

자성열반은 심상속(心相續)의 공성이다.

4) 무주처열반(mi gnas pa'i myaṅ 'das, 無住處涅槃)

무주처열반은 부처의 과위로서 여기서 언급하는 "구경열반(myaṅ ṅan las 'das pa'i mthar phyin, 究竟涅槃)"은 무주처열반을 의미한다. 수도위에 오른 보살이 최종 단계의 구경 유가인 금강유정에서 소지장을 제거하며 극히 미세한 소지장조차도 제거한다. 이장(二障)을 제거하고서 부처를 이루게 되고, 부처의 일체종지를 성취하면 사신(四身)의 과보를 구족하여 무주처열반에 이른다.

일체종지(一切種智)란 육도 중생의 모든 고통과 번뇌를 깨닫고, 그 고통의 원인을 해결하며, 번뇌장과 소지장을 제거하고, 복덕을 쌓는 등의 본질과 방편에 통달한 지혜를 일컫는 것으로 오직 부처만이 갖춘 지혜이다.

제2절 삼세(三世)의 모든 부처님의 과위

"삼세제불 의반야바라밀다고(三世諸佛 依般若波羅蜜多故)"

"삼세제불(dus gsum du rnam par bzhugs pa'i sans rgyas thams cad, 三世諸佛)"은 과거불, 현재불, 미래불로 삼세의 모든 시간에 거쳐 존재하는 부처를 의미한다. 삼세의 모든 부처님도 반야바라밀다에 의지하여 부처의 과위에 이르렀다. 반야바라밀다는 모든 부처님의 어머니(yum chen mo)이고, 반야불모(sher phyin ma, 般若佛母)는 곧 『반야심경』을 이르기도 한다. 부처를 이루게 되면 사신 또는 사종법신(四種法身)의 공덕을 구족하는데 사신은 보신(報身), 화신(化身), 법신(法身), 자성신(自性身)이다.

1) 보신(lons sku, 報身)

부처의 보신은 윤회계와 상응하는 불멸의 생명력을 지녔으며, 32상과 80종호의 장엄상을 갖추었다. 생로병사의 굴레에서 벗어나 영원히 입멸에 들지 않는다. 보신은 오결정(nes pa lna, 五決定)을 갖춘 구경의 색신으로 정의되며, 오결정의 다섯가지는 다음과 같다.

(1) 신결정(sku nes pa, 身決定)
   32상 80종호를 갖춘 장엄상이다.
(2) 처결정(gnas nes pa, 處決定)
   오직 밀엄찰토('og min stug po bkod pa, 密嚴刹土)에서 머문다.
(3) 권속결정('khor nes pa, 眷屬決定)
   모든 권속이 오직 성자위 보살이며 범부의 눈으로는 볼 수 없다.

(4)법결정(chos ṅes pa, 法決定)

오직 대승법만을 설하고 소승법은 설하지 않는다.

(5)시결정(dus ṅes pa, 時決定)

윤회계가 다할 때까지 머문다.272

2) 화신(sprul sku, 化身)

부처의 화신은 보신으로부터 현현한 것인데 일대아승지겁의 자량이 없으면 부처의 보신을 볼 수 없고, 이에 더하여 보신께서 설하시는 대승 법문도 들을 수 없다. 그리하여 보신불에 인연이 없거나 인연이 성숙하지 못한 중생을 제도하기 위하여 보신불께서 여러 화신으로 화현하기도 한다. 화신은 3가지로 나뉘는데, 최승화신(最勝化身), 수생화신(受生化身), 사업화신(事業化身)이다.

(1)최승화신(mchog gi sprul sku, 最勝化身)

석존은 바로 보신의 최승화신인데, 어찌하여 최승화신이라 일컫는가. 그것은 화신 중에서도 보신과 같은 공덕을 갖춘 부분이 있기 때문인데, 예를 들면 용모가 수려하게 장엄되어 있으며, 60가지 음성의 공덕(dbyang kyi yan lag drug cu, 六十梵音)273을 갖추고 있는 것이 그와 같다.

---

272 윤회계가 다할 때까지 머물기 때문에 그 생명력은 윤회계와 상응하는 불멸과 같다.
273 한역경전에서는 '64가지 음성의 공덕(六十四梵音)'으로 서로 차이가 있다.

중생과 최승화신과의 제도(濟度)의 인연은 동일하지 않다. 최승화신과 직접적인 인연을 맺은 중생들만이 제도의 인연이 될 수 있다.[274] 그리고 최승화신의 사리와 성물, 성지와 연결되는 것도 제도의 인연이 있어야 한다.

최승화신이 그와 직접적인 인연이 있는 중생을 제도한 후 보신은 최승화신을 거두어들이고, 부처는 입멸에 든다. 어떤 이들은 부처의 입멸을 이해하지 못하여 부처가 죽음에 이르렀다고 생각하고, 부처 역시 죽음에서 벗어날 도리가 없다고 여겨 불법을 배우는 것이 아무 소용이 없다고 생각한다. 입멸에 이른 것은 부처의 화신인 것이지 부처의 보신은 영원하고 불멸하다.

석존의 입멸 후 교법은 5천5백 년간 지속된다. 즉, 5천5백 년간 중생을 이익케 할 수 있는 것이다. 이 기간에 불법을 배운 이들은 모두 불법과 제도의 인연을 맺은 중생들로 현재의 우리들도 그에 해당된다. 5천5백 년이 지나면 불법은 사라질 것이다. 그러나 불사리와 인연을 맺은 중생은 사리를 보존하고 공양하여 그 가지를 입을 것이다. 이러한 중생과 불사리간의 인연도 다하면 사리는 여의보가 된다.

최승화신이 경을 설하실 때는 소승과 대승의 모든 경전을 설한다. 석가모니 부처님은 최승화신이기 때문에 그의 권속 중에는 소승행자도 있고, 대승행자도 존재한다.

---

274 이에 대해 『아비달마구사론(chos mṅon pa'i mdzod, 阿毘達磨俱舍論)』에서는 다음과 같이 설하고 있다. "해가 뜨는 만큼 무르익은 연꽃이 꽃을 피우는 것과 같이, 여래께서 등장하셔도 오직 마음이 성숙한 중생만을 정화시킨다네.(ji tar nyi ma shar ba na/ yoṅs smin padma kha 'byed lta/ de bzhin de bzhin gshegs byuṅ yaṅ/ bsam pa yoṅs min kho na sbyoṅ//)" (1)

(2)수생화신(skye ba sprul sku, 受生化身)

수생화신은 부처의 보신으로 중생을 제도하기 위해 축생 등 범속한 일반 중생의 모습으로 화현한 상(相)이다. 제도의 인연이 없는 범부는 최승화신을 친견하는 인연과 복덕이 없는데, 보신불을 친견한다는 것은 더 이상 말할 필요가 없다. 그리하여 여래는 여러 수생화신으로 화현하여 중생을 제도한다. 최승화신을 접하지 못하는 중생들을 위해 여래는 그 중생들이 어떠한 표상(表相)을 받아들일 수 있는지를 보시고 중생의 근기와 조건에 맞는 모습으로 화현하여 중생을 제도하시는 것이다. 부처와 인연이 있는 중생은 최승화신을 친견할 수 있지만 최승화신이 나타나더라도 반드시 부처임을 알 수 있는 것은 아니다.

여래가 인간을 제도하기 위해서는 인간의 모습으로 화현한다. 예를 들면 티베트에서 화현하는 진정한 '뚤꾸(化身)'가 이와 같다. 부처는 아귀 중생을 제도하기 위해서는 아귀상으로 화현하는데 아귀왕으로 화현하는 것이 이와 같다. 여래가 축생도를 제도하기 위해서는 축생상으로 화현한다.

불보살은 중생을 제도할 때 무수한 화현을 나툴 수 있다. 나투고자 하는 화현은 무엇이라도 찰나에 나툴 수 있다.

(3)사업화신(bzo bo sprul sku, 事業化身)

여래는 중생을 이롭게 하기 위해 각종 사업화신으로 화현한다. 예를 들면 심향왕(dri za'i rgyal po, 尋香王)을 제도하기 위해 비파왕(pi waṅ brduṅ mkhas pa, 琵琶王)의 모습으로 화현하는 것이다. 부처와 인연이 있는 모든 중생은 사업화신의 여러 이익을 얻을 수 있다.

3) 지혜법신(ye she chos sku, 智慧法身)

지혜법신은 부처의 대지혜로 일체종지이다. 지혜는 불신으로 화현할 수 있다. 그러므로 부처의 지혜는 어디에나 있고, 부처님 또한 어디에나 계신다.

4) 자성신(ṅo bo nyid sku, 自性身)

자성신은 부처의 진여 본체신으로 궁극의 본래상(本來相)이다. 자성신에는 두 가지가 있는데 자성청정신(raṅ bzhin rnam dag gi ṅo bo nyid sku, 自性淸淨身)과 객진청정신(glo bur rnam dag gi ṅo bo nyid sku, 客塵淸淨身)으로서 구경열반이기 때문에 확고부동한 깨달음으로 구경열반에 이르면 진정한 자성신을 성취한다.

이처럼 부처는 사신의 공덕을 동시에 갖추었다. 우리는 부처의 과위를 이루어 이러한 공덕을 어떻게 갖추는지 살펴보아야 한다. 이를 통해 스스로 발보리심의 동기를 강력하게 일으키고, 더욱 정진하여 보다 신속하게 보리심에 이를 수 있다.

제3절 원만 과위

"득아뇩다라삼먁삼보리(得阿耨多羅三藐三菩提)"

"아뇩다라삼먁삼보리(bla na med pa yaṅ dag par rdzogs pa'i byaṅ chub, anuttarā-samyak-saṃbodhiḥ, 阿耨多羅三藐三菩提)"는 산스끄리뜨어로, "아뇩다라(bla na med pa, anuttarā, 阿耨多羅)"는 '무상(無上)', "삼먁삼보리(yaṅ dag par rdzogs pa'i byaṅ chub, samyak-saṃbodhiḥ, 三藐三菩提)"는 '정등정각(正等正覺)'이다.

법성 법사 번역의 『반야심경』에서는 "득정등보리(得正等菩堤)"로 번역되어 있다. '정등보리'는 부처의 과위이고 일체종지(一切種智)이다. 일체종지는 '위 없는(無上)', '정등정각(正等正覺)'인 최승의 원만 과위이다.

제13장
산스끄리뜨어(梵語)

제1절 산스끄리뜨어의 공덕

"고지 반야바라밀다 시대신주 시대명주 시무상주 시무등등주 능제일체고 진실불허(故知 般若波羅蜜多 是大神呪 是大明呪 是無上呪 是無等等呪 能除一切苦 眞實不虛)"

"고지 반야바라밀다(故知 般若波羅蜜多)"를 법성 법사의『반야심경』에서는 "시고당지 반야바라대밀주자(是故當知 般若波羅蜜多大密呪者)"로 번역되어 있고, 티베트본에서는 "그러므로 반야바라밀의 진언은(de lta bas na she rab kyi pha rol tu phyin pa'i sṅags)"으로 번역되어 있다. 여러 역본을 토대로 살펴보면 이 구절은 마땅히 "고지 반야바라밀다주(故知 般若波羅蜜多呪)"로 이해하는 것이 적절하다.

'주(sṅags, mantraḥ, 呪)'의 산스끄리뜨어는 '만뜨라(mantraḥ)'이며, 이를 번역하면 '진언(sṅags, mantraḥ, 眞言)'이고, '구호(skyob pa, 救護)'의 의미도 있다.275 '주(呪)'는 지혜법신으로, 중생은 지혜법신과 직접 닿을 수

---

275 '진언'에 대한 해설로 빤첸 롭상 최걘(pan chen blo bzaṅ chos rgyan)의『땐빠찌당규데시이남샥신디수제빠(bstan pa spyi daṅ rgyud sde bzhi'i rnam gzhag zin bri su byas pa, 總論四續部安立要結)』에서는 다음과 같이 설하였다.
"진언(sṅags)에 대조되는 원문인 '만뜨라(mantraḥ)'에서 '마나(manas)'는 '마음(意)'이고, '뜨라야(trāya)'는 '구호하다'는 의미가 따르기에, '마음을 구호하다'라는 뜻으로 '진언'이라 이른다.(sṅags kyi skad dod māntraḥ zhes pa'i ma na yid daṅ/ trāya skyob pa la 'jug pas yid skyob par byed pa'i don gyis na sṅags zhes brjod pa yin pa'i phyir te/)"

있는 도리가 없기 때문에 지혜법신은 진언으로 응현(應現)하였고, 이 진언을 염송하면 여래의 신구의의 가지를 입는다. 이것을 통하여 수습의 일정한 단계에 이르면 공성을 깨달을 수 있다. 그래서 티베트에서는 진언 수행을 하는 사람들이 특별히 많다. 어떤 이들은 수천만 번을 염송하고 어떤 이들은 수억 번을 염송하며 수행한다.

따라서 "반야바라밀다주(she rab kyi pha rol tu phyin pa'i sṅags, 般若波羅蜜多呪)"는 법신으로 말미암아 부처의 공성의 지혜가 현전한 진언이다. 이 진언을 염송하면 여의로 방편의 성취를 이루고, 식증회복 사업(四業)의 공덕이 원만해진다. 또한 사마 외도의 간섭과 장애를 물리치고 보리를 성취할 수 있다.

"시대신주(是大神呪)"에서, "대신(大神)"은 부처와 보살, 본존을 일컫는다. 『반야심경』의 진언을 염송하는 것은 바로 불보살과 본존의 진언을 염송하는 것과 같아서 공덕 또한 그에 상응하여 많은 불사업의 성취를 이룰 수 있다.

구마라습 대사의 역본과 티베트본에는 "시대신주(是大神呪)"라는 구절은 없다. 삼장반야 법사, 현장 법사, 법월 법사, 반야 법사의 역본에는 이 구절이 있다. 어떤 이는 『반야심경』 원문에는 없는 구절을 현장 법사가 특별히 추가한 것이라고도 말한다.

"시대명주(rig pa chen po'i sṅags, 是大明呪)"에서, 반야의 지혜는 곧 "대명(rig pa chen po, 大明)"으로, 능히 무명의 번뇌를 제멸할 수 있다.

"시무상주(bla na med pa'i sṅags, 是無上呪)"는, 이 진언 외에 더 수승한 진언은 없다는 의미이다.

"시무등등주(mi mnyam pa daṅ mnyam pa'i sṅags, 是無等等呪)"에서, "무등(mi mnyam pa, 無等)"은 "평등할 수 없다"는 뜻으로 부처님은 무등하다. 이는 최승 원만으로 범부와 부처의 공덕은 평등할 수 없고, 그 누구도 부처와 비할 수 없다. 두 번째 "등(mnyam pa, 等)"은 평등하다는 뜻으로, 부처와 범부는 '불성(saṅs rgyas kyi rigs, 佛性)'에 있어서 공성을 깨닫는 토대가 평등함을 의미한다. 수도위의 보살이 깨달은 공성과 여래가 깨달은 공성은 공성에 있어서 평등하며, 범부는 공성을 깨닫는데 있어서 그 가능성이 부처와 동등하다.

"능제일체고(sdug bsṅal tham cad rab tu zhi bar byed pa'i sṅags, 能除一切苦)", 반야바라밀은 일체의 고통을 능히 제거할 수 있다. 고통의 근원은 번뇌이다. 만약, 반야바라밀에 의지하여 공성을 깨닫고, 인무아와 법무아를 깨달으면 번뇌의 습기마저 끊을 수 있기에 '능제일체고'라고 하는 것이다.

"진실불허(mi rdzun pas na bden par she par bya ste, 眞實不虛)"에서, "불허(mi rdzun pa, 不虛)"는 "거짓이 아니다"라는 뜻이다. 반야바라밀에 의지하여 일체의 고통을 없애는 것은 거짓이 아니고 진실하다는 것이다. 또 다른 의미는 반야바라밀에 의지하여 공성을 현량으로 깨닫는 등인에서 세속제의 희론을 여의고, 인아집과 법아집을 제멸하여, 오직 남는 것은 사물의 본래면목인 무자성의 진실한 모습으로, 이것은 "진실불허(眞實不虛)"함을 이른다.

제2절 『반야심경』 진언의 정확한 염송법

"반야바라밀의 진언을 이르노니, 떼야타 옴 가떼가떼 빠라가떼 빠라삼가떼 보디 쓰와하(she rab kyi pha rol tu phyin pa'i sṅags smra pa/ tadyath oṃ gate gate pāragate pārasaṃgate bodhi svāhā//)"[276]

1. 진언의 발음

일곱 개의 한역본 『반야심경』 모두 진언이 있고, 독송법에 있어서 약간의 차이가 있다.

구마라습 대사의 역본은, "아제 아제 바라아제 바라승아제 모지 승사하(竭帝 竭帝 波羅竭帝 波羅僧竭帝 菩堤 僧娑呵)"

현장 법사의 역본은, "아제 아제 바라아제 바라승아제 모지 사바하(揭諦 揭諦 波羅揭諦 波羅僧揭諦 菩提 娑婆訶)"

법월 법사의 역본은, "아제 아제 바라아제 바라승아제 모지 사바하(揭諦 揭諦 波羅揭諦 波羅僧揭諦 菩提 娑婆訶)"

삼장반야 법사의 역본은, "벽제 벽제 바라벽제 바라승벽제 모지 사바하(蘗諦 蘗諦 波羅蘗諦 波羅僧蘗諦 菩提 娑婆訶)"

지혜륜 법사의 역본은, "옴 아제 아제 바라아제 바라산아제 모지

---

[276] 반야바라밀다주의 정확한 발음을 위해서 아왕 린포체는 이 부분에서 한역을 쓰지 않고 티베트본을 인용하였다.

사바하(唵 誐帝 誐帝 播囉誐帝 播囉散誐帝 冒地 娑縛賀)"

법성 법사의 역본은, "아제 아제 바라아제 바라승아제 모지 사하(峨帝 峨帝 波羅峨帝 波羅僧峨帝 菩堤 莎訶)"

시호 법사의 역본은, "다한타 옴 기제 기제 바라기제 바라승기제 모지 사하(怛邳他 唵 旀帝 旀帝 播囉旀帝 播囉僧旀帝 冒提 莎賀)"

티베트본은, "떼야타 옴 가떼가떼 빠라가떼 빠라삼가떼 보디 쓰와하(tadyathā oṃ gate gate pāragate pārasaṃgate bodhi svāhā)"

여러 역본의 대조와 고찰을 통해서 보면 티베트본 『반야심경』의 진언이 비교적 정확한 데에는 몇 가지 이유가 있다고 생각한다.

불교가 티베트에 전해지기 전, 티베트에는 고유한 문자가 없었다. 서기 600년경 티베트 송쩬감뽀법왕의 대신인 톤미삼보따(thon mi sam bho ta)께서 고대 인도 문자를 기반으로 하여 티베트 문자를 만들었다.277 티베트 문자는 범문을 기반으로 30개의 자음(gal byed, 子音)과 4

---

277 티베트 문자는 인도 고대 문자 중 굽타(Gupta) 문자, 고대 나가리(Nāgarī) 문자, 란쟈나(Rañjanā) 문자 등을 토대로 만들어졌다고 한다. 경전에서 범문 표기에 있어서 한역경전에서는 실담(Siddhaṃ, 悉曇) 문자로 하듯, 티베트 경전에서는 란쟈나 문자를 사용하고 있다. 티베트 문자를 만드는 과정에서 기반이 된 고대 문자 중 실담 문자를 직접 언급하고 있지는 않지만, 실담 문자가 굽타 문자에서 만들어졌다는 점, 시기적으로도 고대 나가리 문자 이전에 만들어졌기에 티베트 문자 형성 시기보다 앞서 있다는 점, 글자의 형태가 산스끄리뜨어 표기 문자 중 티베트 문자와 가장 유사한 점을 들어 실제 티베트 문자 형성에 있어서 실담 문자의 영향 또한 매우 컸을 것으로 추측된다. 또한 란쟈나 문자는 11세기에 형성된 문자이기에, 티베트 경전에서 범문 표기로 사용되는 란쟈나 문자는 신역(gsar ma, 新譯) 시기 이후의 경전 편집에서 등장하게 되었다고 이해하는 것이 합리적이다.

개의 모음(dbyaṅ yig, 母音)으로 만들었다. 이러한 산스끄리뜨어와의 관계로 티베트 문자가 산스끄리뜨어 발음 표기에 있어서 보다 정확하게 표현할 수 있다. 또한 티베트는 지리적으로 인도와 국경을 맞대고 있는 이웃 나라였기 때문에 많은 인도의 고승들이 티베트에 내왕하였고 티베트의 여러 고승들도 구법을 위해 인도로 향하였다. 그리하여 티베트 문자 체계와 더불어 인도불교와의 직접적인 전승 관계를 이어온 티베트는 보다 정확한 산스끄리뜨어 발음을 이어올 수 있었던 것이다.

이 밖에도 티베트에서는 불교의 경전도 비교적 완전한 형태를 갖추고 있다. 티베트 판본의『반야심경』을 보면 전행(mṅon 'gro, 前行), 정행(dṅos gzhi, 正行), 결찬(bsṅo ba, 結讚)으로 구성되어 있으며, 현장 법사 역본은 오직 본문(正行)만으로 구성되어 있다. 경문 내용에 있어서도 티베트본에서는 "그러므로 반야바라밀의 진언은(de lta bas na she rab kyi pha rol tu phyin pa'i sṅags)"이라 되어있지만, 현장역은 "고지 반야바라밀다(故知 般若波羅蜜多)"로 되어있으며, 어떤 역본은 "대진언(大眞言)"으로 표기되어 있는데, 한역은 모두 상이한 부분이 있어 완전하지 않다.

진언의 발음상으로 7가지 한역본의 발음은 사실 비슷하지만, 왕조가 다를 경우 공용어의 문자에 있어서 차이가 있기 때문에 역경 시기에 따라서 서로 다른 문자가 등장한 것이다.

---

278 중국 푸젠성과 대만에서 쓰이는 방언
279 한자어 발음에 있어서 시간이 흘러도 변화가 크지 않았던 한국어와 일본어의 진언 한자 표기 독음은 현재에도 산스끄리뜨 발음과 비교적 유사한 편이지만, 오늘날 표준 중국어 독음은 진언 한자 표기를 독음할 때 산스끄리뜨 발음과는

현장 법사가 번역한 진언은 당나라 공용어로 사용하였으므로 티
베트본과 독음이 비슷하다. 현재의 민난어(閩南語)²⁷⁸는 당나라 공용
어와 같으며 그 변화가 크지 않다.²⁷⁹

상당한 괴리가 있을 정도의 변형이 일어났기 때문에 이러한 해설이 나온 것이
다.

2. 진언의 뜻

"떼야타 옴 가떼가떼 빠라가떼 빠라삼가떼 보디 쓰와하(tadyathā oṃ gate gate pāragate pārasaṃgate bodhi svāhā)"

티베트본 『반야심경』의 진언에 따라서 설명하도록 하겠다.

"떼야타(tadyathā)"는 '이와 같다'는 뜻이다.

"옴(oṃ)"은 여래의 신구의를 나타낸다. 산스끄리뜨어 '옴'은 세 글자로 나누어진다. 아(ah), 우(au), 마(ma)280 이 세 글자는 각각 부처님의 신, 구, 의를 나타낸 것이다. '옴'을 염송하면 부처님의 신구의의 공덕을 억념하게 되고 부처님의 가지를 입는다. 여래의 신구의를 수념(修念)하는 것에는 여덟 가지 길상한 공덕이 있다. 이 여덟 가지는, 온갖 장애를 물리침(rin chen gdugs, 寶傘), 윤회계의 두려움이 없음(gser nyas, 金魚), 여의로 가득참(rin chen gter bum, 寶瓶), 번뇌를 여의고 모든 선업이 구족함(padma, 妙蓮), 법의 묘음으로 중생을 무명의 잠에서 깨움(duṅ dkar g.yas 'khyis, 右旋白螺), 지혜와 방편의 영원한 쌍관(dpal be'u, 吉祥結), 사마외도로부터 완전한 승리(rgyal mthsan, 勝利幢), 윤회계에서 쉼없는 법륜의 굴림(gser gyi 'khor lo, 金輪)이다.

---

280 '옴'을 실제 티베트 표기에서 분절해보면 아(a), 오(o) 마(ma)로 분리되지만, '옴(aom)'의 진언의 의미를 설명할 때는 아(ah), 우(au), 마(ma)로 나뉘어 각각 신구의를 뜻한다고 가르친다.

"가떼 가떼(gate gate)"의 뜻은, '가자, 가자(soṅ zhig soṅ zhig)' 이다. 어디로 가자는 것인가.

첫 번째 "가떼"는 신속하게 자량도로 가자는 것으로, 성문, 연각, 보살 삼승 각각의 자량도 삼품, 밀승 하부 삼속(三續)[281]의 수행, 무상요가부의 생기차제가 첫 번째 "가떼"안에 포함되어 있다.

두 번째, "가떼"는 신속하게 가행도로 가자는 것으로, 성문, 연각, 보살 삼승 각각의 가행도 사품, 밀승 무상요가부 원만차제의, 구적(ṅag dben, 口寂), 의적(sems dben, 意寂)과 환신(sgyu lus, 幻身)이 두 번째 "가떼"안에 포함되어 있다.

세 번째, "빠라가떼"의 뜻은, '피안으로 가자(pha rol tu soṅ zhig)' 이다. 여기서 '피안(彼岸)' 은 견도를 의미한다. 견도는 무간도와 해탈도, 후득지의 순서로 나뉜다. 밀승 무상요가부의 청정환신(dag pa'i sgyu lus, 清淨幻身)과 광명('od gsal, 光明) 또한 '빠라가떼' 이 네 글자 안에 포섭된다. 견도부터 공성을 직관적 바른 인식(現量)으로 깨달아 만유의 실상을 여실하게 인식하게 된다.

네 번째, "빠라삼가떼"의 뜻은, '피안으로 온전하게 가자(pha rol tu yaṅ dag par soṅ zhig)' 이다. 여기서 '피안' 은 수도를 의미한다. 수도 또한 견도와 마찬가지로 무간도, 해탈도, 후득지로 나뉜다. 밀승 무상요

---

281 소작(所作) 딴뜨라(bya rgyud, kriyā-tantra), 행(行) 딴뜨라(spyod rgyud, caryā-tantra), 요가(瑜伽) 딴뜨라(rnal 'byor gyi rgyud, yoga-tantra)

가부의 수도 광명과, 유학쌍운(slob pa'i zuṅ 'jug, 有學雙運) 또한 '빠라삼가떼' 이 다섯 글자 안에 포섭된다. 수도위 보살이 금강유정에 이르면 소지장 마저 남김없이 제멸하니 '빠라삼가떼'는 '피안에 온전하게 간다'는 의미이다.

다섯 번째 "보디"의 뜻은, "보리(깨달음)"로 이는 무학도를 의미한다. 여래 십력(十力), 사무외(四無畏), 21종 무루지(zag med ye she sde thsan nyer gcig, 二十一種無漏智)[282], 금강승의 무학쌍운(mi slob pa'i zuṅ 'jug, 無學雙運) 등 부처의 공덕이 모두 포섭되며 성문과 연각 아라한의 공덕도 포섭된다.

여섯 번째, "쓰와하"의 뜻은, '뿌리를 내린다(gzhi thsugs)'라는 의미로 『반야심경』에 의지하여 '보리의 뿌리를 견고하게 내리면 원만한 깨달음의 완성을 이룰 것'이다. 만약 『반야심경』의 산스끄리뜨어 진언에 대해 하나하나 해석하고자 한다면 진언의 온전한 뜻을 잃어버리게 되는데 그것에 내포된 진정한 의미는 헤아릴 수 없을 만큼 실로 심오하고 광대하기 때문이다.

이 진언은 삼승의 오도를 원만하게 다루고 있으며, 팔만사천법문을 응축하였기 때문에 그 뜻을 세세하게 해석하지는 않는다. 모두 해석되지도 않을 뿐더러 그 안에 담긴 깊은 의미를 모두 표현할 도리가 없고, 게다가 해석을 마쳐버리는 순간 더 이상 진언이 아니게 되

---

282 지혜법신의 21가지 세분류이다.

어버린다.

반야바라밀의 진언은 이렇게 수승하기 때문에 티베트의 많은 은둔 수행자들이 이 진언을 자주 염송하였다.

어떤 뚤꾸가 있었는데, 그의 한 제자가 뚤꾸에게 "스승님, 저는 요즘 열심히 정진하고 있습니다. 매일 금강경을 스무 번 이상 독송합니다."라고 고하였다.

뚤꾸: "네가 정진을 한다고? 나는 너보다 더 많이 정진하고 있다."
제자: "스승님께서는 하루에 경전을 얼마나 독송하시는지요?"
뚤꾸: "네가 맞춰 보거라."
제자: "스승님은 『대품반야경』을 하루에 독송하실 수 있습니까?"
뚤꾸: "그것은 어렵지 않다. 단번에 할 수 있는 일이다."

제자는 그것이 매우 신기하다 생각하여 "어떻게 읽습니까?"라고 여쭈었더니, 뚤꾸 왈 "내가 염송할 테니 잘 들어보거라. 떼야타 옴 가떼 가떼 빠라가떼 빠라삼가떼 보디 쓰와하."하며, 반야바라밀 진언을 염송하였다. 그러므로 이 진언을 제대로 이해하는 사람에게는 진언을 한 번 염송한 것의 공덕이 보통 사람에게 있어서 『대품반야경』 한 번 독송한 공덕의 크기와 같다고 할 수 있다.

『반야심경』의 진언은 여러 방편으로도 활용되고 있다. 예를 들면, 지수화풍의 재난을 막기 위한 식재법이나, 배마(排摩)를 위해 장애를 없애고 질병을 제거하는 등의 방편으로 흰돌 주언(呪言)을 하는 것이다. 그 방법은 다음과 같다. 먼저 10만 개의 작은 흰돌을 준비한다. 작은 돌을 하나씩 쥘 때마다 반야바라밀주 "떼야타 옴 가떼 가떼 빠라가떼 빠라삼가떼 보디 쓰와하."를 한 번 염송한 다음 쥐고 있는 흰돌을 향해 입김을 한 번 분다. 이것을 10만 번을 모두 한다. 그리고서 이 하얀 돌더미를 재해가 발생하기 쉬운 곳에 두면 매우 희유한 효과를 볼 수 있다.

3. 그 외에 번역하지 않는 여러 가지 부분

불교 경전에서 어떤 부분은 번역하지 않는다. 이는 산스끄리뜨어의 현력(現力)이 부사의하고, 그 내용은 매우 심오하고 광대하기 때문이며, 다른 언어로는 산스끄리뜨어 본래의 의미를 드러내는데에 한계가 있어 때로는 그것을 번역할 수 없다.

예를 들면, '나무(namo, 南無)' 이것은 산스끄리뜨어를 음역한 것으로 그 뜻을 번역하면 '정례(頂禮)', '공양(供養)', '귀의(歸依)' 등이 있다. 이 번역문을 사용하면 "…부처님께 예경올리고, 공양올리고, 귀의합니다." 이런 식으로 너무 길게 되어버린다. 이럴 때는 바로 '나무'로 하는 것이 좋다. 진언은 번역할 수 없다. 번역하면 더 이상 진언이 아닌 것이고, 진언의 모든 의미를 완전하게 표현할 수도 없다.

불보살의 명호도 번역하지 않는 경우가 많다. '석가모니(釋迦牟尼)'는 범문 '샤꺄무니(Shakyamuni)'를 음역한 것인데 그 뜻을 번역하면 '능인(thub pa, 能仁)'으로 만약 '능인불(能仁佛)'이라 하면 많은 사람들이 알아듣지 못할 것이다.[283] '석가모니불'은 전 세계 사람들이 모두

---

[283] 이에 반해 티베트 경전은 한역에 비해 진언과 다라니를 제외하면 대부분 티베트어로 번역된 어휘를 사용하고 있다. '나무(namo)'의 경우도 '착첼(phyag 'thsal)'로 번역하여 산스끄리뜨의 의미를 그대로 내포한 어휘로 확립하였다. '석가모니불'의 경우도 티베트로 번역하면 '쌍계 샤꺄툽빠(sans rgyas sha'kya thub pa)'로 '석가의 능인불'이란 의미를 그대로 드러내고 있다. 다만 티베트어의 경우는 언어의 문화적 기반 자체가 불교이기 때문에 가능한 것이지만, 다른 언어 경우는 언어의 문화적 기반이 불교가 아닌 경우가 많기 때문에 많은 부분을 산스끄리뜨어 그대로 쓰는 것이 의미를 왜곡시키지 않는 최선의 방법이기도 하다. 그나마 한역의 경우는 불교가 뿌리내린지 오랜 세월이 흘렀기 때문에 확

알아듣기 때문에 번역하지 않는다. 아미타불은 '무량광불('od dpag med, 無量光佛)', '무량수불(thse dapg med, 無量壽佛)' 이라는 뜻인데 무량광이라 번역하면 무량수가 빠지고, 무량수라 번역하면 무량광이 빠지게 되므로 번역하지 않고 '아미타불' 이라고 바로 염송한다.[284]

'아왕 갸초'는 어떻게 번역하는가. "아왕(ṅag dbaṅ)"은 '어자재(語自在)', '갸초(rgya mthso)'는 '법해(法海)', 그래서 '아왕 갸초'는 '어자재법해(語自在法海)'라고 한다. 만약 "저는 어자재법해 스승님을 찾고 있습니다."라고 말하면 아무도 알아듣지 못하지만, "아왕 스승님"이라고 하면 모두가 알아듣는다.

지명 또한 번역하지 않는다. 앞에서 언급한 '바라나시(Vārāṇasī, 波羅奈城)'는 '바라나시'라고 하면 그곳이 어디에 있는지 그 지역을 아는 이들은 모두 이해하지만, 이 단어를 번역하는 순간 어느 지역을 가리키는 것인지 대부분 알지 못하게 되어버린다.

당(唐)대의 현장 법사는 이전 선인들의 경험을 바탕으로 하여 역경에 있어서 '오불번(五不翻)[285]' 이라는 기준을 세워 그 원칙에 맞게 번

립된 불교의 고유 용어들이 많지만, 언어적 문화 기반이 기독교인 영어의 경우 불교 경전을 번역할 때는 한역 유래의 어휘보다는 산스끄리뜨 어휘가 많이 사용될 수 밖에 없다.

[284] 이 또한 한역불교와 티베트불교 전승의 차이가 있다. 한역의 '아미타불'은 '무량광불'과 '무량수불'을 모두 포함하지만, 티베트불교에선 '무량광불'과 '무량수불'은 장엄상의 형태조차 다른 별개의 부처로 인식된다. 이 부분은 정토수행을 널리하는 한역불교도들의 특성에 맞춘 해설이다.

[285] '오불번'은 아래의 다섯 가지 경우에 해당하면 의역하지 않고, 음역으로 남겨서 산스끄리뜨 용어를 보존해야 한다는 다섯 가지 음역 원칙이다.
1. 生善故不翻(수승함을 일으키는 용어는 번역하지 않고 음역한다.)
2. 秘密不翻(밀어인 진언이나 다라니는 번역하지 않고 음역한다.)

역하였다.

3.含多義故不翻(여러 의미를 함축하고 있는 용어는 번역하지 않고 음역한다.)
4.順古不翻(옛부터 음역했던 용어는 관례에 따라 번역하지 않고 음역한다.)
5.無故不翻(중국에 존재하지 않는 것은 번역하지 않고 음역한다.)

제14장
결찬

진언을 염송하고 나면 티베트본 『반야심경』에서는 이후에 결찬으로 이어진다.

"사리자여, 보살 마하살은 그와 같이 심오한 반야바라밀을 배워야 한다. 그 때 세존께서 삼매에서 나오셔서 보살 마하살 성 관자재보살에게 "선재(善哉)로다."라고 칭찬하시고, "선재로다, 선재로다. 선남자여, 그래 그와 같다. 선남자여, 그래 그와 같다. 그대가 말한 바와 같이 심오한 반야바라밀을 닦아야 한다. 일체의 여래들 또한 수희(隨喜)하셨도다." 세존께서 그와 같이 말씀을 내려주시고서, 장로 사리불과 보살 마하살 성 관자재보살, 모든 권속들, 천신, 인간, 아수라, 건달바 등의 세간 유정들이 기뻐하여, 세존께서 설하신 것을 크게 찬탄하였다.(sha' ri' i bu byaṅ chub sems dpa' sems dpa' chen po de ltar she rab kyi pha rol tu phyin pa zab mo la bslab par bya' o// de nas bcom ldan 'das tiṅ ṅe 'dzin de las bzheṅs te byaṅ chub sems dpa' sems dpa' chen pos 'phag pa spyan ras gzigs dbaṅ phyug la legs so// zhes bya ba byin nas/ legs so legs so/ rigs kyi bu/ de de bzhin no/ rigs kyi bu/ de de bzhin te/ ji ltar khyod kyis bstan pa bzhin du shes rab kyi pha rol tu phyin pa zab mo la spyad par bya ste/ de bzhin gshegs pa rnams kyaṅ rjes su yi raṅ ṅo// bcom ldan 'das kyis de skad ces bka' stsal nas/ thse daṅ ldan pa sha' ra dwa ti' i bu daṅ/ byaṅ chub sems dpa' sems dpa' chen po 'phags pa spyan ras gzigs dbaṅ phyug daṅ/ tham cad daṅ ldan pa' i 'khor de dag daṅ/ lha daṅ/ mi daṅ/ lha ma yin daṅ/ dri zar bcas pa' i 'jig rten yi raṅs te/ bcom ldan 'das kyis gsuṅs pa la mṅon par bstod do//)"

결찬은 결행(結行) 이후의 찬탄어이다. 이 때 세존께서 삼매에서 출정하여 관세음보살께 말씀하신다. "선재로다, 선재로다. 관세음보살과 사리자여. 그대들이 말하는 것이 바로 여래의 뜻이다. 여래께서 직접 설하신다면 그대들이 말한 것과 같기에, 그대들이 문답한 『반야심경』은 진실하다. 여래의 뜻도 그러하다."라고 세존께서는 관세음보살과 사리자를 찬탄하셨다.

『반야심경』을 청문하는 권속은 보살, 성문, 비구, 우바이, 우바새, 야차, 비인(mi ma yin, 非人), 천인, 아수라, 건달바 등이다. 이러한 권속들은 모두 함께 부처님과 관세음보살 사리자를 기쁘게 찬탄하였다.

『반야심경』을 청문하는 교화 대상(gdul bya, vinīta)에 연각은 존재하지 않으며, 연각은 부처님의 권속으로 출현하지 않는다. 연각의 종성을 지닌 이들에겐 그들만의 아만이 있어서 연각도에 들어설 때 다른 어떤 부처와 선지식에게도 의지하지 않고 오직 스스로 해탈을 이루겠다고 원력을 세웠기 때문에 불법이 소멸한 이후에 그들은 출현한다. 따라서 부처님의 권속에 연각은 존재하지 않는다.

현장 법사가 번역한 『반야심경』은 260자 밖에 되지 않아 서문과 결찬은 없지만 가장 중요한 정문의 내용은 모두 갖춰있다. 이 판본의 『반야심경』을 독송하는 것과 기타 다른 판본의 『반야심경』을 독송하는 공덕은 모두 같다.

제15장
『반야심경』의 관상수행법

제1절 세 가지의 수승함

까담파286의 전승 조사들은 수행 시에 세 가지 점을 중시하였는데 발심(發菩堤心), 실수행(實修行), 회향(回向) 이 세 가지이다. 이것을 세 가지 수승함(khyad par 'phags pa rnam pa gsum, 三種殊勝)287이라 부르며 그 안에 많은 내용이 포함되어 있지만 여기서는 간단히 설명하겠다.

1. 발심(sems bskyed, 發菩堤心)

매일 일어나면 가장 중요한 것은 바로 발심을 하는 것이다. 미루어 짐작하듯 발심이 얼마나 중요한지 알 수 있다.

---

286 까담파(bka' grams pa)는 11세기에 티베트불교의 신역(新譯) 전승 시대를 연 아띠샤(Atiśa-dīpankara-Śrījñāna)와 그의 제자인 돔뙨빠('brom ston pa)가 설립한 종파이다. 이후 까담의 전승은 14세기에 이르러 신(新) 까담파라 불리는 겔룩파(dge lugs pa)에 의해 이어지게 된다.

287 이 세 가지를 수승함으로 표현할 때는 발원수승('dun pa'i khyad par, 發願殊勝), 성취수승(sgrub pa'i khyad par, 成就殊勝), 과보수승('bras bu'i khyad par, 果報殊勝)이라 한다. 초지(初地)에 머무는 성자 보살은 성문과 연각보다 이 세 가지가 수승한데, 이것에 대해서는 '쪽로 루이 걀첸(cog ro klu'i rgyal mthsan)'이 주석한 『해심밀경주해(dgons 'grel gyi rnam bshad, 海深密經註解)』에 해설되어 있다.

2. 실수행(dṅos gzhi, 實修行)

수행의 과정에 있어서 관상은 매우 중요하다. 실제 수습할 시 관상을 조금도 하지 않는다면 입으로만 염송할 뿐 마음은 산란함으로 흩어지게 된다. 이렇게 하면 수행에 그다지 큰 효과를 기대할 수 없다.

3. 회향(bsṅo ba, 回向)

수행을 마친 후에는 회향이 중요하다. 만약 오늘 경전을 독송하고서 날이 저물때까지 회향을 하지 않는다면 화가 한번 일어날 때 복덕자량은 사라져버린다. 회향을 하면 그것으로 복덕이 소실되지는 않는다.

제2절 『반야심경』 관상수행법

여기에서 『반야심경』의 관상 염송법 2가지를 소개한다.

1. 첫 번째 수행법

자신의 정수리 한 뼘 정도 위에 석가모니 부처님께서 팔엽(八葉)의 연화보좌(連花寶座) 위에 앉으셔서 삼매에 드시고 선정인(mnyam gzhag gi phyag rgya, 禪定印)[288]을 맺는 모습을 관상한다.

석가모니 부처님의 오른편에는 관자재보살께서 계시고 왼편에는 사리자 존자가 계신다.

석가모니 부처님의 몸에서 18가지 색의 밝고 환하며 부드러운 빛이 뿜어져 나오고, 그 빛으로 영청하여 모신 제불여래와 정토에 머무시는 성자 보살들과 더불어 육도 중생들이 석가모니 부처님과 관자재보살과 사리자 주위를 에워싸고 있음을 관상한다.

석가모니 부처님께서는 극히 미묘함과 심오함이 현현하는 '법수 삼매'에 들어 계시며 선정의 위신력으로 관자재보살과 사리자께 가지 내리시는 것을 관상한다.

---

288 왼손은 아래 오른손은 그 위에 포개어 양손 엄지 손가락은 서로 마주 접하는 형태로 인(印)을 취한다.

"관자재보살 행심반야바라밀다시 조견오온개공 도일체고액(觀自在菩薩 行深般若波羅蜜多時 照見五蘊皆空 度一切苦厄)"

염송 시에 관자재보살께서는 '공성'을 관하고 있으며, 더군다나 오온조차 자성이 없음을 현량으로 직관하고 있다. 이 때 사리자는 관자재보살께 "오온은 '공' 입니까? 아닙니까? 제법은 '공' 입니까? 아닙니까?" 하고 묻는 것을 관상하고 사유하며 염송한다.

"사리자 색불이공 공불이색 색즉시공 공즉시색 수상행식 역부여시(舍利子 色不異空 空不異色 色卽是空 空卽是色 受想行識 亦復如是)"

관자재보살께서는 이에 회답하여 설법하심을 관상한다. "보특가라는 '무아'이며 오온으로 안립한 '나'는 존재하지 않는다. 우선 색온을 사유하자면 물질적 신체상에 '나'는 존재하지 않는다."라고 사유함과 동시에 마음속으로 스스로 이렇게 되내인다. "신체는 '나'가 아니다. 신체를 '나'라고 여기는 것은 잘못된 생각이다."

"수상행식 여부여시(受想行識 亦復如是)"

계속해서 사유하기를 "고락을 느끼고 받는 수온(受蘊)의 '나'도 '나'가 아니고, 표상(表相)을 분별하는 상온(想蘊)의 '나'도 '나'가 아니며 행(行蘊)도 마찬가지며 의식(識蘊)도 '나'가 아니다. 오온에 안립한 '나'는 모두 존재하지 않는다."

"사리자 시제법공상(舍利子 是諸法空相)"

여기서는 '법무아(法無我)'를 설한다. 보특가라에 자성이 없을 뿐만 아니라(人無我), 만유에도 자성이 없다(法無我).

만약 컵의 존재가 자성으로 안립한다고 한다면 컵 뚜껑은 물론이고, 컵의 밑부분, 아니면 컵 자체에, 아니면 컵의 안과 밖의 어느 부분 상(相)에서도 안립할 수 없다. 이러한 안립의 관념은 모두 잘못된 것으로 컵 전체가 자성으로 안립한다는 관념 또한 잘못된 것이다. 오직 명언상으로만 존재할 뿐인 것이 진정한 안립이다.[289]

다시 예를 들면 마이크의 일부분은 마이크가 아니다. 그렇다면 전체는 마이크인가, 아닌가. 전체는 마이크 일부의 '적체(積體)'이므로 '온으로 안립한다.'는 것은 틀린 것이다.[290] 이것이 제법공상(諸法空相)이다. 공성의 지혜 중 '온'이라는 체상(體相)으로 안립하는 사물은 존재하지 않는다. 그렇다고 제법이 존재하지 않는다는 것은 아니며 우리가 희론으로 만들어 낸 대상은 진실로 존재하지 않는다는 것이다.

---

289 '명언'은 '개념과 언어'로서, 명언으로 존재한다는 것은 개념과 언어로 존재한다는 것을 뜻한다. 개념과 언어로 존재한다는 것은 우리가 인식한 존재를 드러낼 수 있는 것은 결국 개념과 언어를 넘어서지 않기 때문에 명언으로 존재한다고 하는 것이지, 명언으로만 존재한다는 의미가 아니다. 예를 들면 '보병'을 보고서 그것을 보병으로 이름 붙이는 것을 공통으로 합의했기 때문에 보병이라 부르는 것이지, 그것이 보병이라는 이름으로 존재하는 것은 아닌 것과 같다. 누군가가 보병을 보고서 '기둥'이라고 자신이 이름을 붙여도 그것이 모두의 인식 속에서 합의된 '기둥'으로는 존재하지 않듯 말이다.

290 마이크의 일부가 마이크가 아니기 때문에 일부들의 적체(積體)인 마이크 전체 역시 마이크가 아니다. 마이크가 아닌 것은 그것들의 적체 역시 마이크가 될 수 없기 때문에 그 일부와 일부의 적체 모두 그 존재를 안립시킬 수 없다는 의미이다. 이 역시 마이크를 안립시키는 것은 오직 '명언' 뿐임을 상기시키는 내용이다.

"불생불멸 불구부정 부증불감(不生不滅 不垢不淨 不增不減)"

사유하는 사람과 법은 모두 무자성이며, 공성의 선정 속에서는 세속제의 희론을 멀리 여의게 된다.

"시고 공중무색 무수상행식 무안이비설신의 무색성향미촉법(是故 空中無色 無受想行識 無眼耳鼻舌身意 無色聲香味觸法)"

다음과 같이 사유한다. 여기서 말하는 것은 오도(五道) 중 대승의 수도이며 수도는 현중한 공성을 더욱 가행하여 수습하는 계제이며, 견도의 현중 공성을 계속 닦아서 수도로 나아가면 이 때 색성향미촉법도 무자성임을 깨닫는 지경에 도달한다. 공성의 삼마지(三摩地)[291] 중에서는 세속제의 희론은 모두 소멸된다.

"무안계 내지 무의식계 무무명 역무무명진 내지 무노사 역무노사진(無眼界 乃至 無意識界 無無明 亦無無明盡 乃至 無老死 亦無老死盡)"

여기서는 십팔계와 십이연기 모두 무자성임을 설한다.

"무고집멸도(無苦集滅道)"

사성제를 말한다. 사성제도 모두 공하고, 사성제를 깨닫는 주체와 그 대상인 사성제 법도 공하므로 모두 자성이 없다.

"무지역무득 이무소득고(無智亦無得 以無所得)"

여기서는 무학도의 공성을 설하고 있다.

---

291 공성의 선정, 공성의 삼매, 공성의 사마디 모두 같은 의미이다.

"보리살타 의반야바라밀다고(菩提薩埵 依般若波羅蜜多故)"
보리살타는 보살을 말하며, 삼승 모두 『반야경』에 의지하여 성불한다.

"심무가애 무가애고 무유공포 원리전도몽상 구경열반(心無罣碍 無罣碍故 無有恐怖 遠離顚倒夢想 究竟涅槃)"
대승 무학도의 공성을 설한다.

"삼세제불 의반야바라밀다고 득아뇩다라삼먁삼보리(三世諸佛 依般若波羅蜜多故 得阿耨多羅三藐三菩提)"
『반야심경』의 공덕을 사유하고 『반야심경』을 수습하면 능히 번뇌를 끊을 수 있고, 재액을 면하고 적멸시키며, 마라를 배격할 수 있다. 삼승의 성자들 모두 반야바라밀다에 의지하여 부처의 과위를 성취하였다. 삼세 제불여래 또한 반야바라밀다에 의지하여 성불하였다.

"고지 반야바라밀다 시대신주 시대명주 시무상주 시무등등주 능제일체고 진실불허 고설 반야바라밀다주 즉설주왈
떼야타 옴 가떼가떼 빠라가떼 빠라삼가떼 보디 스와하292

(故知 般若波羅蜜多 是大神呪 是大明呪 是無上呪 是無等等呪 能除一切苦 眞實不虛 故說 般若波羅蜜多呪 卽說呪曰

---

292 진언 부분은 산스끄리뜨 및 티베트본 『반야심경』에서 사용되는 반야바라밀주의 발음을 그대로 넣었다. 특히 한역 『반야심경』을 독송하는 중국의 경우 진언의 중국어 독송이 실제 산스끄리뜨 발음과 괴리가 크기에 정확한 발음의 진언 염송을 위해 진언 부분을 위와 같이 바꾸었다.

tadyathā oṃ gate gate pāragate pārasaṃgate bodhi svāhā)"

진언 속에 포함된 자량도, 가행도, 견도, 수도, 무학도의 오도 수행을 사유한다.

염송이 끝난 후 관자재보살과 석가모니 부처님의 몸에서 밝은 흰빛이 방사되어 둘러 앉은 모든 육도중생이 제도되었음을 관상한 다음 석존께서 선정에서 나오신 후에 관자재보살에게 "선재, 선재로다. 그대가 심오한 반야바라밀에 대해 완전하게 설명하였다. 만약 내가 설법하더라도 그와 같도다."라고 말씀하시는 것을 관상한다. 다음에 관자재보살과 사리자가 석가모니 부처님 안으로 순차적으로 융입된 후 석존께서 천천히 손가락 한 마디 크기로 변한다. 자신의 신체 중앙에 위치한 손가락 굵기의 적색 아와두띠안으로 부처님께서 정수리에서부터 천천히 하강하고, 맥결의 법륜(chos kyi 'khor lo, 法輪)은 팔엽연화로 변화하여 그 팔엽연화 위에 석가모니불을 모신다.

연꽃 잎이 서서히 오므라들고 모아져서 부처님을 영원히 자신의 마음 안에 모신다. 이것을 일러 심중유불(心中有佛)이라고 한다.

2. 두 번째 수행법

이 방법은 비교적 간단하다. 『반야심경』을 현의로써 공성을 설명하면 매우 심오하다. 만약 현의로써 충분히 이해하지 못하면, 은의로써 이해해야 한다. 이 수행법은 주로 『반야심경』의 숨은 뜻을 위주로 사유하는 것이다.

"색불이공 공불이색 색즉시공 공즉시색 수상행식 역부여시(色不異空 空不異色 色卽是空 空卽是色 受想行識 亦復如是)"

예를 들어 이 부분을 염송할 시에는 보살의 자량도를 말하는 것임을 알아야 한다. 그런 다음 자량도의 공덕을 사유한다.

하품 자량도는 시작부터 많은 공덕이 있으며, 중품 자량도에서는 불퇴전의 보리심을 성취하고, 상품에서는 사마타를 성취하여 법희정(dran shes ldan pas dge ba la rtse gcig tu gnas par dga' ba, 法喜定)[293]에 이를 수 있고, 법희정에 의지하여 불보살님들의 설법을 들을 수 있는 등의 많은 공덕을 사유한다.

"시제법공상(是諸法空相)"

숨은 뜻은 가행도이며, 가행도 4가지 단계와 그의 공덕을 사유한다.

---

293 경안(shin sbyaṅs, 輕安)이라고도 한다. 법희정은 상품(上品) 자량도에서 성취를 이룬다.

"불생불멸 불구부정 부증불감(不生不滅 不垢不淨 不增不減)"
견도를 뜻하며, 견도에서 번뇌를 끊을 수 있는 공덕 등을 사유한다.

"시고 공중무색 무수상행식 무안이비설신의 무색성향미촉법(是故 空中無色 無受想行識 無眼耳鼻舌身意 無色聲香味觸法)"
수도를 말한다. 수도에서는 구생번뇌와 소지장을 끊는 공덕을 사유한다.

"구경열반(究竟涅槃)"
무학도를 말한다. 이는 불과위로 부처를 이루었고, 일체종지를 얻었으며, 사신에 이르렀고, 일체의 번뇌장과 소지장을 끊어버렸다. 부처의 이러한 공덕을 거듭 사유한다.

『반야심경』을 한번 염송하는 공덕은 크다. 공성을 깨닫지 못했거나 공성에 대한 이해가 부족할 때는 드러난 뜻을 사유하기는 어려울 수 있으나 숨은 뜻을 사유하는 것은 가능하다. 천천히 염송하고 사유하다보면 숨은 뜻을 떠올릴 수 있다.『반야심경』을 한 번 염송할 때 만약 숨은 뜻을 함께 사유할 수 있으면 그 공덕 또한 매우 크다. 만약 한 사람이 우주 한 가운데 갠지스강의 모래 수만큼이나 수많은 겁을 살 수 있다면 매일 칠보로 제불여래께 공양올리는 것과『반야심경』의 숨은 뜻을 사유한 것에서 얻은 둘의 공덕에는 차이가 없다.

예전에 어떤 고승께서『반야심경』을 염송할 때 천천히 생각하고 세밀하게 사유하는데 3일이 걸려서 한 번 염송하였다. 우리들은 염송을 이와 같이 해야 한다. 세밀하고 깊이있게 사유하여 염송을 하루만에 못 마쳐도 상관없다. 다음 날 염송을 다시 계속하여 시작할 수 있다. 예컨대 "무고집멸도(無苦集滅道)"를 염송할 때는 자기 자신의 고통에 대한 사유를 시작으로 육도 중생의 고통까지 사유하는 식이다.

'집제(集諦)'에 대한 사유는 번뇌를 사유하고, 자신이 가지고 있는 많고 적은 번뇌를 사유하며, 다른 사람이 갖고 있는 번뇌와 그 번뇌의 종류를 사유하고, 자신이 이러한 번뇌가 있는지 없는지를 사유하며, 또 다른 번뇌가 있는지 없는지 사유하여 만약 있다면 억누를 수 있어야 하고, 단멸할 수 있다면 단멸해야 한다.294 만약 번뇌를 억누르지도 못하고 단멸하지도 못했다면 발원을 올린다. 자신이 이러한 번뇌를 끊을 수 있도록 불보살께 가지를 청한다. 거듭하여 번뇌장을 멸한 이후의 해탈과, 소지장을 멸한 궁극의 해탈 두 가지 모두 부사의한 공덕이 있음을 사유한다.

계속하여 도에 대한 사유로 삼승의 자량도, 가행도, 견도, 수도에 대해 세밀하게 사유한다.

이런 식으로 천천히 염송하고 천천히 사유하여 사유의 습관이 형성되면 지혜가 서서히 열린다. 이 때 다시 염송한다.

"관자재보살 행심반야바라밀다시(觀自在菩薩 行深般若波羅蜜多時)……" 하게 되면 사유한 전부가 떠오르게 된다. 때로는 오직 드러난 뜻만 사유하고, 숨은 뜻을 사유하지 않는다. 혹은 한 번 염송할 때 숨은 뜻과 오도를 사유하기를 바꾸어가며 사유한다. 이 교차 사유를 거듭하

---

294 '억누르는 것'은 번뇌의 일시적 현현을 억누르는 것이고, '단멸'하는 것은 번뇌를 제거하는 것이다.

여 현의와 은의가 모두 떠오를 때까지 함께 읽고 함께 사유할 수 있다. 시간이 없을 때는 경문을 독송하지 않고 진언을 염송해도 되며, 이 때 진언에 들어있는 뜻을 사유할 수 있다.

"떼야타 옴 가떼 가떼 빠라가떼 빠라삼가떼 보디 쓰와하(tadyathā oṃ gate gate pāragate pārasaṃgate bodhi svāhā)"

"가떼"는 자량도로 어서 가자.
"가떼"는 가행도로 어서 가자.
"빠라가떼"는 견도로 어서 가자.
"빠라삼가떼"는 수도로 어서 가자.
"보디"는 무학도로 어서 가자.

이렇게 대승 오도를 사유하고, 그 안에 함축된 의미를 깊이 이해하여 깨달으면 그 공덕이 매우 큰 것은 자명하다.

이것으로 『반야심경』의 대략적인 현의와 밀의를 결합한 관상 수행법의 설명을 마쳤다.

제16장
『반야심경』의 밀의(密意)

『반야심경』의 밀의는 금강승의 '낙공무별(bde stoṅ dbyer med, 樂空無別)' 등의 법문을 포함하여 인도의 대성취자이신 사자현(seṅ ge bzaṅ po, Haribhadra, 獅子賢) 보살께서 설하셨는데 『반야심경』의 밀의적 관점과 그 내용을 대략적으로 소개하겠다.

『반야심경』의 밀의에서 『반야심경』의 설해진 장소는, 외(外)로는 영취산, 내(內)로는 밀엄찰토(密嚴剎土), 밀(密)로는 보리심(菩堤心)이다.

『반야심경』을 설법하신 세존은, 외(外)로는 비구 상호의 석가모니불, 내(內)로는 금강총지(gzuṅs sṅags, 金剛總持), 밀(密)로는 지혜존(ye she pa, 智慧尊)이다.

세존을 대신하여 관자재보살께서 『반야심경』을 설하시는데, 외로는 보살상의 관세음보살, 내로는 대비승해관음(spyan ras gzigs rgyal ba rgya mthso, 大悲勝海觀音), 밀로는 일체 여래의 대비심이다.

경을 청문하는 사부대중('khor rnam bdun, 四部大衆) 제자는, 외로는 대비구 2,500인 보살 7,700인, 내로는 본존의 권속 및 보신불의 권속들, 밀로는 자심지혜(自心智慧)이다.
반야는 기(基)반야, 도(道)반야, 과(果)반야로 나뉜다.
기반야는, 자연지(自然智)
도반야는, 유학도(有學道)
과반야는, 무학도(無學道)

『반야심경』에 포함된 법문은, 외(外)로는 소승 법문, 내(內)로는 대승 현교의 법문, 밀(密)로는 대승 밀교의 법문이다.

『반야심경』에서 말하는 오온은, 밀(密)로는 오방불(rgyal ba rigs lṅa, 五方佛)이다. 오온을 기반으로 수행하여 구경에 이르러서는 오방불로 전변하는 것이다.

색온은, 비로자나불(rnam par snaṅ mdzad, Vairocanaḥ, 毘盧遮那佛)
수온은, 무량광불('od dpag med, Amitābhaḥ, 無量光佛)
상온은, 부동불(mi bskyod pa, Akśobhyaḥ, 不動佛)
행온은, 보생불(rin chen 'byuṅ ldan, Ratnasambhavaḥ, 寶生佛)
식온은, 불공성취불(don yod grub pa, Amoghasiddhiḥ, 不空成就佛)

오온은 또한 오대금강(五大金剛)이기도 하다.
색온은, 신금강(lus rdo rje, 身金剛)
수온은, 허공금강(nam mkha' rdo rje, 虛空金剛)
상온은, 어금강(ṅag rdo rje, 語金剛)
행온은, 업금강(las kyi rdo rje, 業金剛)
식온은, 의금강(sems rdo rje, 意金剛)
부처의 과위를 이루면 오온은 오대금강으로 변한다.

식온(識蘊)의 밀의는 여래 오지(ye she lṅa, pañca-jñānāni, 五智)를 포섭한다. 다섯 지혜는 대원경지(me loṅ lta bu'i ye she, ādarśa-jñānam, 大圓鏡智), 평등성지(mnyam nyid ye she, samatā-jñānam, 平等性智), 묘관찰지(so sor rtogs pa'i ye she, pratyavekṣaṇā-jñānam, 妙觀察智), 성소작지(bya ba grub pa'i ye she, kṛtyānusthāna-jñānam, 成所作智), 법계체성지(chos dbyiṅs ye she, dharma-dhātu-viśuddhiḥ, 法界體性智)이다.

『반야심경』의 현의는 공성, 은의는 도차제, 밀의는 대락(大樂)이다. 현의로는 오직 공성을 설하지만, 공성을 깨닫는 지혜의 측면은 설하지 않는다. 은의로는 공성을 깨닫는 지혜를 설한다. 밀의에서도 역시 공성을 깨닫는 지혜를 설한다. 밀의에서 설하는 지혜는 네 가지 대락(dga' ba bzhi, 四種大樂)을 일컫는데, 일체락(kun tu dga' ba, 一切樂), 승락(mchog tu dga' ba, 勝樂), 수승락(kyad par dga' ba, 殊勝樂), 구생락(lhan skyes dga' ba, 俱生樂)이다. 금강승에서는 대락의 힘으로 공성을 깨달을 수 있다고 본다.

육근의 밀의는 내육처존(naṅ skye mched kyi lha, 內六處尊)으로 다음과 같다.
  안근은, 지장보살(sa'i snyiṅ po, 地藏菩薩)
  이근은, 금강수보살(phyag na rdo rje, 金剛手菩薩)
  비근은, 허공장보살(nam mkha'i snyiṅ po, 虛空藏菩薩)
  설근은, 관자재보살(spyan ras gzigs, 觀自在菩薩)
  신근은, 제개장보살(sgrib pa rnam sel, 除蓋障菩薩)
  의근은, 보현보살(kun tu bzaṅ po, 普賢菩薩)
  이것은 육근이 여섯 본존과 상응하여 닦는 수행법으로, 비밀진언승에서 자세하게 전한다.

육경의 밀의는 외육처존(phyi'i skye mched kyi lha, 外六處尊)으로 다음과 같다.
  색처는, 색금강모(gzugs rdo rje ma, 色金剛母)
  성처는, 성금강모(sgra rdo rje ma, 聲金剛母)
  향처는 향금강모(dri rdo rje ma, 香金剛母)

미처는, 미금강모(ro rdo rje ma, 味金剛母)

촉처는, 촉금강모(reg bya rdo rje ma, 觸金剛母)

법처는, 법금강모(chos kyi rdo rje ma, 法金剛母)

내육처존과 외육처존을 합하여 십이처존(skye mched kyi lha bcu gnyis, 十二處尊)이라 한다.

『반야심경』의 현의에서는 십육공성(stoṅ nyid bcu drug, 十六空性)을 설하고, 밀의에서는 열여섯 가지 공성을 깨닫는 십육대락(dga' ba bcu drug, 十六大樂)을 설한다. 현의와 밀의가 무분별로 쌍입(雙入)된 경지가 '낙공무별(樂空無別)'의 법문이다.

무명(無明)

금강승에서는 '무명'에 대하여, '범속한 탐착(tha mal gyi zhen pa)'은 '번뇌장', '범속한 현상(tha mal gyi snaṅ ba)'은 '소지장'으로 설한다.

사(死)

금강승에서 설하는 죽음의 은멸차제(thim rim, 隱滅次第)를 대략적으로 해설하면 다음과 같다. 본유(sṅon dus kyi srid pa, 本有)의 최후 상속이 끝나고 사유('chi srid, 死有)에 들어서면 지, 수, 화, 풍, 공 5대원소가 순차적으로 아와두띠에 융입되는데, 5대원소의 은멸차제가 끝나면 현명(snaṅ ba 顯明), 증휘(mchad pa, 增輝), 근득(nyer thob, 近得), 광명('chi' i 'od gsal, 光明)이 사공(stoṅ pa zhi, 四空)과 유사하게 순차적으로 현현한다. 이 과정에서 약 3일간 의식이 머무를 수 있다. 최후의 공성인 일체공(tham cad stoṅ pa, 一切空)이 현현하는 죽음의 광명에 이르면 얼마간 그 상태에 머무르게 되고, 마지막으로 그것을 유지하는 업이 다하면 미세한 진동으로 소실되어 2종의 보리심이 튀어나와 중유(bar srid, 中有)의 성립차제('grub pa'i rim pa, 成立次第)로 들어간다. 성립차제는 은멸차제의 역순으로 올라가 일순간에 중유의 의생신(yid lus, 意生身)을 이룬다.

집(集)

'집'의 밀의는 미세한 업풍(las rluṅ, 業風)으로, 금강승에서는 마치 기수(騎手)가 말에 올라타듯, 망념이 업풍의 힘을 타고 이동한다고 설한다. 오풍(rluṅ lṅa, 五風)이 아와두띠에 융입된 후에는 망념의 의지처가 소실된 것이기에 그에 상응하여 망념도 사라진다.

멸(滅)

'멸'은 해탈이다. 번뇌가 멸하면 해탈이요, 소지장이 멸하면 대해탈(大解脫)이다. 미세한 소지장을 제거하기 위해 무상요가 딴뜨라의 금강승을 반드시 닦아야 한다. 보살승은 현교를 수습하여 10지 보살에 이를 수 있지만 이 또한 반드시 금강승을 닦아서 미세한 소지장을 제거해야 한다.295 그러므로 구경의 멸제에 이르기 위해선 반드시

---

295 이 부분에 대하여 양짼 가외 로되(dbyaṅ can dga' ba'i blo gros)가 저술한 『뻴쌍와뒤빠팍룩당튄빼악기싸람남샥렉셰꺨상죽옥(dpal gsaṅ ba 'dus pa 'phags lugs daṅ mthun pa'i sṅags kyi sa lam rnam gzhag legs bshad skal bzaṅ 'jug ṅogs, 秘密集會聖者流密乘地道安立善說緣門)』에서 다음과 같이 설하고 있다. "바라밀승과 하위 3부 딴뜨라의 도(道)로 십지보살까지 이를 수 있지만, 마지막 십지 최후의 순간에는 무상요가 딴뜨라를 추가로 가행(加行)하여 부처를 이루어야만 한다.(phar phyin theg pa daṅ rgyud sde 'og ma gsum gyi raṅ lam gyis sa bcu pa'i bar du bgrod nus kyaṅ/ mthar sa bcu'i srid pa tha ma'i tshe sṅags bla med kyi snon pa btab ns 'thsaṅ rgya dgos te/)"

무상요가 딴뜨라의 금강승에 의지해야 한다. 미세한 소지장을 어떻게 멸할 것이지, 습기를 어떻게 불멸의 빈두 안으로 융입해야 할지, 불멸의 빈두 안에서 어떻게 의생신이 탄생하는지 등에 대해서 정확하게 설명하는 것은 오직 금강승에만 있을 뿐이다.

도(道)
'도'의 밀의는 금강승의 이종차제를 이른다.

보리살타(菩提薩埵)
현교에서 말하는 보살에는 팔대보살(nye ba'i sras brgyad, 八大菩薩)이 있고, 밀교에서 말하는 보살에는 다까(dpa' bo, daka, 勇士), 다끼니(mkha' 'gro ma, dakini, 空行母), 바즈라 요기니(rdo rje rnal 'byor ma, vajra-yogini, 金剛瑜伽母) 등이 있다.

가애(罣碍)
밀교에서는 현교에서 말하는 장애 외에도 25종의 조분(rags pa nyer lṅa, 二十五粗分)과 80 자성의 분별심(raṅ bzhin brgyad cu'i rtog pa'i sems, 八十自性分別心)과 그 풍(風)도 장애가 된다.

공포(恐怖)
현교에서 말하는 공포 외에도 밀교에서는 여섯 가지 중음(中陰)의 불확정(bar do'i nes pa med pa drug) 고통이 있고, 네 가지 공포소리('jigs pa'i sgra bzhi) 등이 있다.

구경열반(究竟涅槃)
무학도의 심신쌍입(sgyu 'od zuṅ 'jug, 幻光雙入)이 구경열반이다. 금강승에서는 구경열반의 경지를 세밀하고 정확하게 설명한다.

삼세제불(三世諸佛)
현교에서의 제불은 현겁(賢劫) 1000불 등을 말하고, 밀교에서는 사부 딴뜨라의 본존을 말한다.

아뇩다라삼먁삼보리(阿耨多羅三藐三菩提)
아뇩다라삼먁삼보리의 밀의는 화합칠지(kha sbyor yan lag bdun ldan, 和合七枝)를 이른다. 화합칠지는 1)향수원만(loṅ spyod rdzogs pa'i yan lag, 享受圓滿), 2)화합(kha sbyor gyi yan lag, 和合), 3)대락(bde chen gyi yan lag, 大樂), 4)무자성(raṅ bzhin med pa'i yan lag, 無自性), 5)대비(snyiṅ rje yoṅs gaṅ ba'i yan lag, 大悲), 6)무단(rgyun mi chad pa'i yan lag, 無斷), 7)무멸('gog pa med pa'i yan lag, 無滅)이다.

여기까지는 사자현 보살의 밀의적 해설이며, 이후부터는 티베트본의 『반야심경』의 해설이다.

반야바라밀다주(般若波羅蜜多呪)
반야바라밀의 진언은 금강승의 자량도를 이른다.
1) 대명주(大明呪)는, 금강승의 가행도
2) 무상주(無上呪)는, 금강승의 견도
3) 무등등주(無等等呪)는, 금강승의 수도
4) 제일체고주(除一切苦呪)는, 금강승의 무학도

또 다른 해석은 반야바라밀다주(般若波羅蜜多呪)는 부처의 대지혜와 같아서 행함에 있어서 걸림이 없다.

1) 대명주(大明呪)

무명의 어둠을 빛이 제거하듯 모든 장애를 제거하고 중생이 뜻하는 바를 이루게 한다.

2) 무상주(無上呪)

부처의 지혜가 현현하는 진언으로 출세간 최승의 무상 진언이다.

3) 무등등주(無等等呪)

'무등(無等)'은 부처를 이르고, '등(等)'은 범부와 부처가 평등함을 의미하여, 범부가 즉신성불(卽身成佛)할 수 있다는 진언이다.

4) 제일체고주(除一切苦呪)

중생의 고통을 멸해주는 진언이다.

떼야타 옴 가떼 가떼 빠라가떼 빠라삼가떼 보디 쓰와하(tadyathā oṃ gate gate pāragate pārasaṃgate bodhi svāhā)

1) 떼야타

밀의는 유적평등(srid zhi mnyam nyid, 有寂平等).

2) 옴

밀의는 윤회의 다섯가지 독(dug lṅa, 五毒)²⁹⁶인 탐('dod chags, 貪), 진(zhe sdaṅ, 嗔), 치(gti mug, 痴), 만(ṅa rgyal, 慢), 질(phrag dog, 嫉)이 금강승 수행을 통해 오방불로 변화할 수 있다.

---

296 해탈의 생명줄(thar pa'i srog rtsa, 命脈)을 뺏고, 자상속(自相續)을 고통스럽게 하기에 독(毒)이라 명명한다.

3) 가떼
밀의는 자리(自利)인 지혜법신
4) 가떼
밀의는 이타(利他)인 보신과 화신
5) 빠라가떼
밀의는 공성을 철저하게 깨달음.
6) 빠라삼가떼
밀의는 세속제를 철저하게 깨달음.
7) 보디
밀의는 무상정등각
8) 쓰와하
밀의는 중생의 해탈을 서원으로 세우고, 뜻하는 바대로 이뤄지길 기원하는 것.

불교 전반에 걸쳐 『반야심경』의 해설 중 밀교와 관련된 논전은 극히 적으며, 티베트대장경의 『깡규르(bka' gyur, 佛說部)』에서는 『반야심경』의 주해가 10부 정도가 있는데 그 중 밀교에 관해서 언급된 주해는 1부 뿐이다.

나는 많은 스승들의 은덕으로 『반야심경』의 전승을 받았다. 『반야심경』을 해설함에 있어서 10가지 인도의 『반야심경』 주해와 티베트의 성취자들의 40여 종의 주해를 직접 참고하여 『반야심경』에 담긴 밀의를 간략하게 소개하였다.

여기까지 해설한 『반야심경』의 밀의는 대략적으로 원만하게 다루었지만, 금강승의 싸마야(dam thsig, samaya, 誓約)에 의거해 관정(dbaṅ bskur, abhiṣeka, 灌頂)을 받지 않은 사람에게는 밀교를 설할 수 없기 때문에 밀의를 자세하게 해설하지는 않았다. 금강승을 배우기 위해선 먼저 현교인 바라밀승의 토대를 잘 닦아야 한다. 바라밀승은 금강승의 기반이 되기 때문에 바라밀승을 닦지 않고서 금강승에 들어갈 수는 없다.

불교의 수많은 가르침 속에서 현교에서는 실수(實修)의 구체적인 설명이 부족한 반면 밀교에서는 보다 확실하고 구체적인 접근법을 제시한다. 그래서 현교를 바탕으로 공부하여 기반을 확실하게 다지고서, 금강승에 입문 수행하면 보다 원만한 성취를 이룰 수 있다.

우리 모두 하루 속히 공성을 깨닫고 무상정등각의 완전한 성취가 실현되기를.

싸르와 망갈람(sarva-mangalam, 吉祥如意)

   이 26자 진언을 경전 안에 넣어두면 경전 위로 넘어가도 허물이 발생하지 않는다고 『문수사리근본의궤경(文殊師利根本儀軌經)』에서 설하였다.